Traversare il Dolore: Un Viaggio Verso la Guarigione e la Trasformazione

Scoprire Resilienza, Significato e Creatività nel Cuore dell'Esperienza Umana

Giorgia Di Marzio

1. **Introduzione al concetto di pensiero automatico** - Spiegare come i pensieri automatici influenzano la nostra percezione della realtà.

2. **La natura della sofferenza umana** - Esplorare le origini della sofferenza legate ai nostri processi di pensiero.

3. **Distorsioni cognitive e trappole mentali** - Identificare le distorsioni cognitive comuni che distorcono la nostra percezione della realtà.

4. **Mindfulness e consapevolezza** - Introdurre pratiche di mindfulness come strumenti per osservare i propri pensieri senza giudicarli.

5. **Il ruolo delle emozioni nella sofferenza** - Analizzare come le emozioni sono collegate ai nostri pensieri e come influenzano la nostra esperienza di sofferenza.

6. **Tecniche di respirazione e rilassamento** - Descrivere tecniche specifiche per calmare la mente e ridurre lo stress.

7. **La scienza dietro il pensiero positivo** - Esaminare le ricerche che supportano i benefici del pensiero positivo sulla salute mentale e fisica.

8. **Strategie per sfidare i pensieri negativi** - Offrire strategie pratiche per identificare, sfidare e ristrutturare i pensieri negativi.

9. **L'importanza dell'accettazione** - Discutere come l'accettazione dei propri pensieri e sentimenti può portare alla riduzione della sofferenza.

10. **Coltivare la gratitudine** - Esplorare come la pratica della gratitudine può cambiare la nostra focalizzazione mentale e emotiva.

11. **Il potere dell'autocompassione** - Spiegare come trattarsi con gentilezza può aiutare a gestire i pensieri e le emozioni dolorose.

12. **Costruire relazioni sane** - Discutere l'importanza delle relazioni supportive e come influenzano il nostro benessere mentale.

13. **Impostare obiettivi realistici e raggiungibili** - Guidare i lettori nella definizione di obiettivi che promuovono il benessere mentale e la crescita personale.

14. **La resilienza e il superamento delle avversità** - Fornire consigli su come costruire la resilienza mentale per affrontare le sfide della vita.

15. **Mindset di crescita vs. mindset fisso** - Comparare i due mindset e come influenzano il nostro approccio alla vita e alla sofferenza.

16. **L'importanza del sonno e dell'esercizio fisico** - Discutere come la cura del corpo influisce sul benessere mentale.

17. **Strategie di problem-solving** - Presentare tecniche per affrontare i problemi in modo proattivo, riducendo l'ansia e lo stress.

18. **Esplorare la spiritualità e il significato** - Indagare come la ricerca di significato e scopo può influenzare la nostra esperienza di sofferenza.

19. **Il ruolo dell'arte e della creatività nella gestione del dolore** - Esplorare come le attività creative possono offrire vie di espressione e guarigione.

20. **Conclusione e passi successivi** - Riepilogare i punti chiave e fornire una guida per applicare questi principi nella vita quotidiana.

1. Introduzione al concetto di pensiero automatico -
Spiegare come i pensieri automatici influenzano la
nostra percezione della realtà.

L'introduzione al concetto di pensiero automatico
richiede una comprensione di come i processi mentali
influenzino profondamente la nostra percezione della
realtà. I pensieri automatici sono giudizi e
interpretazioni istintive che facciamo riguardo a ciò
che ci circonda e che spesso accadono senza che ce ne
rendiamo conto. Questi pensieri possono avere un
impatto significativo sul nostro stato emotivo e sulle
nostre reazioni a varie situazioni. Ecco come potresti
sviluppare questo punto:

Definizione e Caratteristiche

- **Definizione**: I pensieri automatici sono
  valutazioni immediate e non filtrate che si
  formano nella nostra mente in risposta agli
  eventi esterni o interni. Sono chiamati
  "automatici" perché emergono senza uno sforzo
  cosciente.

- **Caratteristiche**: Spesso basati su schemi di
  pensiero e credenze profondamente radicate,
  questi pensieri possono essere positivi, negativi o
  neutrali, ma tendono ad essere distorti in modo
  negativo nelle persone che soffrono di ansia,
  depressione o bassa autostima.

Impatto sulla Percezione della Realtà

- **Filtrazione Cognitiva**: I pensieri automatici agiscono come un filtro attraverso il quale vediamo il mondo. Possono distorcere la nostra percezione della realtà, facendoci concentrare su aspetti negativi o trascurare informazioni positive o neutrali.

- **Conferma del Bias**: Tendiamo a cercare, interpretare e ricordare le informazioni in modo che confermino le nostre credenze preesistenti, influenzate dai pensieri automatici.

Esempi di Pensieri Automatici

- Pensieri catastrofici: "Se sbaglio questa presentazione, sarà un disastro totale."

- Generalizzazioni eccessive: "Non mi è andata bene in questa occasione, quindi non mi andrà mai bene."

- Lettura della mente: "Sono sicuro che pensano che sia inadeguato."

- Personalizzazione: "Se sono arrabbiati, deve essere colpa mia."

Tecniche di Gestione

- **Presenza Mentale (Mindfulness)**: Praticare la mindfulness può aiutare a osservare i pensieri automatici senza giudicarli, riconoscendoli come semplici prodotti della mente.

- **Sfida Cognitiva**: Imparare a riconoscere, sfidare e ristrutturare i pensieri automatici negativi con domande come "Quali prove ho che supportano o contraddicono questo pensiero?" o "C'è un modo più equilibrato di guardare a questa situazione?"

Importanza della Consapevolezza

Sviluppare una maggiore consapevolezza dei propri pensieri automatici è il primo passo per ridurre il loro impatto negativo. Riconoscere che i pensieri sono solo pensieri, e non fatti, può aiutare a ridimensionare la loro influenza sulla nostra vita emotiva e comportamentale.

Conclusione

Introducendo il concetto di pensiero automatico e spiegando come influenzi la nostra percezione della realtà, possiamo iniziare a comprendere il potere che i nostri pensieri hanno sul nostro benessere generale. Attraverso strategie di consapevolezza e di sfida cognitiva, possiamo imparare a gestire questi pensieri in modo più efficace, aprendo la strada a una maggiore serenità e soddisfazione nella vita.

Approfondendo ulteriormente il concetto di pensieri automatici, possiamo esaminare come questi influenzino vari aspetti della nostra vita quotidiana e del nostro benessere psicologico. La comprensione e la gestione di questi pensieri sono fondamentali per migliorare la nostra salute mentale e per navigare le sfide della vita con maggiore resilienza.

Origini e Sviluppo dei Pensieri Automatici

I pensieri automatici non emergono dal nulla; sono il risultato di una complessa interazione tra le nostre esperienze passate, il nostro ambiente, le nostre credenze e i nostri valori. Dalla nostra infanzia, apprendiamo modelli di pensiero dai nostri genitori, insegnanti e coetanei. Questi modelli vengono poi rinforzati o sfidati dalle nostre esperienze. Ad esempio, una persona che ha sperimentato ripetuti fallimenti potrebbe sviluppare pensieri automatici che prevedono il fallimento in nuove imprese, indipendentemente dalle circostanze attuali.

Implicazioni Emotive e Comportamentali

I pensieri automatici hanno potenti implicazioni sulle nostre emozioni e comportamenti. Un pensiero automatico negativo può innescare una cascata di reazioni emotive, come ansia, tristezza o rabbia, che a loro volta possono influenzare il nostro comportamento. Ad esempio, se una persona crede automaticamente che sarà respinta in situazioni sociali, potrebbe evitare tali situazioni, limitando così le opportunità di connessione sociale e rinforzando ulteriormente il pensiero originale.

Cicli di Rinforzo

Questo processo crea un ciclo di auto-rinforzo: i pensieri automatici influenzano le nostre emozioni e comportamenti in modi che tendono a confermare e rinforzare quegli stessi pensieri. Spezzare questo ciclo richiede un'intervento consapevole per riconoscere e sfidare i nostri pensieri automatici e per sperimentare con comportamenti che possono portare a risultati diversi e più positivi.

Tecniche Avanzate di Gestione

Oltre alla mindfulness e alla sfida cognitiva, esistono altre tecniche avanzate per gestire i pensieri automatici:

- **Tecnica del "fermati e pensa"**: Quando si riconosce un pensiero automatico, si fa una pausa per valutare la sua accuratezza e utilità prima di reagire emotivamente o comportamentalmente.

- **Diario dei pensieri**: Tenere un diario dei pensieri automatici può aiutare a identificare modelli e trigger specifici, rendendo più facile sfidarli e modificarli.

- **Esposizione graduale**: Questa tecnica comportamentale può essere utilizzata per sfidare i pensieri automatici relativi alla paura o all'ansia, esponendosi gradualmente e in modo controllato agli stimoli temuti in modo da ridurre la risposta di paura.

Ruolo della Terapia Cognitivo-Comportamentale (CBT)

La terapia cognitivo-comportamentale (CBT) è particolarmente efficace nel trattare i problemi legati ai pensieri automatici. Attraverso la CBT, le persone imparano a identificare, sfidare e modificare i pensieri automatici negativi e le credenze sottostanti. Questo lavoro terapeutico aiuta a modificare i pattern di pensiero disfunzionali in modi che possono avere un impatto profondo sul benessere emotivo e comportamentale.

Importanza del Contesto e della Complessità

È cruciale riconoscere che i pensieri automatici non esistono isolatamente; sono intrinsecamente legati al contesto più ampio della nostra vita, includendo le relazioni interpersonali, la cultura, le esperienze di vita e la salute fisica. L'approccio alla gestione dei pensieri automatici deve quindi essere olistico, considerando l'intera persona e il suo contesto di vita.

L'esplorazione dei pensieri automatici offre una finestra sulle complesse interazioni tra mente, corpo e ambiente. Affrontare i pensieri automatici non solo può migliorare la nostra salute mentale, ma può anche aprire nuove possibilità per la crescita personale e il miglioramento della qualità della vita. La chiave sta nel diventare osservatori curiosi dei nostri processi mentali, imparando a navigare il paesaggio interiore dei nostri pensieri con compassione, consapevolezza e flessibilità.

Approfondendo ulteriormente l'analisi dei pensieri automatici, possiamo esplorare come essi si intrecciano con il tessuto della nostra identità personale e come influenzano le nostre relazioni interpersonali e il nostro senso di sé. I pensieri automatici non solo modellano la nostra esperienza interna ma influenzano anche il modo in cui interagiamo con il mondo esterno, compresi gli altri intorno a noi.

L'Intersezione con l'Identità Personale

I pensieri automatici possono essere profondamente intrecciati con la nostra identità. Ad esempio, se una persona ha pensieri automatici che si focalizzano costantemente sul non essere all'altezza o sull'essere inadeguato, questi pensieri possono diventare una parte integrante di come si percepisce. Questa autopercezione negativa può limitare significativamente il proprio potenziale, poiché le azioni e le scelte vengono intraprese (o evitate) in base a questi pensieri distorti.

Impatto sulle Relazioni Interpersonali

I pensieri automatici influenzano anche le nostre relazioni. Se una persona è incline a pensare automaticamente che gli altri siano critici o rifiutanti, potrebbe interpretare erroneamente le interazioni

neutrali come negative, portando a malintesi e conflitti.
Questo può creare un circolo vizioso in cui i pensieri
automatici negativi sono continuamente rinforzati
dalle percezioni distorte delle reazioni altrui.

Meccanismi di Difesa

In risposta ai pensieri automatici negativi, le persone
possono sviluppare meccanismi di difesa per
proteggere il proprio senso di sé. Questi meccanismi,
sebbene utili nel breve termine, possono diventare
controproducenti nel lungo termine. Ad esempio,
l'evitamento sociale può essere una risposta al pensiero
automatico di rifiuto ma può portare all'isolamento e al
rafforzamento della paura del rifiuto.

Risonanza Emotiva e Pensieri Automatici

La risonanza emotiva, o la capacità di sintonizzarsi con
le emozioni degli altri, può essere influenzata dai
pensieri automatici. Se i nostri pensieri sono filtrati
attraverso lenti negative, potremmo essere meno
capaci di percepire accuratamente o empatizzare con le
emozioni altrui, limitando la nostra capacità di
connetterci in modo significativo con gli altri.

Verso un Nuovo Equilibrio

Per spostarsi verso un equilibrio più sano e funzionale,
è fondamentale sviluppare strategie che permettano
non solo di riconoscere e sfidare i pensieri automatici
ma anche di costruire nuove narrative personali.
Questo processo include:

- **Riscrittura della narrazione personale**: Identificare e modificare le storie che ci raccontiamo su chi siamo, sul nostro valore e sulle nostre capacità.

- **Affinare la percezione sociale**: Lavorare consapevolmente per interpretare le interazioni sociali in modo più bilanciato, evitando di saltare a conclusioni basate su pensieri automatici distorti.

- **Rafforzare l'empatia**: Praticare l'ascolto attivo e lo sforzo consapevole di comprendere le prospettive altrui può aiutare a superare le barriere erette dai pensieri automatici.

L'Approccio Integrativo

Adottare un approccio integrativo che combina la consapevolezza dei pensieri automatici con lo sviluppo di competenze emotive e relazionali può portare a una trasformazione profonda. Questo approccio richiede tempo, pazienza e, spesso, la guida di un professionista della salute mentale, ma i benefici possono influenzare ogni aspetto della vita di una persona.

L'obiettivo finale è quello di costruire un senso di sé più resiliente e flessibile, capace di navigare i flussi e i riflussi emotivi senza essere sopraffatti dai pensieri automatici. Attraverso la pratica e la riflessione, possiamo imparare a distanziarci dai nostri pensieri automatici, riconoscendoli come momentanei e non definitori del nostro vero sé. Questo distacco ci permette non solo di affrontare la vita con maggiore serenità ma anche di aprire spazi per nuove possibilità di crescita personale e connessione umana.

Concludendo l'esplorazione dei pensieri automatici, è essenziale riconoscere che, nonostante la loro natura pervasiva e spesso sotterranea, offrono significative opportunità per la crescita personale e il miglioramento del benessere psicologico. La comprensione profonda e la gestione efficace di questi pensieri sono fondamentali per trasformare il nostro modo di vivere, percepire e interagire con il mondo intorno a noi.

Sintesi e Riflessioni Finali

I pensieri automatici, sebbene automatici e involontari, non sono inamovibili o definitivi. La nostra capacità di intercettarli, esaminarli criticamente e, se necessario, ristrutturarli, ci dota di un potente strumento per il cambiamento personale. Il viaggio verso la gestione dei pensieri automatici inizia con la consapevolezza e procede attraverso l'educazione, la pratica e l'auto-compassione.

L'Impatto Trasformativo della Gestione dei Pensieri Automatici

Modificare i nostri pensieri automatici e le risposte emotive ad essi non solo riduce la sofferenza psicologica ma può anche migliorare la qualità delle nostre relazioni, aumentare la nostra resilienza di fronte alle avversità e rafforzare il nostro senso di agenzia e autostima. Questo processo trasformativo ci permette di vivere una vita più piena, arricchita e allineata con i nostri valori e obiettivi.

Tecniche e Strumenti di Supporto

L'adozione di tecniche come la mindfulness, la terapia cognitivo-comportamentale (CBT), la meditazione, il diario dei pensieri e la pratica dell'empatia e dell'ascolto attivo sono tutti strumenti preziosi in questo percorso. Essi non solo ci aiutano a gestire i pensieri automatici ma ci insegnano anche a costruire una relazione più sana e consapevole con la nostra mente.

La Guida di Professionisti della Salute Mentale

Per molti, il percorso verso la comprensione e la gestione dei pensieri automatici può beneficiare della guida di professionisti della salute mentale. Psicologi e terapeuti possono offrire supporto personalizzato, tecniche avanzate e un ambiente sicuro per esplorare e modificare i pattern di pensiero profondamente radicati.

Un Invito all'Azione e alla Riflessione

Questo approfondimento sui pensieri automatici non è solo un'indagine teorica ma anche un invito all'azione. È un invito a diventare osservatori attenti della propria mente, a riconoscere i momenti in cui i pensieri automatici influenzano le nostre percezioni e reazioni, e a esercitare la scelta consapevole su come rispondere. Attraverso la pratica continua, l'apprendimento e la riflessione, possiamo muoverci verso una maggiore libertà interiore e benessere psicologico.

Conclusione

In definitiva, i pensieri automatici sono una componente fondamentale della nostra esperienza umana, ma non devono definire la nostra realtà. Riconoscendo la loro presenza, comprendendo il loro impatto e imparando a gestirli in modo proattivo, possiamo trasformare la nostra esperienza di vita. Questo percorso richiede impegno, ma le ricompense sono profonde e durature, aprendo la porta a una vita caratterizzata da maggiore pace interiore, soddisfazione e connessione umana.

Nel contesto dell'approfondimento sui pensieri automatici, esploriamo ulteriori sfaccettature che illustrano la loro complessità e l'impatto sulla nostra vita quotidiana. Questo include l'importanza di riconoscere il ruolo che giocano nell'influenzare le nostre decisioni, le nostre prestazioni e il nostro benessere generale, così come le strategie per mitigare il loro impatto negativo.

Il Ruolo dei Pensieri Automatici nelle Decisioni Quotidiane

I pensieri automatici possono avere un'influenza significativa sul processo decisionale. Spesso, senza che ce ne rendiamo conto, guidano le nostre scelte quotidiane, dalle piccole decisioni come cosa mangiare per colazione, alle scelte di vita più significative, come

la selezione di una carriera o di un partner. La chiave
per un processo decisionale più consapevole è
diventare consapevoli di questi pensieri automatici e
interrogarsi sulla loro validità e utilità nel contesto
attuale.

Influenza sui Livelli di Prestazione

Analogamente, i pensieri automatici possono
influenzare significativamente le nostre prestazioni in
vari ambiti, dall'ambiente lavorativo allo sport, all'arte.
Pensieri automatici negativi come "Non sono
abbastanza bravo" o "Sicuramente fallirò" possono
ridurre la fiducia in se stessi e la motivazione,
incidendo negativamente sulle prestazioni. Al
contrario, i pensieri automatici positivi possono
potenziare la fiducia e migliorare l'efficacia personale.

Strategie per Mitigare l'Impatto Negativo

Per ridurre l'impatto negativo dei pensieri automatici,
è possibile adottare diverse strategie:

- **Riconoscimento e Etichettatura**: Imparare a
  riconoscere quando si sta avendo un pensiero
  automatico e dare un nome a quella specifica
  distorsione cognitiva (ad es., "generalizzazione" o
  "catastrofizzazione") può aiutare a prendere
  distanza da esso.

- **Contrasto con Evidenze**: Quando si identifica
  un pensiero automatico, si può cercare
  attivamente di contrastarlo con evidenze

concrete che dimostrino il suo essere infondato o esagerato.

- **Sviluppo di Affrontamenti Proattivi**: Creare una lista di affermazioni positive o di strategie di coping che possono essere utilizzate quando si riconosce un pensiero automatico negativo.

- **Visualizzazione Positiva**: Praticare la visualizzazione di esiti positivi può aiutare a contrastare i pensieri automatici negativi e aumentare la sensazione di controllo e fiducia in se stessi.

L'Importanza del Supporto Sociale

Il supporto sociale gioca un ruolo cruciale nel processo di gestione dei pensieri automatici. Condividere le proprie esperienze con amici fidati, familiari o professionisti della salute mentale può offrire nuove prospettive e strategie per affrontare i pensieri automatici disfunzionali. Inoltre, essere circondati da una rete di supporto può fornire rinforzi positivi e promuovere un ambiente che sostiene il cambiamento e la crescita personale.

Riflessione Continua e Crescita Personale

Infine, è importante riconoscere che la gestione dei pensieri automatici è un processo continuo che richiede riflessione e impegno costanti. Attraverso la pratica regolare delle strategie sopra menzionate e mantenendo un atteggiamento di curiosità e apertura nei confronti della propria vita interiore, è possibile sviluppare una maggiore resilienza contro l'influenza negativa dei pensieri automatici. Questo percorso di crescita personale non solo migliora il benessere psicologico ma arricchisce anche la nostra esperienza di vita, permettendoci di vivere con maggiore presenza, autenticità e gratitudine.

Mentre proseguiamo nell'esplorazione dei pensieri automatici e del loro profondo impatto sulla nostra vita, è importante considerare anche il ruolo che giocano nella formazione e nel mantenimento delle nostre convinzioni di lungo termine e dei nostri atteggiamenti. Questi aspetti della nostra psiche, a loro volta, influenzano come interagiamo con il mondo e come interpretiamo le esperienze future, creando un ciclo di feedback che può rinforzare ulteriormente i pensieri automatici originari.

Integrazione dei Pensieri Automatici con le Convinzioni di Lungo Termine

I pensieri automatici non sono isolati; essi sono spesso radicati in convinzioni di lungo termine e atteggiamenti che abbiamo sviluppato nel corso degli anni. Ad esempio, se qualcuno cresce in un ambiente che valorizza fortemente il successo accademico o professionale, può sviluppare pensieri automatici che collegano il proprio valore personale al successo in queste aree. Queste convinzioni possono portare a una costante pressione interna e a una paura del fallimento, influenzando decisioni, relazioni e la percezione di sé.

Il Ciclo dei Pensieri Automatici e delle Esperienze di Vita

Le esperienze di vita possono rinforzare o sfidare i nostri pensieri automatici e le convinzioni sottostanti. Quando un'esperienza conferma un pensiero automatico (ad esempio, non riuscire in un compito importante rinforza il pensiero "non sono abbastanza bravo"), questo pensiero diventa più radicato. Tuttavia, questo ciclo offre anche opportunità di cambiamento: esperienze che sfidano i nostri pensieri automatici possono incoraggiarci a rivederli e, potenzialmente, a modificarli.

La Complessità dei Pensieri Automatici in Contesti Diversi

I pensieri automatici possono manifestarsi in modo diverso a seconda del contesto, complice la complessa interazione tra personalità individuale, contesto culturale e situazioni specifiche. Ad esempio, una persona potrebbe avere pensieri automatici relativamente positivi nel contesto lavorativo ma pensieri automatici negativi nelle relazioni personali. Questa dicotomia sottolinea l'importanza di approcci personalizzati nella gestione dei pensieri automatici, che tengano conto delle specificità individuali e contestuali.

Approcci Olistici alla Gestione dei Pensieri Automatici

La gestione efficace dei pensieri automatici richiede un approccio olistico che consideri l'intera persona: la sua storia, le sue convinzioni, il suo ambiente e le sue relazioni. Tecniche come la terapia cognitivo-comportamentale, la mindfulness, l'esercizio fisico, l'arte e la terapia creativa, nonché l'impegno in comunità di supporto, possono tutte giocare un ruolo nel fornire una strategia comprensiva. Ogni persona potrebbe trovare una combinazione unica di strategie che funzionano meglio per lei, evidenziando l'importanza dell'esplorazione personale e dell'adattamento nel percorso di crescita e guarigione.

Continuo Apprendimento e Adattamento

Riconoscere e gestire i pensieri automatici è un processo di apprendimento continuo che richiede adattabilità e perseveranza. Poiché cresciamo e cambiamo, anche i nostri pensieri automatici e le strategie per gestirli possono evolvere. L'impegno in un percorso di auto-riflessione e crescita personale non solo può mitigare l'impatto dei pensieri automatici negativi ma può anche ampliare la nostra capacità di sperimentare gioia, connessione e significato nella vita.

L'esplorazione dei pensieri automatici rivela la loro potente influenza sul nostro benessere psicologico e sulle nostre vite. Attraverso la consapevolezza e strategie mirate, possiamo imparare a navigare questo paesaggio interiore complesso, trasformando i pensieri automatici da ostacoli in occasioni di crescita profonda e arricchimento personale. Questo percorso, intrapreso con curiosità, compassione e apertura, ci invita a riscoprire la nostra capacità innata di resilienza, adattabilità e benessere.

Approfondendo ancora la comprensione dei pensieri automatici, esploriamo come essi interagiscono con il concetto di identità narrativa e il ruolo che svolgono nell'influenzare il nostro senso di continuità e coerenza personale. Questa prospettiva ci permette di esaminare come le storie che ci raccontiamo su noi stessi, costruite attraverso i pensieri automatici, plasmano la nostra esperienza del mondo e la nostra interazione con esso.

Identità Narrativa e Pensieri Automatici

L'identità narrativa si riferisce alla storia interna che costruiamo su chi siamo, le nostre esperienze e come queste ci definiscono. I pensieri automatici giocano un ruolo cruciale nella formazione di questa narrativa, influenzando la trama e i temi delle nostre storie personali. Ad esempio, se predominano pensieri automatici negativi, la nostra storia interna potrebbe concentrarsi su fallimenti, delusioni e insicurezze, omettendo o minimizzando i successi e i punti di forza.

La Dinamica di Auto-verifica

La teoria dell'auto-verifica suggerisce che le persone cercano conferme delle loro credenze esistenti su se stesse, indipendentemente dal fatto che queste siano positive o negative. I pensieri automatici alimentano questo processo cercando attivamente situazioni che confermino la nostra identità narrativa esistente. Questo può portare a un ciclo di auto-rinforzo in cui i pensieri automatici e le esperienze di vita si alimentano a vicenda, potenziando le storie negative su di noi.

Il Potere della Riscrittura Narrativa

Riconoscendo il potere dei pensieri automatici nella formazione dell'identità narrativa, diventa evidente l'importanza della riscrittura narrativa come strumento di trasformazione personale. Questo processo implica il riconoscimento attivo e la revisione delle storie che ci raccontiamo, sostituendo le narrazioni negative o limitanti con altre che enfatizzano la resilienza, la crescita, il successo e la compassione verso se stessi. Attraverso la pratica della riscrittura narrativa, possiamo modificare il nostro dialogo interno e, di conseguenza, influenzare positivamente i nostri pensieri automatici.

Pensieri Automatici e Memoria

I pensieri automatici hanno anche un impatto significativo sulla nostra memoria e su come ricordiamo gli eventi passati. La tendenza a ricordare eventi che si allineano con i nostri pensieri automatici e la nostra identità narrativa attuale può distortare il nostro ricordo del passato, confermando ulteriormente le narrazioni esistenti. Essere consapevoli di questo bias nella memoria può aiutarci a adottare un approccio più critico e bilanciato nel valutare le nostre esperienze passate.

Integrazione del Sé e Crescita Personale

La gestione dei pensieri automatici e la riscrittura narrativa non solo possono ridurre l'impatto negativo di questi pensieri ma possono anche facilitare un'esperienza di integrazione del sé e di crescita personale. Questo processo di integrazione implica l'accettazione di tutte le parti di noi stessi, comprese quelle che potremmo trovare difficili o indesiderabili. Attraverso questa accettazione, possiamo lavorare verso una sensazione di completezza e coerenza interiore, che sostiene il benessere psicologico e la resilienza.

Verso una Maggiore Apertura e Flessibilità

Man mano che ci impegniamo in questo lavoro interiore, potremmo scoprire che diventiamo più aperti e flessibili nel nostro pensiero e nelle nostre interazioni con gli altri. Riconoscendo che i nostri pensieri automatici sono solo una parte della nostra esperienza complessiva e non l'intera storia, possiamo imparare a rispondere alle situazioni con maggiore curiosità, compassione e complessità. Questa apertura ci permette non solo di navigare la vita con maggiore facilità ma anche di arricchire le nostre relazioni e di esplorare nuove possibilità per la crescita e l'apprendimento.

In definitiva, il lavoro con i pensieri automatici ci invita a una profonda esplorazione del sé, offrendoci l'opportunità di riscrivere le nostre storie in modi che riflettono chi vogliamo essere e come vogliamo vivere. Questo processo, sebbene possa presentare sfide, è intrinsecamente arricchente e trasformativo, aprendo la strada a un'esperienza di vita più consapevole, integrata e soddisfacente.

Mentre proseguiamo l'esplorazione del profondo impatto dei pensieri automatici sulla nostra vita, emerge chiaramente come questi non siano meramente interni ma influenzino anche in modo significativo la nostra interazione con l'ambiente esterno, incluso il modo in cui affrontiamo il cambiamento, la nostra resilienza di fronte alle avversità e la nostra capacità di stabilire connessioni significative con gli altri.

Pensieri Automatici e Adattamento al Cambiamento

I pensieri automatici giocano un ruolo cruciale nella nostra capacità di adattarci ai cambiamenti. Quando affrontiamo nuove situazioni o sfide, i pensieri automatici possono predisporci a reagire con paura, ansia o resistenza, influenzando negativamente la nostra capacità di adattamento. Tuttavia, riconoscendo e sfidando attivamente questi pensieri, possiamo aprire la mente a nuove prospettive, promuovendo un adattamento più flessibile e positivo alle circostanze mutevoli.

Resilienza di Fronte alle Avversità

La resilienza, ovvero la nostra capacità di riprenderci dalle difficoltà e dalle avversità, è profondamente influenzata dai pensieri automatici. Pensieri negativi e limitanti possono erodere la nostra resilienza, facendoci sentire impotenti di fronte alle sfide. Al contrario, coltivare una mentalità che sfida i pensieri automatici negativi e li sostituisce con valutazioni più equilibrate e ottimistiche può rafforzare la nostra resilienza, aiutandoci a navigare le avversità con maggiore fiducia e speranza.

Costruire Connessioni Significative

I pensieri automatici influenzano anche la qualità delle nostre relazioni interpersonali. I pensieri negativi su noi stessi o sugli altri possono portare a incomprensioni, conflitti e connessioni superficiali. Allo stesso modo, la paura del giudizio o del rifiuto può impedirci di aprirci e di essere vulnerabili con gli altri. Imparando a riconoscere e a modificare questi pensieri automatici, possiamo migliorare la nostra capacità di stabilire relazioni più autentiche e significative, arricchendo così la nostra vita sociale ed emotiva.

Il Ruolo dell'Empatia

L'empatia, la capacità di comprendere e condividere i sentimenti di un'altra persona, può essere ostacolata da pensieri automatici negativi, specialmente quelli che giudicano o etichettano gli altri. Sfidando questi pensieri e avvicinandoci agli altri con una mente aperta e curiosa, possiamo coltivare relazioni più profonde e empatiche, promuovendo un senso di connessione e supporto reciproco.

Crescita Personale e Sviluppo

L'impatto dei pensieri automatici si estende anche al nostro percorso di crescita personale e sviluppo. Essi possono limitare il nostro potenziale, facendoci evitare nuove esperienze o sfide per paura del fallimento o del giudizio. Riconoscendo e sfidando questi pensieri, possiamo aprire la porta a nuove opportunità di apprendimento e sviluppo, perseguendo obiettivi che riflettono i nostri veri interessi e passioni.

La Sostenibilità del Benessere

Infine, la gestione efficace dei pensieri automatici contribuisce alla sostenibilità del nostro benessere a lungo termine. Creando spazi mentali più sani e positivi, possiamo migliorare la nostra salute mentale, ridurre lo stress e aumentare la nostra gioia di vivere. Questo non solo migliora la nostra qualità di vita ma influisce anche positivamente su coloro che ci circondano, creando un impatto positivo sul benessere collettivo.

In conclusione, i pensieri automatici, sebbene possano sembrare insignificanti o trascurabili, hanno un profondo impatto su quasi tutti gli aspetti della nostra vita. Attraverso un'attenta introspezione e un lavoro

consapevole su di essi, possiamo trasformare il nostro
modo di pensare, sentire e agire nel mondo, aprendo la
strada a una vita più ricca, più resiliente e più
connessa.

Concludere l'ampia esplorazione dei pensieri
automatici richiede una riflessione dettagliata sul loro
impatto pervasivo sulla nostra psiche, sulle nostre
relazioni e sul nostro percorso di vita. Abbiamo visto
come i pensieri automatici non siano semplicemente
passaggi effimeri della mente, ma elementi con la
potenza di modellare la nostra realtà, influenzando
profondamente la nostra percezione di noi stessi, delle
nostre capacità e del mondo che ci circonda. Essi
agiscono come lenti attraverso cui vediamo la vita,
colorando ogni esperienza con le tonalità delle nostre
credenze preesistenti, sia positive che negative.

Impatto sui Processi Interni

Internamente, i pensieri automatici possono essere sia
catalizzatori che ostacoli al nostro benessere. Possono
rafforzare sentimenti di inadeguatezza, ansia e
depressione quando sono in gran parte negativi o, al
contrario, possono promuovere resilienza, autostima e
ottimismo quando sono gestiti in modo efficace e
costruttivo. La consapevolezza e la trasformazione di
questi pensieri attraverso pratiche di mindfulness, di
ristrutturazione cognitiva e di compassione verso se
stessi emergono come strumenti essenziali per il nostro
arsenale di benessere mentale, permettendoci di

sfidare le narrazioni interne limitanti e di aprire la strada a narrazioni più empoweranti e veritiere.

Effetti sulle Relazioni e sull'Interazione Sociale

Sul piano relazionale, i pensieri automatici possono influenzare significativamente la qualità e la profondità delle nostre connessioni con gli altri. Possono farci percepire il mondo attraverso un velo di giudizio, paura o incomprensione, ostacolando la nostra capacità di empatia e di apertura nei confronti degli altri. Sfidare questi pensieri e sostituirli con un approccio più curioso e non giudicante verso le persone intorno a noi può migliorare la nostra capacità di stabilire relazioni autentiche e significative, arricchendo così la nostra esperienza sociale e il nostro sostegno emotivo.

Influenza sulle Decisioni e sull'Adattabilità

A livello decisionale, i pensieri automatici possono limitare la nostra visione, influenzando le scelte quotidiane e i grandi cambiamenti di vita con implicazioni di vasta portata. La paura del fallimento, ad esempio, può impedirci di perseguire opportunità di crescita e di sviluppo. Tuttavia, sviluppando una maggiore consapevolezza dei nostri schemi di pensiero e apprendendo a sfidarli, possiamo diventare più aperti a nuove esperienze, più flessibili di fronte ai cambiamenti e più resilienti di fronte alle avversità, migliorando così la nostra capacità di navigare le complessità della vita con fiducia e agilità.

Verso un Senso di Sé Integrato e una Crescita Continua

Infine, il lavoro sui pensieri automatici non è solo un processo di mitigazione dei danni o di gestione dei sintomi. È, piuttosto, un viaggio profondo verso un senso di sé più integrato e autentico, un percorso di scoperta e crescita personale che ci permette di esplorare il pieno potenziale della nostra esistenza. Attraverso questo lavoro, possiamo imparare a vivere con una maggiore presenza, a rispondere piuttosto che reagire alle sfide della vita, e a coltivare un benessere duraturo che si radica nella comprensione profonda di noi stessi e nel nostro posto nel mondo.

In conclusione, i pensieri automatici, con il loro vasto e variegato impatto, invitano a un'esplorazione continua e a un impegno consapevole verso la nostra crescita e il nostro sviluppo. Riconoscere la loro presenza e imparare a navigarli con intenzionalità apre la porta a una vita di maggiore consapevolezza, connessione e soddisfazione personale. La chiave sta nell'abbracciare questo processo con curiosità, compassione e apertura, riconoscendo che ogni passo che facciamo verso la comprensione e la trasformazione dei nostri pensieri automatici è un passo verso una versione più realizzata e felice di noi stessi.

La natura della sofferenza umana - Esplorare le origini della sofferenza legate ai nostri processi di pensiero.

L'esplorazione delle origini della sofferenza umana attraverso i nostri processi di pensiero ci porta in un profondo viaggio nella psiche umana, dove antiche saggezze incontrano scoperte scientifiche moderne. Questo viaggio rivela come la nostra interpretazione delle esperienze, piuttosto che le esperienze stesse, spesso determini la nostra sofferenza. Le filosofie orientali, come il Buddhismo, hanno da tempo riconosciuto il legame tra pensiero e sofferenza, mentre la psicologia occidentale moderna offre approfondimenti su come i nostri schemi di pensiero influenzano il nostro benessere emotivo.

La Ruota dei Pensieri, Emozioni e Azioni

Al centro della sofferenza umana si trova spesso un ciclo interconnesso di pensieri, emozioni e azioni. I pensieri negativi o distorti possono innescare emozioni dolorose, che a loro volta possono portare a comportamenti che rinforzano o esacerbano ulteriormente questi pensieri negativi. Questo ciclo può creare un loop auto-sostenuto di sofferenza, dove la mente diventa intrappolata in un labirinto di pensieri negativi e percezioni distorte della realtà.

Distorsioni Cognitive e Sofferenza

La psicologia cognitiva identifica specifiche distorsioni cognitive - modi in cui i nostri pensieri possono deviare dalla realtà - che contribuiscono alla sofferenza. Queste includono la catastrofizzazione (immaginare il peggior scenario possibile), la generalizzazione eccessiva (applicare una negatività isolata a situazioni più ampie), la lettura della mente (presumere di conoscere i pensieri degli altri), e molte altre. Queste distorsioni possono trasformare situazioni neutre o gestibili in fonti di stress e dolore intensi.

Il Ruolo delle Aspettative

Le nostre aspettative su come "dovrebbero" essere le cose, rispetto a come sono effettivamente, possono creare una significativa discordia interna e sofferenza. Il desiderio di realtà alternative, dove le perdite, le delusioni o i fallimenti non esistono, può allontanarci dall'accettare e trovare pace nella nostra situazione attuale. L'aderenza rigida alle aspettative può portare alla sofferenza quando la realtà inevitabilmente devia da questi ideali.

La Ricerca di Senso e la Sofferenza

La sofferenza umana è anche profondamente intrecciata con la nostra ricerca di senso e scopo. Quando gli eventi della vita sfidano o sconvolgono il nostro senso di chi siamo o perché esistiamo, possono emergere profondi sentimenti di disperazione o vuoto. La lotta per trovare significato nel dolore o nella perdita può intensificare la nostra sofferenza, specialmente se ci attacchiamo a narrazioni che enfatizzano l'ingiustizia o l'inutilità di tali esperienze.

Verso la Trasformazione della Sofferenza

Nonostante la natura inevitabile di certi tipi di sofferenza, la nostra risposta a essa può variare ampiamente. Pratiche come la mindfulness e la meditazione possono aiutarci a osservare i nostri pensieri senza giudizio, riducendo il loro impatto emotivo e offrendoci maggiore spazio per scegliere come rispondere. Il lavoro terapeutico, specialmente quello focalizzato sulla terapia cognitivo-comportamentale, può aiutare a identificare e modificare i pattern di pensiero disfunzionali che alimentano la sofferenza. Infine, l'adozione di una prospettiva più ampia, che riconosce il dolore come parte integrante dell'esperienza umana, può facilitare un accettazione più profonda e la scoperta di un senso di pace interiore nonostante le difficoltà esterne.

In sintesi, mentre i processi di pensiero che contribuiscono alla sofferenza umana sono complessi e multifaccettati, esistono vie attraverso le quali possiamo navigare e trasformare questa sofferenza. Riconoscendo e modificando i nostri schemi di pensiero, possiamo aprire la porta a una maggiore serenità, resilienza e benessere psicologico.

Nell'approfondire ulteriormente il tema della sofferenza umana legata ai nostri processi di pensiero, è cruciale esplorare come la nostra interpretazione delle esperienze, filtrata attraverso sistemi di credenze personali e culturali, giochi un ruolo significativo nel modellare la nostra realtà emotiva. Questo percorso ci porta a considerare l'importanza del contesto sociale e culturale, della biologia umana, e delle pratiche di resilienza psicologica nell'ambito della sofferenza.

Il Contesto Sociale e Culturale della Sofferenza

Il modo in cui percepiamo e interpretiamo la sofferenza è profondamente influenzato dal nostro contesto sociale e culturale. Diverse culture hanno modi diversi di comprendere e affrontare la sofferenza, alcuni dei quali possono enfatizzare l'accettazione e la trascendenza, mentre altri possono concentrarsi sulla resistenza o sulla modifica delle circostanze esterne. Queste influenze culturali possono plasmare i nostri processi di pensiero, influenzando sia la nostra esperienza della sofferenza sia le nostre strategie di coping.

Biologia, Neuroscienze e Sofferenza

Le neuroscienze hanno apportato importanti contributi alla nostra comprensione di come la sofferenza sia elaborata a livello biologico. La nostra risposta al dolore, sia fisico sia emotivo, è mediata da complessi sistemi neurali che possono essere influenzati da fattori genetici, da esperienze di vita e da condizioni di salute mentale. Ad esempio, la neuroplasticità, o la capacità del cervello di cambiare e adattarsi in risposta all'esperienza, suggerisce che pratiche come la meditazione e la terapia cognitiva possono effettivamente "riprogrammare" le risposte cerebrali alla sofferenza.

Resilienza Psicologica e Strategie di Superamento

La resilienza psicologica, definita come la capacità di riprendersi di fronte all'avversità, è un fattore chiave nella gestione della sofferenza. Questa resilienza può essere coltivata attraverso pratiche che rafforzano la connessione mente-corpo, come la meditazione di consapevolezza, l'esercizio fisico e la connessione sociale. Inoltre, strategie di coping adattive, che possono includere sia il supporto sociale sia tecniche di problem-solving, giocano un ruolo cruciale nell'aiutarci a navigare attraverso periodi di sofferenza, promuovendo il recupero e la crescita personale.

La Sofferenza come Via di Crescita

Nonostante la natura spesso dolorosa della sofferenza, essa può anche servire come catalizzatore per la crescita personale e lo sviluppo. Il concetto di "crescita post-traumatica" si riferisce alla trasformazione positiva che può seguire esperienze di vita difficili, portando a una maggiore apprezzamento per la vita, relazioni più profonde, una maggiore forza personale, nuove possibilità per la vita, e uno sviluppo spirituale. Questa prospettiva sulla sofferenza sottolinea il potenziale umano di trovare significato e scopo anche nelle circostanze più difficili.

Sofferenza, Empatia e Connessione Umana

Infine, la nostra capacità di sperimentare la sofferenza è intrinsecamente legata alla nostra capacità di empatia e connessione con gli altri. Attraverso la condivisione delle nostre esperienze di dolore, possiamo trovare conforto, sostegno e una profonda comprensione reciproca. Questo processo di condivisione e connessione può alleviare il senso di isolamento che spesso accompagna la sofferenza, offrendoci nuove prospettive e rafforzando il nostro senso di appartenenza a una comunità più ampia.

In conclusione, l'esplorazione delle origini della sofferenza umana legate ai nostri processi di pensiero ci invita a considerare un'ampia gamma di fattori, dalla biologia alla cultura, dalla resilienza personale alla connessione umana. Questo viaggio mette in luce non solo le sfide poste dalla sofferenza ma anche le opportunità di crescita, trasformazione e connessione profonda con l'essenza della nostra umanità comune.

Proseguendo nell'esplorazione delle origini della sofferenza umana legate ai nostri processi di pensiero, è fondamentale immergersi ancora più a fondo nell'analisi di come il nostro ambiente, le esperienze di vita e il nostro sviluppo personale interagiscano in maniere complesse per influenzare il modo in cui sperimentiamo e gestiamo la sofferenza. Questo approfondimento ci conduce verso un'indagine multidimensionale che abbraccia la psicologia evolutiva, la filosofia dell'esistenza e le pratiche di autocompassione.

Psicologia Evolutiva e la Sofferenza

Dal punto di vista della psicologia evolutiva, i nostri processi di pensiero che contribuiscono alla sofferenza possono essere visti come adattamenti che in passato avevano una funzione di sopravvivenza. Ad esempio, la tendenza a focalizzarsi sul negativo, conosciuta come negatività bias, poteva aumentare le probabilità di sopravvivenza prestando maggiore attenzione ai potenziali pericoli. Tuttavia, in un contesto moderno, queste stesse inclinazioni possono portare a sofferenze non necessarie, amplificando le preoccupazioni e le ansie che non corrispondono a minacce reali per la nostra sopravvivenza.

Filosofia dell'Esistenza e la Sofferenza

La filosofia, e in particolare la filosofia esistenziale, offre prospettive uniche sulla sofferenza, vedendola come un elemento intrinseco dell'esistenza umana. Pensatori come Kierkegaard, Sartre e Camus hanno esplorato il concetto di "angoscia esistenziale", suggerendo che la sofferenza emerge dalla consapevolezza della libertà e dell'isolamento, dalla ricerca di significato in un universo che può sembrare indifferente, e dalla contemplazione della mortalità. Questa prospettiva suggerisce che la sofferenza ha un valore intrinseco nell'incoraggiare un'esplorazione profonda del significato, del proposito e dell'autenticità nella vita umana.

Autocompassione e Sofferenza

La pratica dell'autocompassione, come esplorato dalla ricerca contemporanea in psicologia positiva e mindfulness, si rivela un potente strumento nel modulare la nostra esperienza della sofferenza. L'autocompassione implica trattare se stessi con la stessa gentilezza, cura e comprensione che si offrirebbe a un buon amico in difficoltà. Questo approccio può aiutarci a relazionarci alla nostra sofferenza in modo più sano, riconoscendo il nostro dolore senza giudizio e concedendoci spazio per curare e crescere.

Sofferenza e Crescita Post-Traumatica

La ricerca sulla crescita post-traumatica esplora come le esperienze di sofferenza intensa e trauma possano, paradossalmente, portare a significativi sviluppi personali, miglioramento delle relazioni interpersonali, maggiore forza interiore, una rinnovata apprezzamento per la vita e profondi cambiamenti spirituali o filosofici. Questo campo di studio sottolinea come la sofferenza non sia solo da evitare o da superare, ma possa essere anche un terreno fertile per la trasformazione personale e il rafforzamento del sé.

La Sofferenza nel Contesto delle Relazioni Interpersonali

Le nostre relazioni interpersonali giocano un ruolo significativo nel modulare la nostra esperienza della sofferenza. Il supporto sociale, l'empatia e l'intimità possono attenuare gli effetti del dolore, mentre l'isolamento, il conflitto o la mancanza di comprensione possono amplificarli. Impegnarsi in relazioni significative e costruttive può fornire una rete di sicurezza emotiva che aiuta a navigare attraverso i periodi di sofferenza.

In definitiva, la sofferenza umana, legata intricatamente ai nostri processi di pensiero, si estende ben oltre la pura dimensione psicologica per intrecciarsi con aspetti evolutivi, esistenziali, relazionali e di crescita personale. Affrontare la sofferenza richiede un approccio olistico che consideri non solo i nostri schemi di pensiero interni ma anche il più ampio contesto della nostra vita, delle nostre relazioni e del nostro sviluppo personale. Attraverso questo approccio multidimensionale, possiamo iniziare a vedere la sofferenza non solo come un ostacolo da superare, ma anche come un'opportunità per approfondire la nostra comprensione di noi stessi e del mondo che ci circonda, promuovendo così una vita di maggiore significato, resilienza e connessione.

All'interno del vasto panorama della sofferenza umana e dei suoi legami con i processi di pensiero, emerge l'importanza di considerare la dimensione temporale della sofferenza: il modo in cui il passato, il presente e il futuro si intrecciano nei nostri pensieri può avere un profondo impatto sul nostro vissuto emotivo. Questa prospettiva ci porta a riflettere sulla temporalità della sofferenza, sul ruolo delle narrazioni personali e sul potere della presenza consapevole.

Temporalità della Sofferenza e Processi di Pensiero

La nostra esperienza della sofferenza è profondamente influenzata dalla nostra percezione del tempo. I rimpianti per azioni passate, le preoccupazioni per il presente e le ansie per il futuro sono tutti esempi di come la temporalità giochi un ruolo chiave nei nostri processi di pensiero che alimentano la sofferenza. La tendenza a rimuginare sugli errori passati o a preoccuparsi eccessivamente per eventi futuri non solo amplifica la nostra sofferenza ma può anche impedirci di vivere pienamente il momento presente, dove effettivamente possiamo esercitare qualche forma di controllo o trovare pace.

Narrazioni Personalie e Costruzione della Realtà

Le storie che raccontiamo a noi stessi sul nostro passato, sulle nostre esperienze presenti e sulle nostre aspettative future plasmano significativamente la nostra realtà emotiva. Queste narrazioni personali, spesso inconscie, possono fissare modalità di sofferenza, perpetuando cicli di pensieri negativi e distorsioni cognitive. Diventare consapevoli di queste storie, e lavorare attivamente per riscriverle in modo più positivo e realistico, può essere un passo potente verso la riduzione della sofferenza e la promozione del benessere.

Il Potere della Presenza Consapevole

La pratica della presenza consapevole, o mindfulness, ci insegna a radicarci nel momento presente, accettandolo senza giudizio. Questo approccio può aiutarci a interrompere il ciclo di sofferenza legato ai pensieri sul passato e sul futuro, permettendoci di sperimentare la vita più direttamente e con maggiore serenità. Attraverso la mindfulness, possiamo imparare a osservare i nostri pensieri e sentimenti senza identificarci in essi, riducendo così il loro impatto sulla nostra esperienza emotiva.

Sofferenza, Memoria e Anticipazione

La nostra capacità di ricordare il passato e anticipare il futuro è unica nel regno animale, ma questa stessa capacità può contribuire alla nostra sofferenza. La memoria selettiva, che tende a ricordare esperienze negative con maggiore intensità, e la tendenza a anticipare scenari futuri negativi, possono entrambe distorcere la nostra percezione della realtà e aumentare la nostra sofferenza. Riconoscere e sfidare questi bias cognitivi può aiutarci a formare una visione più equilibrata della nostra vita e delle nostre potenzialità.

Sofferenza e Trasformazione Personale

In definitiva, mentre la sofferenza può sembrare un'esperienza da evitare a tutti i costi, essa detiene anche il potenziale per profonde trasformazioni personali. Affrontare e lavorare attraverso la sofferenza può portare a una maggiore comprensione di sé, a un rafforzamento della resilienza e a una più profonda apprezzamento per la vita. Il processo di trasformazione personale spesso inizia con la riconoscimento e l'accettazione della sofferenza, seguiti da un impegno attivo nel lavorare sui processi di pensiero che contribuiscono a essa.

Attraverso queste riflessioni sulla natura della sofferenza umana e sui ruoli che i nostri processi di pensiero, la temporalità, le narrazioni personali e la presenza consapevole giocano in essa, possiamo iniziare a vedere la sofferenza non solo come un'esperienza da sopportare, ma come un'opportunità per crescere, imparare e trovare una connessione più profonda con il nucleo della nostra esperienza umana. Questo percorso, benché spesso difficile, ci offre la possibilità di navigare la complessità della nostra esistenza con maggiore saggezza, compassione e resilienza.

Nell'approfondire ulteriormente le origini della sofferenza umana legate ai nostri processi di pensiero, diventa essenziale esplorare come la costruzione sociale della sofferenza e le aspettative culturali influenzano profondamente la nostra esperienza del dolore. Questo ci conduce in un'indagine sul ruolo della comunità, sulla stigmatizzazione della sofferenza, e sul potenziale di pratiche collettive per la sua gestione e comprensione.

La Costruzione Sociale della Sofferenza

La sofferenza è profondamente radicata nelle strutture sociali e culturali in cui viviamo. Le società variano ampiamente nel modo in cui interpretano e gestiscono la sofferenza, influenzando le aspettative individuali su come essa debba essere espressa, vissuta e superata. In alcune culture, ad esempio, esprimere apertamente la sofferenza può essere considerato un segno di debolezza, mentre in altre, condividere il proprio dolore è un atto di connessione umana fondamentale e accettato. Queste norme culturali modellano i nostri processi di pensiero intorno alla sofferenza e possono aggravarla attraverso la stigmatizzazione o, al contrario, fornire percorsi verso il sollievo attraverso il supporto comunitario.

Stigmatizzazione della Sofferenza e Isolamento

La stigmatizzazione associata alla sofferenza mentale ed emotiva può portare a un senso di isolamento e solitudine, intensificando l'esperienza del dolore. Il timore di essere giudicati per il proprio stato di sofferenza può impedire alle persone di cercare aiuto o di esprimere apertamente i propri sentimenti, limitando l'accesso a strategie di coping supportate dalla comunità e dalla condivisione emotiva. Rompere il ciclo della stigmatizzazione richiede un cambiamento culturale che riconosca la sofferenza come parte integrante dell'esperienza umana, meritevole di compassione e supporto piuttosto che di giudizio.

Pratiche Collettive di Gestione della Sofferenza

Le pratiche collettive, come i rituali comunitari, le cerimonie di lutto e le pratiche spirituali condivise, offrono potenti mezzi per elaborare e dare senso alla sofferenza. Queste pratiche possono aiutare a legittimare l'esperienza del dolore, offrendo spazi sicuri per l'espressione emotiva e il supporto reciproco. Inoltre, possono facilitare un processo di guarigione collettiva, in cui la sofferenza individuale viene vista e affrontata come parte di una rete più ampia di esperienze umane condivise.

Il Potenziale di Resilienza Collettiva

Al di là dell'individuo, esiste il concetto di resilienza collettiva: la capacità di una comunità di affrontare collettivamente il trauma, la perdita e la sofferenza. Questa resilienza si basa sulla forza delle relazioni sociali, sulla condivisione delle risorse e sulla costruzione di sistemi di supporto che valorizzino l'empatia, la solidarietà e l'azione collettiva. La resilienza collettiva non solo aiuta a mitigare l'impatto della sofferenza sugli individui ma può anche promuovere un senso di appartenenza e scopo condiviso, che è fondamentale per la costruzione di comunità più coese e sostenibili.

Sofferenza, Arte e Espressione Creativa

L'arte e l'espressione creativa offrono un altro potente veicolo attraverso il quale la sofferenza può essere esplorata, condivisa e trasformata. Attraverso la musica, la letteratura, la pittura e altre forme d'arte, gli individui possono dare voce alle loro esperienze di dolore in modi che trascendono il linguaggio ordinario, offrendo sia agli artisti sia agli spettatori modi per connettersi con la sofferenza su un piano profondamente umano. Questi atti creativi non solo facilitano l'elaborazione personale del dolore ma possono anche servire come ponti verso la comprensione reciproca e il sostegno all'interno di una comunità.

In conclusione, l'esplorazione delle origini della sofferenza umana legate ai nostri processi di pensiero si estende ben oltre l'ambito individuale per includere dimensioni sociali, culturali e collettive. Riconoscere e affrontare la sofferenza richiede quindi un approccio olistico che valorizzi il supporto comunitario, la de-stigmatizzazione del dolore, la resilienza collettiva e le espressioni creative come componenti essenziali della nostra capacità umana di navigare, comprendere e trasformare la sofferenza. Attraverso questa comprensione multidimensionale, possiamo avvicinarci alla sofferenza non solo come un'esperienza da superare ma come un'opportunità per la crescita, la connessione e il cambiamento collettivo.

Concludere l'indagine sulle origini della sofferenza umana legate ai nostri processi di pensiero richiede un'esplorazione dettagliata e comprensiva delle varie dimensioni attraverso cui la sofferenza si manifesta e viene percepita nella condizione umana. Questa esplorazione ha rivelato che la sofferenza, pur essendo un'esperienza intrinsecamente personale e spesso intima, è profondamente radicata e influenzata da una complessa rete di fattori psicologici, sociali, culturali e esistenziali.

Riconoscimento della Complessità della Sofferenza

Abbiamo visto come la sofferenza non sia semplicemente il risultato di eventi esterni o di circostanze avverse, ma piuttosto il prodotto dei nostri processi di pensiero, delle nostre interpretazioni e delle risposte emotive a questi eventi. La sofferenza è spesso amplificata da distorsioni cognitive, aspettative irrealistiche e un'adesione rigida a narrazioni personali che limitano la nostra capacità di vedere possibilità oltre il dolore attuale.

Il Ruolo del Contesto Sociale e Culturale

Importante è il ruolo del contesto sociale e culturale nel modellare le nostre esperienze di sofferenza. Le norme culturali e le aspettative sociali influenzano profondamente come esprimiamo e gestiamo il dolore, così come la disponibilità e l'accettazione di strategie di supporto e di coping. La stigmatizzazione della sofferenza può portare all'isolamento, mentre pratiche collettive e comunitarie di supporto possono offrire vie per una gestione più empatica e condivisa del dolore.

Importanza dell'Autocompassione e della Presenza Consapevole

L'autocompassione e la pratica della presenza consapevole emergono come strumenti fondamentali per navigare la sofferenza. L'autocompassione ci invita a trattarci con gentilezza e comprensione, riconoscendo il dolore come parte dell'esperienza umana condivisa. La mindfulness ci aiuta a radicarci nel presente, riducendo l'impatto di pensieri ruminativi sul passato o preoccupazioni per il futuro.

Potenziale di Crescita e Trasformazione

La sofferenza detiene un potenziale inaspettato per la crescita personale e la trasformazione. Il concetto di crescita post-traumatica ci ricorda che, attraverso il processo di affrontare e lavorare attraverso il dolore, possiamo emergere con una maggiore forza, resilienza e una rinnovata apprezzazione per la vita. Questo non minimizza la realtà del dolore, ma offre una prospettiva che riconosce il dolore come un catalizzatore possibile per il cambiamento significativo.

Verso una Comprensione Olistica e Integrata

In definitiva, una comprensione profonda delle origini della sofferenza umana e dei modi in cui i nostri processi di pensiero contribuiscono a essa richiede un approccio olistico e integrato. Tale approccio considera non solo gli aspetti individuali del dolore ma anche il tessuto sociale, culturale e relazionale in cui la sofferenza è incastonata. Riconoscendo l'interconnessione tra questi vari livelli, possiamo iniziare a sviluppare strategie più efficaci e compassionevoli per affrontare la sofferenza, promuovendo al contempo il benessere, la connessione e la resilienza sia a livello personale che collettivo.

In conclusione, mentre la sofferenza può sembrare un aspetto inevitabile dell'esistenza umana, la nostra indagine ha rivelato che vi sono vie profonde e trasformative attraverso cui possiamo navigare e, in ultima analisi, trasformare questa sofferenza. Attraverso la consapevolezza, l'autocompassione, il supporto comunitario e un impegno verso la crescita personale, possiamo affrontare la sofferenza non solo come un'esperienza da sopportare ma come un'opportunità per approfondire la nostra comprensione di noi stessi, degli altri e del tessuto stesso della vita.

3. Distorsioni cognitive e trappole mentali -
Identificare le distorsioni cognitive comuni che
distorcono la nostra percezione della realtà.

Le distorsioni cognitive sono processi di pensiero che
causano interpretazioni della realtà distorte, irrazionali
o in altro modo non accurate. Questi schemi di
pensiero possono contribuire significativamente alla
sofferenza psicologica, influenzando le emozioni, i
comportamenti e la percezione di sé. Di seguito sono
elencate alcune delle distorsioni cognitive più comuni
che possono agire come vere e proprie trappole
mentali, distorcendo la nostra percezione della realtà:

1. **Filtraggio (o Attenzione Selettiva)**:
   Concentrarsi esclusivamente sugli aspetti
   negativi di una situazione, ignorando quelli
   positivi. Questo può portare a una visione della
   realtà distorta e negativa.

2. **Pensiero Polarizzato (o Tutto o Niente)**:
   Vedere le situazioni, se stessi o gli altri in termini
   estremi, senza sfumature di grigio. Se qualcosa
   non è perfetto, viene considerato un fallimento
   totale.

3. **Generalizzazione Eccessiva**: Trarre una
   conclusione generale basata su un singolo evento
   o una singola prova. Questo spesso si manifesta
   come pensieri che includono parole come
   "sempre" o "mai".

4. **Catastrofizzazione**: Aspettarsi il peggior risultato possibile, anche quando ciò è altamente improbabile. Questa distorsione porta spesso a un'eccessiva ansia e preoccupazione.

5. **Lettura della Mente**: Presumere di sapere cosa stanno pensando gli altri senza avere prove sufficienti. Ciò può portare a malintesi e a sentimenti di rifiuto o inadeguatezza.

6. **Personalizzazione**: Credere che tutto ciò che le persone fanno o dicono sia in qualche modo una reazione diretta a sé stessi, o confrontare se stessi con gli altri, misurandosi contro di loro senza considerare le differenze di contesto o situazione.

7. **Doverismo**: Credere che ci siano cose che si "devono" o "non si devono" fare e che violare queste regole porta a conseguenze negative. Questo può creare una pressione interna e senso di colpa o vergogna.

8. **Ragionamento Emotivo**: Credere che ciò che si sente debba essere vero automaticamente. Se ci si sente stupidi e noiosi, allora si deve essere stupidi e noiosi, senza considerare prove contrarie.

9. **Etichettatura**: Attaccare etichette negative a se stessi o agli altri basate su errori o comportamenti passati. Questo non tiene conto della complessità delle persone e delle situazioni.

10. **Errori di attribuzione**: Spiegare il comportamento di sé stessi e degli altri basandosi su cause interne o esterne inappropriate. Ad esempio, attribuire il successo personale al caso e i fallimenti a difetti personali.

11. **Svantaggio**: Ignorare o sminuire le esperienze positive o i successi, spostando l'attenzione su aspetti negativi o fallimenti.

12. **Superstizione / Controllo Illusorio**: Credere che si possa esercitare controllo su eventi esterni attraverso il proprio comportamento o pensieri, quando in realtà non c'è una relazione di causa ed effetto.

Queste distorsioni cognitive possono creare una realtà interna che alimenta ansia, depressione e altri disturbi emotivi. Identificarle e sfidarle attraverso la terapia cognitivo-comportamentale (CBT) o altre tecniche di auto-riflessione e cambiamento cognitivo può aiutare a sviluppare una percezione più equilibrata e sana della realtà, contribuendo al benessere psicologico.

Approfondendo ulteriormente l'esplorazione delle distorsioni cognitive e delle trappole mentali, possiamo esaminare come questi schemi di pensiero errati non solo distorcono la nostra percezione della realtà ma influenzano anche la nostra capacità di prendere decisioni, gestire le relazioni interpersonali e affrontare le sfide quotidiane. Questa comprensione ci porta a considerare strategie più avanzate e sfumature nelle distorsioni cognitive, evidenziando la loro pervasività e il loro impatto sul funzionamento quotidiano.

L'Ipergeneralizzazione

Una forma più sottile di generalizzazione eccessiva è l'ipergeneralizzazione, dove una singola esperienza negativa diventa una regola universale che presuppone futuri fallimenti o delusioni. Ad esempio, un fallimento in un colloquio di lavoro può portare qualcuno a concludere di essere completamente inadatto per la propria professione. Questa distorsione limita gravemente la visione delle proprie capacità e delle potenziali opportunità.

Fallacie di Controllo

Le fallacie di controllo si manifestano in due modi principali: la fallacia dell'onnipotenza, dove l'individuo si sente responsabile di tutto ciò che accade intorno a sé, e la fallacia dell'impotenza, dove si percepisce di non avere alcun controllo sugli eventi della propria vita. Entrambe le fallacie possono portare a una significativa angoscia emotiva, influenzando negativamente l'autostima e la percezione di efficacia personale.

Doppio Standard

Una trappola mentale comune è applicare un doppio standard a se stessi rispetto agli altri. Questo comporta giudicarsi con criteri molto più severi di quelli che si applicherebbero a un amico o a un collega nella stessa situazione. Questo schema di pensiero può alimentare

sentimenti di inadeguatezza e vergogna, impedendo
una valutazione equa delle proprie azioni e qualità.

Effetto Alone Negativo

L'effetto alone negativo si verifica quando una
caratteristica o un evento negativo influenza
sproporzionatamente la percezione complessiva di una
persona o di una situazione. Ad esempio, un piccolo
errore commesso in un progetto di successo può
oscurare tutti gli aspetti positivi, portando a una
valutazione ingiustamente negativa dell'intero sforzo.

Conferma del Bias

La conferma del bias è la tendenza a cercare,
interpretare e ricordare le informazioni in modo che
confermino le nostre preesistenze credenze o ipotesi,
ignorando o minimizzando le prove contrarie. Questa
distorsione può rinforzare le credenze errate e limitare
la nostra apertura a nuove informazioni o prospettive,
intrappolandoci in cicli di pensiero negativo.

Falsa Dicotomia

La falsa dicotomia, o pensiero binario, è la tendenza a
dividere le situazioni, le persone o le idee in due
categorie opposte e mutualmente esclusive, senza
spazio per la complessità o la sfumatura. Questo modo
di pensare può portare a conflitti interpersonali,
decisioni irrazionali e una visione limitata delle
potenzialità della vita.

Falsa Equivalenza

Una distorsione correlata è la falsa equivalenza, dove situazioni, azioni o idee fondamentalmente diverse vengono trattate come se fossero uguali o comparabili in valore, importanza o impatto. Questo può portare a giudizi errati e a un'applicazione impropria di standard morali o etici.

Proiezione

La proiezione è il meccanismo di difesa per cui gli individui attribuiscono i propri pensieri, sentimenti o motivazioni inaccettabili agli altri. Questo può complicare le relazioni e impedire l'introspezione personale, mascherando la vera origine dei propri sentimenti negativi.

La comprensione approfondita di queste e altre distorsioni cognitive fornisce una base solida per il lavoro di crescita personale e terapeutica. Attraverso la consapevolezza e la sfida attiva di questi schemi di pensiero, è possibile sviluppare strategie più sane di coping, migliorare la qualità delle relazioni interpersonali e navigare con maggiore efficacia le sfide della vita. Questo processo di riconoscimento e modifica delle distorsioni cognitive non è solo fondamentale per il recupero da disturbi psicologici ma è anche un componente chiave del benessere emotivo e della resilienza personale.

Proseguendo nell'esame delle distorsioni cognitive e delle trappole mentali, è utile esplorare ulteriori sfaccettature di come questi schemi di pensiero errati possono insinuarsi nelle nostre vite, influenzando non solo la percezione di sé e delle proprie esperienze ma anche la capacità di interagire efficacemente con il mondo esterno. Un'analisi più approfondita rivela ulteriori distorsioni e le loro implicazioni complesse.

Minimalizzazione e Magnificazione

Oltre alla catastrofizzazione, che rappresenta una forma di magnificazione, esiste anche il processo opposto di minimalizzazione, dove le persone riducono l'importanza di eventi, sentimenti o successi positivi. Questo duo di distorsioni cognitive altera la valutazione reale delle situazioni, portando a una visione distorta sia delle proprie capacità sia degli ostacoli incontrati.

Bias di Autocompiacimento

Il bias di autocompiacimento si manifesta quando attribuiamo i successi ai nostri talenti e sforzi interni, mentre attribuiamo i fallimenti a fattori esterni al di fuori del nostro controllo. Questa distorsione protegge la nostra autostima ma può ostacolare l'apprendimento e la crescita personale, impedendoci di riconoscere e assumerci la responsabilità dei nostri errori.

Saldatura Affettiva

La saldatura affettiva descrive il fenomeno per cui le nostre emozioni attuali influenzano in modo sproporzionato il modo in cui prevediamo di sentirci in futuro. Ad esempio, quando siamo tristi, potremmo avere difficoltà a immaginare di sentirci felici di nuovo. Questo limita la nostra capacità di vedere oltre lo stato emotivo attuale e pianificare efficacemente per il futuro.

Effetto di Sopravvivenza

L'effetto di sopravvivenza si verifica quando dimentichiamo la frequenza o l'intensità delle nostre esperienze passate negative, il che può portarci a sottovalutare i rischi o le difficoltà future. Sebbene possa servire come meccanismo di difesa, impedisce anche un'accurata valutazione del rischio e dell'apprendimento dalle esperienze passate.

Illusione di Trasparenza

L'illusione di trasparenza si verifica quando crediamo che i nostri pensieri, sentimenti o intenzioni siano più ovvi per gli altri di quanto realmente siano. Questo può portare a malintesi nelle interazioni sociali e a un'ansia ingiustificata riguardo a come siamo percepiti dagli altri.

Polarizzazione del Gruppo

Nel contesto sociale, la polarizzazione del gruppo si riferisce al fenomeno per cui le discussioni all'interno di un gruppo portano a prendere decisioni o ad adottare atteggiamenti più estremi di quelli inizialmente propensi individualmente. Questo può distorcere la percezione collettiva della realtà e influenzare negativamente il processo decisionale di gruppo.

Trascuratezza della Probabilità

La trascuratezza della probabilità descrive la tendenza a ignorare o sottovalutare la probabilità statistica degli eventi quando si prendono decisioni o si valutano rischi. Questo può portare a sovrastimare le possibilità di esiti negativi improbabili o, al contrario, a sottovalutare i rischi di eventi più probabili.

Effetto Spotlight

L'effetto spotlight è la credenza errata che le azioni o l'aspetto di una persona siano notati e valutati più attentamente da altri di quanto siano in realtà. Questa distorsione può alimentare l'ansia sociale e la preoccupazione eccessiva per come ci si presenta in pubblico.

Riconoscere e comprendere queste e altre distorsioni cognitive è il primo passo verso il superamento delle trappole mentali che limitano la nostra visione del mondo e di noi stessi. Attraverso strategie come la riflessione critica, l'auto-osservazione consapevole e l'adozione di tecniche di pensiero più flessibili e basate sull'evidenza, è possibile attenuare l'impatto di queste distorsioni sulla nostra vita, promuovendo un benessere psicologico più elevato, relazioni più sane e una maggiore efficacia nel navigare le complessità del mondo esterno.

Approfondendo ulteriormente l'analisi delle distorsioni cognitive, possiamo esplorare come queste influenzino non solo l'individuo a livello personale ma anche le dinamiche interpersonali, la comunicazione e la capacità di risolvere i conflitti. Esaminare queste influenze ci permette di comprendere meglio il vasto impatto delle distorsioni cognitive sulla vita quotidiana e sulle relazioni sociali.

Il Ruolo delle Distorsioni Cognitive nelle Relazioni Interpersonali

Le distorsioni cognitive possono complicare significativamente le relazioni interpersonali, introducendo incomprensioni e conflitti. Ad esempio, la distorsione della "lettura della mente" può portare a false supposizioni riguardo agli stati d'animo o alle intenzioni altrui, provocando reazioni eccessive o inadeguate. Analogamente, la tendenza alla "personalizzazione" può fare percepire feedback neutri o critica costruttiva come attacchi personali, deteriorando ulteriormente la comunicazione e il legame tra individui.

Impatto sulla Comunicazione e Risoluzione dei Conflitti

Le distorsioni cognitive influenzano la comunicazione rendendola meno efficace e più soggetta a malintesi. Quando le persone interpretano le parole o le azioni degli altri attraverso il filtro delle proprie distorsioni cognitive, possono rispondere in modi che amplificano il disaccordo piuttosto che cercare una comprensione reciproca. La capacità di identificare e mettere in discussione queste distorsioni in se stessi e negli altri può facilitare una comunicazione più aperta e onesta e una risoluzione dei conflitti più costruttiva.

Effetti sul Benessere Emotivo e Psicologico

Le distorsioni cognitive contribuiscono al mantenimento e all'intensificazione di stati emotivi negativi come ansia, depressione e bassa autostima. Per esempio, la "catastrofizzazione" può aumentare l'ansia anticipando scenari negativi improbabili, mentre il "pensiero tutto-o-niente" può alimentare sentimenti di inadeguatezza e fallimento. Lavorare per riconoscere e sfidare queste distorsioni può aiutare a mitigare il loro impatto sul benessere emotivo, promuovendo atteggiamenti e risposte più bilanciati.

Distorsioni Cognitive e Processi Decisionali

Le distorsioni cognitive influenzano anche i nostri processi decisionali, potenzialmente conducendo a scelte meno ottimali. La "trascuratezza della probabilità", ad esempio, può portare a sottovalutare i rischi reali o a sopravvalutare le possibilità di esiti positivi basati su ottimismo irrealistico. Riconoscere come queste distorsioni influenzano le nostre decisioni può portare a un processo decisionale più informato e razionale.

Autocoscienza e Crescita Personale

Infine, affrontare le proprie distorsioni cognitive richiede un livello significativo di autocoscienza e riflessione personale. Questo processo non solo migliora la capacità di gestire le sfide emotive e interpersonali ma promuove anche la crescita personale. Attraverso la pratica della mindfulness, l'autoanalisi e, se necessario, il supporto terapeutico, gli individui possono sviluppare una maggiore flessibilità cognitiva, migliorando la propria capacità di affrontare la complessità della vita con maggiore adattabilità e resilienza.

In definitiva, comprendere e lavorare sulle proprie distorsioni cognitive è un percorso che può migliorare significativamente la qualità della vita, le relazioni interpersonali, e il benessere emotivo. Questo lavoro interiore non solo aiuta a navigare la realtà con una percezione più chiara e meno filtrata ma apre anche la porta a una comunicazione più efficace, a relazioni più soddisfacenti e a una più profonda comprensione di sé. La sfida delle distorsioni cognitive, quindi, si rivela essere un'opportunità preziosa per il miglioramento personale e il benessere complessivo.

Nell'ulteriore esplorazione delle distorsioni cognitive e delle loro profonde implicazioni nella nostra vita, è essenziale considerare come queste influenzano la nostra autopercezione e il nostro senso di identità. Questa dimensione aggiunge ulteriori strati alla nostra comprensione di come le distorsioni cognitive non solo modulino le nostre reazioni a eventi specifici ma plasmino anche la narrazione complessiva che costruiamo su chi siamo.

Autopercezione e Distorsioni Cognitive

La nostra autopercezione è profondamente influenzata dalle distorsioni cognitive attraverso le quali interpretiamo le nostre azioni, i nostri successi e i nostri fallimenti. Ad esempio, l'"etichettatura" e il "pensiero polarizzato" possono portarci a vedere noi stessi in termini estremamente negativi, basandoci su un singolo evento o comportamento. Questo può erodere la nostra autostima e limitare la nostra capacità di riconoscere e celebrare i nostri punti di forza e i nostri successi.

Senso di Identità e Narrazioni Personalizzate

Le distorsioni cognitive possono alterare il nostro senso di identità, influenzando la narrazione che costruiamo sulla nostra vita. Se predominano narrazioni negative, ciò può portare a una visione di sé come perpetuamente inadeguati o fallimentari, indipendentemente dalle prove contrarie. Riconoscere e sfidare queste narrazioni distorte richiede un lavoro

consapevole su di sé per costruire una narrazione più
equilibrata e compassionevole.

Impatto sulle Aspirazioni e sull'Autorealizzazione

Le distorsioni cognitive possono anche limitare le
nostre aspirazioni e la nostra capacità di
autorealizzazione. La paura del fallimento, alimentata
dalla catastrofizzazione o dal pensiero polarizzato, può
impedirci di perseguire obiettivi e sogni. Questo può
portare a una vita di rimpianti e "cosa sarebbe potuto
essere", dove le opportunità vengono trascurate per
paura di confermare le proprie convinzioni negative.

Relazioni Sociali e Connettività

Le distorsioni cognitive influenzano notevolmente le
nostre relazioni sociali. La tendenza a interpretare
erroneamente le intenzioni altrui può portare a
conflitti ingiustificati e a una ridotta connettività. Ad
esempio, la "lettura della mente" può farci presumere
che gli altri abbiano opinioni negative su di noi,
portando al ritiro sociale o a risposte difensive non
necessarie. Lavorare su queste distorsioni può
migliorare significativamente la qualità delle nostre
interazioni sociali e la nostra capacità di costruire
relazioni significative.

Strategie di Coping Adattive e Crescita

La sfida delle distorsioni cognitive apre la porta a strategie di coping più adattive e a opportunità di crescita personale. Imparare a identificare e ristrutturare attivamente i pensieri distorti può non solo ridurre la sofferenza emotiva ma anche aumentare la resilienza di fronte alle sfide future. Questo processo di apprendimento continuo e di adattamento contribuisce a un senso di efficacia personale e a una maggiore fiducia nelle proprie capacità di gestire le avversità.

Visione Olistica del Benessere

In definitiva, affrontare le distorsioni cognitive richiede un approccio olistico al benessere che consideri gli aspetti psicologici, sociali e comportamentali della nostra esistenza. Questo approccio non solo mira a correggere schemi di pensiero specifici ma anche a promuovere uno stile di vita più consapevole, equilibrato e soddisfacente. Attraverso questo lavoro interiore, possiamo aspirare a vivere una vita che rifletta più accuratamente i nostri valori, i nostri desideri e il nostro vero potenziale.

Continuando ad esplorare e a comprendere le distorsioni cognitive e il loro impatto, diventiamo meglio attrezzati per navigare la complessità della condizione umana. Questa comprensione approfondita non solo facilita il superamento delle sfide personali ma arricchisce anche le nostre relazioni e la nostra partecipazione al mondo, contribuendo a una realtà condivisa più comprensiva e compassionevole.

Mentre continuiamo ad approfondire la complessità delle distorsioni cognitive e delle trappole mentali, emerge l'importanza di esaminare come queste influenzino non solo il singolo individuo ma anche il tessuto più ampio delle nostre società e delle nostre culture. Questo ulteriore livello di analisi ci permette di vedere come le distorsioni cognitive si intreccino non solo con la psicologia individuale ma anche con le norme sociali, i media e la politica, influenzando le collettività su scala più ampia.

Distorsioni Cognitive e Media

I media giocano un ruolo cruciale nel modellare le opinioni pubbliche e le percezioni della realtà, spesso sfruttando, consciamente o meno, distorsioni cognitive per attirare l'attenzione o promuovere certe narrative. La magnificazione di eventi isolati, la generalizzazione eccessiva da singoli casi a tendenze generali, o l'uso di etichette possono distorcere la comprensione pubblica dei problemi, amplificando paure o pregiudizi e influenzando il comportamento collettivo.

Politica e Polarizzazione

Le distorsioni cognitive contribuiscono significativamente alla polarizzazione politica, facendo leva su fallacie di ragionamento come la conferma del bias, l'effetto di falso consenso, o la demonizzazione dell'"altro". Questi processi di pensiero non solo ostacolano il dialogo e la comprensione reciproca ma possono anche cementare divisioni profonde all'interno delle società, rendendo più difficili la collaborazione e il raggiungimento di compromessi.

Norme Sociali e Aspettative Culturali

Le distorsioni cognitive influenzano e sono influenzate dalle norme sociali e dalle aspettative culturali, creando un ciclo di feedback che può rinforzare stereotipi, pregiudizi e disuguaglianze. Ad esempio, la generalizzazione eccessiva può contribuire alla perpetuazione di stereotipi di genere o razziali, mentre la catastrofizzazione può alimentare la paura e l'ostilità verso gruppi percepiti come "altri".

Educazione e Sviluppo di Competenze Critiche

L'educazione gioca un ruolo fondamentale nel fornire gli strumenti per riconoscere e contrastare le distorsioni cognitive. Sviluppare competenze critiche, di riflessione e di mindfulness fin dalla giovane età può aiutare gli individui a navigare in modo più informato e critico nel mondo, riducendo la suscettibilità a messaggi manipolativi e promuovendo una maggiore comprensione e tolleranza.

Tecnologie e Filtri Informazionali

Le tecnologie digitali e gli algoritmi dei social media possono amplificare le distorsioni cognitive attraverso la creazione di "bolle" informative e l'eco camera, dove la conferma del bias è costantemente rinforzata. Questo ambiente può limitare l'esposizione a informazioni e prospettive diverse, cristallizzando credenze e opinioni preesistenti e ostacolando lo sviluppo di un pensiero critico e aperto.

Strategie di Intervento Comunitario e Societale

Riconoscere l'impatto collettivo delle distorsioni cognitive suggerisce la necessità di strategie di intervento che vanno oltre l'individuo, includendo programmi di educazione pubblica, iniziative mediatiche etiche e politiche che promuovano la comprensione interculturale e il dialogo. Questi interventi possono aiutare a costruire società più informate, resilienti e coese, in grado di affrontare le sfide collettive con una maggiore capacità di comprensione e collaborazione.

In conclusione, l'indagine sulle distorsioni cognitive rivela la loro profonda rilevanza non solo per il benessere psicologico individuale ma anche per la salute e la coesione delle nostre società. Affrontare queste trappole mentali richiede un impegno sia a livello personale sia collettivo, promuovendo pratiche di pensiero critico, empatia e comprensione reciproca. Attraverso questi sforzi, possiamo aspirare a mitigare gli effetti divisivi delle distorsioni cognitive, costruendo comunità più consapevoli, inclusive e resilienti.

Nell'approfondire ulteriormente l'esame delle distorsioni cognitive e delle loro influenze pervasive, diventa evidente come queste trappole mentali si intreccino non solo con gli aspetti individuali e collettivi della vita ma anche con il nostro benessere fisico, le nostre pratiche di self-care e la gestione dello stress. Questa prospettiva olistica sottolinea l'importanza di integrare la comprensione delle distorsioni cognitive in tutte le aree della vita per promuovere una salute globale.

Benessere Fisico e Distorsioni Cognitive

Le distorsioni cognitive possono influenzare direttamente il nostro benessere fisico attraverso la connessione mente-corpo. Ad esempio, la catastrofizzazione e il ragionamento emotivo possono amplificare la percezione del dolore fisico o contribuire allo sviluppo di sintomi legati allo stress, come mal di testa o problemi digestivi. Inoltre, la tendenza a sottovalutare l'importanza del self-care o a sovrastimare le proprie capacità senza ascoltare i segnali del corpo può portare a esaurimento fisico e malattia.

Pratiche di Self-care e Distorsioni Cognitive

Le pratiche di self-care sono essenziali per mantenere l'equilibrio e la salute, tuttavia, le distorsioni cognitive possono ostacolare la nostra capacità di impegnarci efficacemente in queste pratiche. La fallacia dell'onnipotenza può farci credere che possiamo gestire tutto senza aiuto o pause, mentre la minimizzazione dei propri bisogni può portarci a trascurare il self-care. Riconoscere e sfidare queste distorsioni è cruciale per sviluppare abitudini di self-care sostenibili e rispettose del nostro benessere complessivo.

Gestione dello Stress e Resilienza

Le distorsioni cognitive giocano un ruolo significativo nella nostra esperienza e gestione dello stress. Pensieri distorti possono exacerbare la risposta allo stress, mentre l'adozione di una prospettiva più equilibrata e realistica può contribuire alla resilienza. Tecniche come la ristrutturazione cognitiva e la mindfulness possono aiutare a modulare la risposta allo stress, promuovendo approcci più adattivi e flessibili di fronte alle sfide.

Impatto sull'Apprendimento e sulla Crescita

Le distorsioni cognitive influenzano anche la nostra capacità di apprendimento e crescita. Il pensiero polarizzato può portare a vedere ogni errore o fallimento come una catastrofe, inibendo la capacità di apprendere da queste esperienze. Al contrario, adottare un approccio di crescita, che vede gli errori come opportunità per l'apprendimento, può migliorare la nostra capacità di adattamento e di sviluppo personale.

Relazione con l'Ambiente e la Sostenibilità

Le distorsioni cognitive influenzano anche la nostra relazione con l'ambiente e le questioni di sostenibilità. La negazione o la minimizzazione dell'impatto delle azioni individuali sull'ambiente può ostacolare gli sforzi di sostenibilità. Allo stesso tempo, riconoscere l'importanza del proprio contributo e sfidare il pensiero catastrofico riguardo al futuro del pianeta può ispirare azioni positive e un impegno proattivo verso la sostenibilità.

Ruolo nelle Decisioni di Vita e nella Pianificazione Futura

Infine, le distorsioni cognitive influenzano le decisioni di vita e la pianificazione futura. Il ragionamento emotivo o la falsa dicotomia possono portare a decisioni impulsive o limitate, mentre l'adozione di un pensiero più bilanciato e basato sull'evidenza può facilitare scelte più informate e considerate che allineano meglio con i nostri valori e obiettivi a lungo termine.

In conclusione, le distorsioni cognitive permeano tutti gli aspetti della nostra vita, influenzando il benessere fisico ed emotivo, le relazioni interpersonali, la crescita personale e la nostra interazione con il mondo. Affrontarle richiede un approccio olistico che integri la consapevolezza di sé, pratiche di self-care, strategie di gestione dello stress, un impegno verso l'apprendimento continuo, e una considerazione profonda del nostro impatto sul mondo. Attraverso questo lavoro consapevole, possiamo aspirare a superare le trappole mentali delle distorsioni cognitive, promuovendo una vita più equilibrata, soddisfacente e armoniosa.

All'interno del contesto delle distorsioni cognitive e delle loro ampie ramificazioni, un ulteriore strato di complessità si rivela quando consideriamo come queste influenzano la nostra capacità di affrontare il cambiamento, gestire la diversità e promuovere l'innovazione. L'intreccio tra distorsioni cognitive e questi aspetti della vita umana evidenzia il bisogno di sviluppare strategie di pensiero più inclusive, adattive e creative.

Adattamento al Cambiamento

Le distorsioni cognitive possono ostacolare significativamente la nostra capacità di adattarci al cambiamento. La resistenza al cambiamento è spesso radicata in distorsioni come la catastrofizzazione, dove si anticipano esiti negativi irrealistici, o la fallacia di controllo, che ci porta a credere che possiamo mantenere lo status quo nonostante le evidenze del contrario. Sfidare attivamente queste distorsioni e coltivare un'apertura mentale può facilitare una transizione più fluida attraverso i periodi di cambiamento, permettendo di vedere le opportunità nascoste piuttosto che solo le potenziali perdite.

Gestione della Diversità

Le distorsioni cognitive giocano un ruolo critico anche nella nostra capacità di gestire e apprezzare la diversità. La generalizzazione eccessiva e la polarizzazione possono contribuire a pregiudizi e stereotipi, riducendo la nostra apertura verso persone con esperienze, culture o punti di vista differenti.

Sviluppare la consapevolezza di queste distorsioni e praticare l'empatia e il pensiero critico può migliorare la nostra capacità di interagire con un'ampia varietà di individui e contesti, arricchendo la nostra comprensione del mondo.

Promozione dell'Innovazione

L'innovazione richiede la capacità di pensare oltre i confini esistenti e le soluzioni convenzionali, un processo spesso inibito dalle distorsioni cognitive. Il pensiero tutto o niente, ad esempio, può limitare la nostra capacità di esplorare soluzioni creative, poiché temiamo il fallimento o il rifiuto delle nostre idee. Allo stesso modo, l'effetto spotlight può farci temere il giudizio altrui, inibendo la condivisione di idee innovative. Affrontare queste distorsioni attraverso la promozione di un ambiente che valorizza il rischio calcolato, l'esplorazione e l'apprendimento dal fallimento può alimentare un clima di innovazione e creatività.

Impatto sulla Salute Mentale Collettiva

Le distorsioni cognitive non solo influenzano l'individuo ma hanno anche un impatto sulla salute mentale collettiva. Le narrazioni sociali e culturali che enfatizzano standard irrealistici di successo, bellezza o felicità possono contribuire a una diffusa insoddisfazione e ansia. Riconoscere e sfidare collettivamente queste narrazioni distorte può aiutare a costruire comunità più resilienti, supportate da aspettative più realistiche e compassionevoli.

Sviluppo di un Pensiero Flessibile e Aperto

Superare le distorsioni cognitive richiede lo sviluppo di un pensiero flessibile e aperto, capace di adattarsi alle nuove informazioni e prospettive. Questo implica coltivare la curiosità, praticare la sospensione del giudizio e impegnarsi in un apprendimento continuo. Attraverso queste pratiche, possiamo ampliare la nostra capacità di comprendere la complessità, accogliere la diversità e innovare in modi che arricchiscano la nostra vita e quelle delle comunità in cui viviamo.

In conclusione, l'approfondimento delle distorsioni cognitive e delle loro implicazioni sottolinea l'importanza di una maggiore consapevolezza e di un impegno attivo nel modellare i nostri processi di pensiero. Affrontando queste trappole mentali, possiamo migliorare non solo il nostro benessere personale ma anche contribuire a società più adattive, inclusive e innovative. Questo percorso richiede un impegno continuo al miglioramento

Concludendo l'approfondita esplorazione delle distorsioni cognitive e delle loro ramificazioni estese, ci troviamo di fronte alla comprensione di come queste trappole mentali intreccino strettamente la tela della nostra esperienza personale, delle nostre interazioni sociali e del nostro contributo alla società. La riflessione su queste distorsioni ci svela la potenzialità di una vita vissuta con maggiore consapevolezza, empatia e apertura al cambiamento.

La Rilevanza della Consapevolezza Cognitiva

La consapevolezza delle proprie distorsioni cognitive emerge come un pilastro fondamentale per il benessere personale e il miglioramento delle relazioni interpersonali. Riconoscere e sfidare attivamente questi schemi di pensiero distorti non solo può attenuare l'impatto della sofferenza emotiva ma anche ampliare la nostra capacità di connetterci autenticamente con gli altri, favorendo relazioni basate sulla comprensione e sul rispetto reciproci.

Verso una Società Più Empatica e Inclusiva

A livello sociale, la consapevolezza collettiva delle distorsioni cognitive può contribuire a costruire comunità più empatiche, inclusive e resilienti. Affrontando i pregiudizi, le generalizzazioni eccessive e la polarizzazione che spesso derivano da queste trappole mentali, possiamo lavorare insieme verso una società che valorizza la diversità di pensiero, la tolleranza e il dialogo costruttivo.

L'Impatto sull'Innovazione e sul Progresso

La sfida delle distorsioni cognitive è anche intrinsecamente legata alla nostra capacità di innovare e di progredire. Superando il timore del giudizio, la paura del fallimento e la tendenza a rimanere ancorati a soluzioni familiari, possiamo sbloccare un potenziale creativo che spinge verso nuove scoperte, soluzioni innovative e progresso collettivo.

Crescita Personale e Sviluppo Continuo

Il viaggio per superare le distorsioni cognitive è un percorso di crescita personale e sviluppo continuo. Attraverso la pratica dell'introspezione, della mindfulness e dell'apprendimento continuo, possiamo non solo ridurre la sofferenza personale ma anche espandere la nostra comprensione del mondo, migliorando la nostra capacità di navigare le sfide della vita con grazia e resilienza.

Contributo alla Salute Mentale Collettiva

Inoltre, il lavoro individuale e collettivo sulle distorsioni cognitive può avere un impatto significativo sulla salute mentale collettiva. Creando spazi per la discussione aperta, l'educazione e il supporto intorno a queste questioni, possiamo contribuire a ridurre lo stigma associato alla sofferenza mentale, promuovendo un ambiente in cui le persone si sentono supportate nel loro percorso di benessere psicologico.

Chiamata all'Azione per un Futuro Condiviso

In conclusione, affrontare le distorsioni cognitive ci chiama a un'azione consapevole non solo come individui ma anche come membri di una società condivisa. Questo richiede un impegno verso l'autocoscienza, l'educazione continua e la promozione di pratiche di vita che sostengano la flessibilità cognitiva, l'empatia e l'innovazione. Attraverso questi sforzi, possiamo aspirare a una realtà in cui le distorsioni cognitive non limitino il nostro potenziale ma, invece, ci offrano l'opportunità di crescere, di connetterci e di contribuire al mondo in modi significativi e trasformativi.

4. Mindfulness e consapevolezza - Introdurre pratiche di mindfulness come strumenti per osservare i propri pensieri senza giudicarli.

La mindfulness, o la pratica della piena consapevolezza, rappresenta un potente strumento per sviluppare una maggiore comprensione di sé e una più profonda connessione con il momento presente. Attraverso la mindfulness, si impara a osservare i propri pensieri, emozioni e sensazioni fisiche in modo non giudicante, accogliendoli con curiosità e apertura. Questa pratica può offrire numerosi benefici, tra cui una riduzione dello stress, un miglioramento della concentrazione e una maggiore capacità di gestire emozioni difficili.

Cos'è la Mindfulness

La mindfulness è una pratica radicata in tradizioni meditative antiche, oggi integrata in numerosi approcci terapeutici occidentali per il benessere psicologico. Essa incoraggia un'attenzione consapevole e focalizzata sull'esperienza del momento presente, senza lasciarsi trascinare in automatiche reazioni o giudizi. Si tratta di un approccio che permette di osservare i propri processi mentali da una prospettiva esterna, riconoscendo che i pensieri e le emozioni sono transitori e non definiscono l'essenza dell'individuo.

Pratiche di Mindfulness

Le pratiche di mindfulness possono variare da semplici esercizi di respirazione consapevole a meditazioni guidate più strutturate. Ecco alcuni esempi:

- **Respirazione Consapevole**: Concentrarsi sulla propria respirazione, notando il flusso dell'aria che entra ed esce dal corpo. Questo aiuta a centrare l'attenzione nel momento presente, offrendo un punto di ancoraggio per la mente.

- **Body Scan**: Una pratica meditativa che coinvolge la scansione mentale del corpo, partendo dalla punta dei piedi fino alla sommità del capo, notando qualsiasi sensazione fisica senza cercare di cambiarla.

- **Meditazione Camminata**: Concentrarsi sulle sensazioni dei piedi che toccano il suolo mentre si cammina lentamente, promuovendo la consapevolezza del corpo in movimento e dell'ambiente circostante.

- **Meditazione sui Pasti**: Mangiare lentamente e con intenzione, concentrandosi sui sapori, le texture e le sensazioni associate all'atto del mangiare, promuovendo un rapporto più consapevole e gratificante con il cibo.

Benefici della Mindfulness

La ricerca ha dimostrato che la pratica regolare della mindfulness può portare a numerosi benefici psicologici e fisici, tra cui:

- **Riduzione dello Stress e dell'Ansia**: Aiutando a rompere il ciclo di pensieri preoccupati e rumination, la mindfulness può ridurre i livelli di stress e ansia.

- **Miglioramento dell'Umore**: La pratica della mindfulness può contribuire a diminuire i sintomi di depressione, promuovendo un approccio più equilibrato agli alti e bassi emotivi.

- **Aumento della Concentrazione e della Presenza Mentale**: La mindfulness migliora la capacità di concentrazione e aiuta a mantenere il focus sulle attività in corso, riducendo la tendenza alla distrazione.

- **Accettazione di Sé**: Coltivando un atteggiamento non giudicante, la mindfulness può aumentare l'accettazione di sé e la compassione, sia verso se stessi sia verso gli altri.

Integrazione della Mindfulness nella Vita Quotidiana

Integrare la mindfulness nella vita quotidiana non richiede necessariamente lunghi periodi di meditazione. Può iniziare con piccoli momenti di consapevolezza durante la giornata, come prendersi un momento per respirare profondamente prima di rispondere a un'email o notare le sensazioni sotto i piedi mentre si cammina. Questi momenti di consapevolezza possono gradualmente costruire una pratica di mindfulness più sostenuta e profonda, influenzando positivamente la qualità della vita quotidiana.

In conclusione, la mindfulness offre un cammino verso una maggiore comprensione di sé e un'esperienza di vita più ricca e centrata. Attraverso la pratica della piena consapevolezza, possiamo imparare a navigare la complessità dei nostri pensieri e emozioni con grazia, accettazione e una rinnovata presenza nel momento presente.

Mentre approfondiamo ulteriormente le pratiche di mindfulness e la consapevolezza, diventa chiaro che queste strumentazioni hanno il potere di trasformare non solo la nostra esperienza interiore ma anche la nostra interazione con il mondo esterno. L'adozione della mindfulness ci guida verso una vita più intenzionale, influenzando il modo in cui affrontiamo le sfide, interagiamo con gli altri e partecipiamo alle nostre comunità.

Mindfulness nel Contesto del Lavoro

Nel contesto lavorativo, la mindfulness può migliorare significativamente la performance, la soddisfazione e le dinamiche interpersonali. Praticare la mindfulness può aiutare a gestire lo stress lavorativo, a migliorare la concentrazione nelle attività e a promuovere un ambiente di lavoro più collaborativo e meno conflittuale. La consapevolezza aiuta a riconoscere e a gestire le reazioni emotive in modo più costruttivo, facilitando comunicazioni più efficaci e decisioni più ponderate.

Mindfulness e Educazione

Nell'educazione, insegnare la mindfulness a studenti di ogni età può avere impatti duraturi sul loro benessere emotivo, sulla capacità di concentrazione e sull'apprendimento. Gli studenti che praticano la mindfulness mostrano una riduzione dell'ansia legata al rendimento scolastico, migliorano la capacità di gestire le emozioni e sviluppano una maggiore empatia verso i compagni. Introdurre la mindfulness nelle scuole può contribuire a creare ambienti di apprendimento più pacifici, supportivi e produttivi.

Mindfulness nelle Relazioni

La pratica della mindfulness trasforma anche il modo in cui viviamo le nostre relazioni. Attraverso la consapevolezza, possiamo diventare più presenti nei nostri incontri con gli altri, ascoltando attivamente e rispondendo con maggiore empatia. Questa presenza consapevole può ridurre i malintesi e rafforzare i legami, poiché ci allontaniamo dai giudizi automatici e ci avviciniamo con curiosità e apertura verso le prospettive altrui.

Mindfulness e Salute Fisica

Gli effetti della mindfulness si estendono anche alla salute fisica. Pratiche come il body scan o la respirazione consapevole possono aumentare la consapevolezza corporea, aiutando a riconoscere i segnali di stress o malattia prima che si aggravino. La mindfulness è stata associata a benefici come la riduzione della pressione sanguigna, il miglioramento del sonno e una migliore gestione del dolore cronico, evidenziando il suo potenziale come complemento alle cure mediche tradizionali.

Mindfulness e Responsabilità Sociale

La pratica della mindfulness può anche aumentare la nostra consapevolezza e responsabilità nei confronti delle questioni sociali e ambientali. Attraverso una maggiore consapevolezza delle nostre azioni e del loro impatto sul mondo, possiamo essere ispirati a fare scelte più sostenibili e a impegnarci in cause sociali con un senso di connessione e compassione più profondi. La mindfulness ci invita a considerare come le nostre vite sono intrecciate con quelle degli altri e con l'ambiente, promuovendo un senso di responsabilità collettiva.

Approfondimento Continuo e Pratica

Infine, è importante riconoscere che la mindfulness è un percorso di apprendimento e crescita continui. Non si tratta di una soluzione rapida, ma di una pratica che si approfondisce e si evolve nel tempo. Impegnarsi nella mindfulness richiede pazienza, pratica regolare e un atteggiamento di gentilezza verso se stessi nei momenti di sfida. Con il tempo, la mindfulness può diventare una parte integrante del modo in cui viviamo, offrendoci strumenti per navigare la vita con maggiore equilibrio, comprensione e apertura.

Attraverso queste riflessioni, diventa evidente come la mindfulness e la consapevolezza possano servire come potenti alleati nella nostra ricerca di una vita più soddisfacente e significativa. Integrando queste pratiche nel tessuto della nostra vita quotidiana, possiamo aprire la porta a trasformazioni personali e collettive che arricchiscono non solo le nostre esperienze individuali ma anche il mondo che ci circonda.

Mentre proseguiamo nell'esplorazione della mindfulness e della consapevolezza, diventa ancora più chiaro che queste pratiche offrono non solo benefici personali ma anche la possibilità di contribuire a un cambiamento più ampio, influenzando positivamente la cultura organizzativa, la cura dell'ambiente e persino le politiche pubbliche.

Mindfulness nell'Ambito Organizzativo

Le organizzazioni che integrano la mindfulness nelle loro culture beneficiano di una gamma di effetti positivi, tra cui la riduzione dello stress lavorativo, il miglioramento del benessere dei dipendenti e l'aumento della produttività. La mindfulness può anche migliorare le capacità di leadership, promuovendo stili di gestione più riflessivi, empatici e meno reattivi. In un ambiente organizzativo consapevole, le decisioni tendono ad essere più considerate, con un maggiore focus sulla sostenibilità a lungo termine e sul benessere dei dipendenti, piuttosto che sui guadagni a breve termine.

Mindfulness e Sostenibilità Ambientale

La pratica della mindfulness può amplificare la consapevolezza e la preoccupazione per l'ambiente, incoraggiando comportamenti più sostenibili. Attraverso una maggiore consapevolezza delle nostre azioni quotidiane e del loro impatto sul pianeta, siamo più propensi ad adottare scelte che favoriscono la conservazione delle risorse e la protezione dell'ambiente. La mindfulness coltiva un senso di interconnessione con il mondo naturale, sottolineando l'importanza della nostra responsabilità collettiva nel preservare la Terra per le generazioni future.

Contributo alla Politica e alla Società

L'adozione di una prospettiva di mindfulness può influenzare positivamente anche il campo politico e sociale. Promuovendo la consapevolezza, la compassione e la comprensione reciproca, la mindfulness può contribuire a ridurre la polarizzazione e a facilitare dialoghi più costruttivi su questioni complesse. Politici e decisori informati dalla mindfulness potrebbero essere meglio attrezzati per affrontare le sfide sociali con un approccio più equilibrato, considerando gli impatti a lungo termine

delle politiche e valorizzando il benessere collettivo al
di sopra degli interessi particolari.

Mindfulness e Innovazione Sociale

La pratica della mindfulness incoraggia un pensiero
aperto e flessibile, che può essere particolarmente utile
nell'innovazione sociale. Con una mente più aperta e
meno soggetta a preconcetti e distorsioni cognitive,
individui e comunità possono sviluppare soluzioni
creative ai problemi sociali. La mindfulness sostiene
l'innovazione non solo generando nuove idee ma anche
facilitando l'accettazione e l'implementazione di
cambiamenti radicali necessari per affrontare questioni
complesse come la disuguaglianza, il cambiamento
climatico e la giustizia sociale.

Mindfulness e Salute Pubblica

Infine, la promozione della mindfulness a livello
comunitario e nazionale può avere impatti significativi
sulla salute pubblica. Programmi di mindfulness nelle
scuole, nei luoghi di lavoro e nelle comunità possono
contribuire a ridurre i livelli di stress, ansia e
depressione nella popolazione generale. Questo, a sua
volta, può portare a una riduzione della domanda su
sistemi sanitari sovraccarichi e a una società più sana e
resiliente.

In conclusione, esplorando ulteriormente la portata della mindfulness e della consapevolezza, diventa evidente che queste pratiche detengono il potenziale non solo per trasformare l'individuo ma anche per ispirare cambiamenti positivi su scala più ampia. Promuovere la mindfulness può essere visto come un investimento nel futuro della nostra società, contribuendo alla creazione di ambienti più sani, sostenibili, compassionevoli e consapevoli. L'impegno verso la mindfulness rappresenta quindi un passo cruciale verso il benessere collettivo e il progresso sociale.

Mentre continuiamo a esplorare la profondità e la vastità della mindfulness e della consapevolezza, diventa evidente che queste pratiche hanno il potere di influenzare non solo il benessere individuale ma anche di promuovere un cambiamento culturale profondo che abbraccia l'empatia, la resilienza e la sostenibilità. Questa espansione della consapevolezza oltre il sé individuale apre possibilità per affrontare alcune delle sfide più pressanti del nostro tempo.

Mindfulness e Empatia Globale

La pratica della mindfulness può facilitare lo sviluppo di un senso di empatia globale, aiutandoci a riconoscere e a sentirsi connessi con le sofferenze e le gioie degli altri, indipendentemente dalla distanza o dalla differenza culturale. Questo senso ampliato di connessione può ispirare azioni più compassionevoli verso le persone in situazioni di bisogno e può stimolare un impegno più profondo nei confronti della giustizia sociale e dei diritti umani.

Mindfulness e Gestione delle Risorse

L'attenzione e la consapevolezza promosse dalla mindfulness ci portano a riflettere più profondamente sul nostro consumo e sull'uso delle risorse. Questa consapevolezza può guidarci verso scelte più sostenibili, riducendo l'impatto ambientale delle nostre azioni quotidiane e promuovendo pratiche di vita più rispettose dell'ambiente. La mindfulness ci insegna che ogni scelta, non importa quanto piccola, contribuisce alla salute del nostro pianeta.

Mindfulness, Creatività e Soluzione dei Problemi

Approcci consapevoli possono sbloccare nuovi livelli di creatività e innovazione, sia nella vita personale sia nel contesto lavorativo. La pratica della mindfulness ci aiuta a vedere oltre le soluzioni convenzionali e i modelli di pensiero abituali, aprendo la mente a nuove possibilità. Questa apertura può essere particolarmente preziosa nella soluzione di problemi complessi, dove approcci non lineari e pensiero creativo sono richiesti.

Integrazione della Mindfulness nelle Politiche Pubbliche

L'incorporazione della mindfulness nelle politiche pubbliche può offrire un nuovo approccio alla gestione della salute pubblica, dell'educazione e del benessere sociale. Programmi che promuovono la mindfulness possono contribuire a ridurre lo stress collettivo, aumentare la resilienza comunitaria e migliorare la qualità della vita. Questi programmi possono variare dalla promozione di pratiche di mindfulness nelle scuole per supportare lo sviluppo emotivo degli studenti, fino all'integrazione della mindfulness nei programmi di riabilitazione o nelle iniziative di salute mentale pubblica.

Mindfulness come Strumento di Pace

In un mondo spesso segnato da conflitti e divisioni, la mindfulness può servire come potente strumento di pace, promuovendo la comprensione, la tolleranza e il dialogo tra persone di diverse culture e convinzioni. La pratica della mindfulness può aiutare a superare pregiudizi e stereotipi, incoraggiando un ascolto attivo e una comunicazione che cerca terreno comune. In questo modo, la mindfulness può contribuire a costruire ponti di comprensione e a promuovere una cultura di pace e non violenza.

La continuazione di questa esplorazione rivela che la mindfulness e la consapevolezza offrono molto più di semplici benefici personali; rappresentano un cammino verso una maggiore armonia interiore e esteriore, un mezzo per affrontare sfide individuali e collettive con una maggiore saggezza e compassione. Man mano che queste pratiche diventano sempre più integrate nelle nostre vite e nelle nostre società, abbiamo l'opportunità di testimoniare e contribuire a un cambiamento trasformativo che può portare a un futuro più consapevole, sostenibile e pacifico.

Proseguendo nell'esplorazione dell'impatto profondo della mindfulness e della consapevolezza, si apre un ulteriore orizzonte che contempla la loro capacità di trasformare non solo l'individuo ma anche le strutture e le dinamiche sociali più ampie. Questo livello di impatto mette in luce come la mindfulness possa essere un catalizzatore per un cambiamento sistemico, influenzando positivamente la salute collettiva, l'equità sociale, e persino le pratiche economiche.

Mindfulness e Equità Sociale

La mindfulness può promuovere una maggiore consapevolezza delle disuguaglianze e delle ingiustizie sociali, stimolando un impegno attivo per l'equità. Attraverso la consapevolezza arricchita delle proprie esperienze e pregiudizi, gli individui possono diventare più sensibili alle esperienze degli altri, specialmente di coloro che vivono alle margine della società. Questa sensibilità può tradursi in azioni concrete per combattere la discriminazione e promuovere pratiche più inclusive e equitative in ambiti educativi, lavorativi e comunitari.

Mindfulness nel Contesto Economico

Nel contesto economico, la mindfulness può offrire una prospettiva critica sul consumismo e sulle pratiche di business che privilegiano il profitto a scapito del benessere umano e ambientale. Promuovendo valori di soddisfazione, sufficienza e connessione piuttosto che di acquisizione incessante, la mindfulness può ispirare modelli economici più sostenibili che mirano al benessere collettivo e al rispetto dell'ambiente.

Mindfulness e Leadership Conscia

La mindfulness informa anche stili di leadership più consapevoli, che possono trasformare il modo in cui le organizzazioni operano e interagiscono con le loro comunità e l'ambiente. Leader consapevoli sono più propensi ad adottare approcci etici, a promuovere pratiche lavorative sostenibili e a creare culture organizzative che valorizzano la trasparenza, la responsabilità e il benessere dei dipendenti. Questo stile di leadership non solo migliora il clima lavorativo ma può anche guidare l'intera organizzazione verso un impatto sociale positivo.

Mindfulness e la Cura del Pianeta

L'approfondimento della consapevolezza può portare a un rinnovato senso di connessione e responsabilità verso il pianeta. Riconoscendo l'interdipendenza di tutti gli esseri viventi e l'importanza della salute ambientale, pratiche di vita consapevoli possono emergere, orientate verso la riduzione dell'impronta ecologica, il sostegno a pratiche agricole sostenibili e la conservazione delle risorse naturali. La mindfulness, quindi, diventa un ponte verso l'azione ambientale, ispirando scelte quotidiane che rispettano e proteggono il nostro ambiente.

Mindfulness e Accessibilità

Importante è anche considerare l'accessibilità delle pratiche di mindfulness. Rendere la mindfulness accessibile a persone di tutte le età, contesti socio-economici e capacità, amplia il suo impatto, promuovendo una cultura di benessere che attraversa le barriere sociali. Programmi di mindfulness nelle scuole, nei centri comunitari, negli ospedali e online possono offrire risorse preziose a chi potrebbe non avere altrimenti la possibilità di impegnarsi in queste pratiche.

Riflessione Continua e Impegno Collettivo

Infine, la mindfulness invita a una riflessione continua e a un impegno collettivo verso un futuro in cui la consapevolezza, la compassione e la connessione guidino le nostre scelte individuali e collettive. L'adozione diffusa della mindfulness può stimolare un cambiamento culturale che abbraccia la cura reciproca, il rispetto per la diversità e un profondo senso di responsabilità verso le generazioni future.

In conclusione, la mindfulness si rivela essere non solo una pratica di autotrasformazione ma anche un mezzo attraverso il quale possiamo contribuire a un cambiamento più ampio, affrontando sfide sociali, economiche e ambientali con una nuova prospettiva di consapevolezza e interconnessione. L'impulso alla mindfulness può incoraggiare un approccio più riflessivo e intenzionale alla vita, spingendo verso la costruzione di comunità resilienti, equanime distribuzione delle risorse, e una profonda reverenza per la vita in tutte le sue forme.

Mindfulness e Innovazione Tecnologica

Mentre esploriamo l'impatto della mindfulness in varie sfere, diventa rilevante considerare il suo ruolo nell'ambito dell'innovazione tecnologica. La consapevolezza può guidare lo sviluppo e l'uso di tecnologie in modo che promuovano il benessere umano e sostenibilità, anziché alimentare la distrazione, la dipendenza o l'erosione della privacy. Attraverso pratiche di mindfulness, sviluppatori, utenti e policy maker possono valutare più criticamente le implicazioni etiche delle nuove tecnologie, favorendo soluzioni che migliorano la qualità della vita senza sacrificare i valori umani fondamentali.

Mindfulness nella Gestione delle Crisi

La mindfulness si rivela preziosa anche nella gestione delle crisi, offrendo strumenti per affrontare lo stress, l'ansia e l'incertezza che spesso accompagnano i periodi di turbolenza. Praticando la consapevolezza, individui e comunità possono sviluppare una maggiore resilienza, trovando modi per adattarsi e rispondere alle crisi con calma e lucidità. Questo approccio consapevole può aiutare a mitigare le reazioni istintive di paura e panico, favorendo invece risposte ponderate che tengono conto del benessere collettivo.

Mindfulness e Giustizia Restaurativa

Nel campo della giustizia, la mindfulness può influenzare approcci più compassionevoli e restaurativi al conflitto e alla criminalità. Pratiche di consapevolezza possono facilitare il dialogo e la comprensione tra le parti, aiutando a curare le ferite e a ripristinare le relazioni piuttosto che focalizzarsi esclusivamente sulla punizione. La mindfulness incoraggia la visione dell'altro non come nemico ma come persona con cui è possibile trovare una risoluzione e riconciliazione, promuovendo così comunità più coese e pacifiche.

Promuovere l'Accesso Universale alla Mindfulness

Riconoscendo i benefici della mindfulness, diventa imperativo promuovere l'accesso universale a queste pratiche. Superare le barriere culturali, linguistiche e socioeconomiche alla mindfulness significa rendere le risorse e la formazione facilmente disponibili e comprensibili per tutti, indipendentemente dal background o dal livello di reddito. Ciò potrebbe implicare l'incorporazione della mindfulness nelle politiche di sanità pubblica, nei programmi educativi e nelle iniziative comunitarie, assicurando che tutti possano sperimentare i suoi benefici.

Un Futuro Consapevole

Guardando al futuro, l'integrazione della mindfulness nella tessitura della vita quotidiana promette un'evoluzione verso società più consapevoli, compassionate e sostenibili. Man mano che coltiviamo collettivamente una maggiore consapevolezza dei nostri pensieri, emozioni e azioni, possiamo navigare le sfide globali con una nuova prospettiva, una che valorizza l'equilibrio, l'interdipendenza e il rispetto reciproco.

In conclusione, l'espansione della pratica della mindfulness e della consapevolezza oltre i confini personali per influenzare positivamente le dinamiche sociali, economiche e ambientali evidenzia il potenziale trasformativo di queste pratiche. Attraverso un impegno collettivo verso la consapevolezza, possiamo aspirare non solo a migliorare il benessere individuale ma anche a contribuire a un cambiamento sistemico che promuove la giustizia, la sostenibilità e la pace a livello globale. La mindfulness, quindi, non è solo una pratica personale ma un movimento verso una coscienza collettiva più elevata.

In conclusione, l'approfondimento sistematico delle pratiche di mindfulness e consapevolezza svela una visione complessiva che trascende l'ambito personale, irradiandosi verso dimensioni collettive, sociali e globali. La mindfulness si rivela non solo come una metodologia per il benessere individuale e la gestione dello stress, ma anche come un potente catalizzatore per il cambiamento sociale, la crescita culturale e l'innovazione sostenibile.

Trasformazione Individuale e Collettiva

La pratica della mindfulness innesca una trasformazione che inizia a livello individuale, ma che ha il potere di estendersi ben oltre l'individuo. Coltivando una consapevolezza profonda dei propri processi mentali, emozioni e comportamenti, si sviluppa una base solida per affrontare le sfide della vita con maggiore equilibrio e apertura. Questa trasformazione personale, quando moltiplicata attraverso la pratica collettiva, può portare a un cambiamento significativo nelle dinamiche interpersonali, nelle culture organizzative e nelle comunità.

Impatto sulla Società e sull'Ambiente

La mindfulness e la consapevolezza, integrate nelle strutture sociali, economiche e politiche, hanno il potenziale di riformare le pratiche esistenti verso modelli più etici, inclusivi e sostenibili. Promuovendo la riflessione critica, la compassione e un profondo senso di connessione con gli altri e con il pianeta, queste pratiche possono guidare decisioni che favoriscono il benessere a lungo termine di tutta la società e la salvaguardia dell'ambiente.

Ruolo nell'Educazione e nel Lavoro

Nell'ambito educativo e lavorativo, l'incorporazione della mindfulness arricchisce l'apprendimento, la creatività e il benessere generale. Facilitando una maggiore concentrazione, resilienza allo stress e capacità di gestire le emozioni, la mindfulness si rivela uno strumento cruciale per lo sviluppo di individui equilibrati e di leader consapevoli capaci di navigare la complessità del mondo moderno con saggezza e integrità.

Contributo alla Salute Pubblica

L'adozione di pratiche di mindfulness su larga scala rappresenta un investimento significativo nella salute pubblica, con il potenziale di ridurre l'incidenza di disturbi mentali, migliorare la qualità della vita e diminuire i costi sanitari associati allo stress e alle malattie correlate. Promuovere la mindfulness come parte integrante delle politiche di salute pubblica può contribuire a una società più resiliente e psicologicamente sana.

Verso un Cambiamento Culturale Profondo

La diffusione della mindfulness e della consapevolezza promette un cambiamento culturale profondo, uno che valorizza la presenza, l'empatia e il rispetto reciproco. Questo spostamento verso una maggiore consapevolezza collettiva ha il potere di riconfigurare le relazioni umane, di promuovere una maggiore equità e di guidare azioni consapevoli che sostengono la sostenibilità ambientale e la giustizia sociale.

Invito all'Azione

Infine, il viaggio attraverso la mindfulness e la consapevolezza è un invito all'azione per individui, comunità e società intere. È un invito a riconoscere e ad apprezzare il potere trasformativo della consapevolezza, a impegnarsi in pratiche che promuovono il benessere collettivo e a contribuire attivamente alla costruzione di un futuro più compassionevole, sostenibile e consapevole. La mindfulness, quindi, non si limita a una pratica personale di benessere; è una chiave per sbloccare il nostro potenziale collettivo per affrontare le sfide del nostro tempo con cuore, mente e spirito uniti.

In sintesi, la mindfulness emerge come una pratica fondamentale per il ventunesimo secolo, un cammino che ci conduce non solo verso la realizzazione personale ma anche verso la realizzazione di una visione condivisa di un mondo più consapevole, resiliente e

5. Il ruolo delle emozioni nella sofferenza - Analizzare come le emozioni sono collegate ai nostri pensieri e come influenzano la nostra esperienza di sofferenza.

Le emozioni svolgono un ruolo centrale nella nostra esperienza di sofferenza, essendo intrinsecamente intrecciate con i nostri pensieri e percezioni. La comprensione di come emozioni e pensieri si influenzano reciprocamente può offrire spunti significativi per gestire meglio la sofferenza e promuovere il benessere psicologico.

Interconnessione tra Emozioni e Pensieri

Le emozioni e i pensieri sono componenti interdipendenti della nostra esperienza psicologica. I nostri pensieri su un evento o una situazione possono evocare specifiche emozioni, e viceversa, le emozioni che proviamo possono influenzare il modo in cui interpretiamo e pensiamo a tali eventi. Questa interazione è centrale nel processo cognitivo-emotivo che determina la nostra risposta complessiva alle esperienze di vita, inclusa la sofferenza.

La Cascata Cognitivo-Emotiva nella Sofferenza

Quando affrontiamo situazioni di potenziale sofferenza, i nostri pensieri iniziano spesso una cascata emotiva. Ad esempio, la percezione di una minaccia (reale o immaginaria) può scatenare pensieri ansiosi, i quali, a loro volta, possono generare emozioni di paura o ansia. Queste emozioni possono intensificare i pensieri originali, creando un ciclo feedback che amplifica la sofferenza.

La Natura Costruttiva delle Emozioni

Le emozioni non sono semplicemente risposte passive agli eventi esterni; sono costruite attivamente attraverso i nostri pensieri, valutazioni e interpretazioni. Questo significa che la nostra esperienza emotiva di sofferenza è fortemente influenzata dal significato che attribuiamo agli eventi della nostra vita. Cambiando il modo in cui pensiamo e interpretiamo queste esperienze, possiamo alterare la nostra risposta emotiva e, di conseguenza, la nostra esperienza di sofferenza.

Emozioni, Valutazioni e Risposte di Coping

Le emozioni svolgono un ruolo cruciale nelle nostre valutazioni delle situazioni di vita e nelle nostre strategie di coping. Ad esempio, la tristezza può derivare dalla valutazione di una perdita significativa, mentre la rabbia può emergere dalla percezione di ingiustizia. Riconoscendo queste emozioni e comprendendo le valutazioni sottostanti, possiamo sviluppare strategie di coping più efficaci che affrontino sia i pensieri sia le emozioni, mitigando la sofferenza.

Mindfulness, Emozioni e Sofferenza

La mindfulness offre un approccio potente per navigare il legame tra emozioni e sofferenza. Praticando la mindfulness, possiamo osservare i nostri pensieri e emozioni con distacco e senza giudizio. Questo ci permette di riconoscere che i nostri pensieri sono semplicemente fenomeni mentali che passano, e che le nostre emozioni, pur essendo esperienze intense, non devono necessariamente definire la nostra realtà. Di conseguenza, possiamo ridurre l'impatto dei pensieri negativi sulle nostre emozioni e sulla nostra esperienza di sofferenza.

La Regolazione Emotiva come Chiave per la Gestione della Sofferenza

Imparare a regolare le proprie emozioni è fondamentale per gestire efficacemente la sofferenza. La regolazione emotiva include tecniche come il ricalibramento cognitivo, dove si cambiano attivamente i pensieri per alterare la risposta emotiva, e la pratica della gratitudine, che può spostare la focalizzazione dai pensieri negativi a quelli positivi. Queste strategie non solo aiutano a moderare la sofferenza ma promuovono anche un senso di benessere e contentezza.

In conclusione, la relazione tra emozioni, pensieri e sofferenza è complessa e profondamente intrecciata. Riconoscendo e comprendendo come i nostri pensieri influenzino le nostre emozioni e come queste ultime contribuiscano alla nostra esperienza di sofferenza, possiamo sviluppare strumenti più efficaci per navigare le sfide della vita. Attraverso pratiche come la mindfulness e la regolazione emotiva, abbiamo l'opportunità di trasformare la nostra esperienza di sofferenza, aprendoci a una vita di maggiore consapevolezza, resilienza e benessere emotivo.

Proseguendo nell'esplorazione della connessione tra emozioni, pensieri e sofferenza, è cruciale considerare anche come il contesto sociale e culturale in cui viviamo modelli questa dinamica. L'influenza della cultura, delle relazioni interpersonali e dell'ambiente sulle nostre emozioni e sulla nostra esperienza di sofferenza sottolinea la necessità di un approccio olistico alla gestione della sofferenza che tenga conto di questi fattori esterni.

L'Impatto del Contesto Sociale e Culturale

Il contesto sociale e culturale esercita una forte influenza su come percepiamo e gestiamo le nostre emozioni. Diverse culture hanno diverse norme riguardanti l'espressione emotiva, ciò che è considerato una risposta emotiva accettabile in una cultura può essere visto come inappropriato in un'altra. Queste norme possono influenzare profondamente come sperimentiamo e rispondiamo alla sofferenza, incoraggiando alcune forme di coping mentre ne svalutano altre.

Relazioni Interpersonali e Sofferenza

Le nostre relazioni con gli altri giocano un ruolo significativo nel modellare la nostra esperienza di sofferenza. Il supporto emotivo, o la sua assenza, può influenzare la nostra capacità di affrontare le emozioni dolorose. Inoltre, le dinamiche relazionali possono sia mitigare sia esacerbare la nostra sofferenza, a seconda della qualità delle interazioni e del livello di comprensione e accettazione che riceviamo dai nostri interlocutori.

Emozioni, Narrazione di Sé e Identità

La nostra narrazione di sé e il nostro senso di identità sono profondamente intrecciati con le nostre emozioni e la nostra esperienza di sofferenza. Le storie che ci raccontiamo su chi siamo e sulle nostre esperienze passate influenzano la nostra interpretazione degli eventi attuali e futuri, e quindi le nostre risposte emotive a essi. Riconoscere e, se necessario, riscrivere queste narrazioni può essere un potente strumento per affrontare la sofferenza in modo più efficace.

Ruolo della Resilienza Emotiva

La resilienza emotiva, o la capacità di riprendersi dalle avversità, è un altro fattore cruciale nella gestione delle emozioni e della sofferenza. Sviluppare la resilienza può aiutarci a navigare le inevitabili sfide della vita con maggiore equanimità e meno sofferenza. Ciò implica coltivare una flessibilità emotiva, imparando a accettare e adattarsi alle circostanze cambianti piuttosto che rimanere bloccati in risposte emotive disfunzionali.

La Mindfulness come Pratica Integrativa

Approfondendo ulteriormente il ruolo della mindfulness, possiamo vederla come una pratica integrativa che non solo ci aiuta a gestire i nostri pensieri e emozioni interni ma anche a navigare il contesto sociale e culturale più ampio. La mindfulness ci incoraggia a essere presenti con una consapevolezza aperta e non giudicante, permettendoci di osservare le influenze esterne sulle nostre emozioni senza lasciarci sopraffare da esse.

Sviluppo di Competenze Emotive e Sociali

Infine, lo sviluppo di competenze emotive e sociali, come l'empatia, la comunicazione efficace e la gestione dei conflitti, è fondamentale per affrontare la sofferenza in modo costruttivo. Queste competenze ci permettono di interagire con gli altri in modi che sostengono il nostro benessere emotivo e quello delle persone intorno a noi, creando un ambiente in cui la sofferenza può essere condivisa, compresa e alleviata.

In conclusione, l'esplorazione della connessione tra emozioni, pensieri e sofferenza ci porta a riconoscere la complessità di questa dinamica e l'importanza di un approccio olistico alla gestione della sofferenza. Questo approccio richiede la considerazione non solo dei processi interni dell'individuo ma anche del contesto sociale, culturale e relazionale più ampio. Attraverso la pratica della mindfulness, lo sviluppo della resilienza emotiva, e la coltivazione di competenze emotive e sociali, possiamo aspirare a una vita più equilibrata e soddisfacente, in cui la sofferenza è gestita con saggezza, compassione e comprensione profonda.

Proseguendo nell'analisi dell'interconnessione tra emozioni, pensieri e sofferenza, diventa essenziale esaminare come la nostra capacità di metabolizzare esperienze emotive influenzi direttamente la nostra resilienza di fronte alle avversità e il nostro percorso di crescita personale.

L'Importanza dell'Elaborazione Emotiva

Un aspetto cruciale nel rapporto tra emozioni e sofferenza è l'importanza dell'elaborazione emotiva. Imparare a elaborare le emozioni in modo sano ci permette di attraversare esperienze dolorose senza rimanere intrappolati in stati emotivi negativi prolungati. Questo processo di elaborazione include il riconoscimento delle proprie emozioni, l'accettazione di queste esperienze senza giudizio e l'esplorazione dei pensieri e delle convinzioni sottostanti che le alimentano. Tale pratica può facilitare una maggiore comprensione di sé e promuovere la guarigione emotiva.

La Trasformazione della Sofferenza attraverso la Consapevolezza

La trasformazione della sofferenza inizia con la consapevolezza. Essere pienamente presenti con le nostre emozioni, senza resistenza o identificazione, ci apre la possibilità di trasformare il nostro rapporto con la sofferenza. Attraverso la consapevolezza, possiamo imparare a vedere la sofferenza non come un nemico da evitare a tutti i costi, ma come un'esperienza umana da cui possiamo trarre intuizioni e crescita. Questo spostamento di prospettiva può ridurre significativamente il potere che la sofferenza ha su di noi.

Connessione Sociale e Condivisione Emotiva

Un altro fattore chiave nella gestione delle emozioni e della sofferenza è il ruolo della connessione sociale e della condivisione emotiva. La condivisione delle proprie esperienze di sofferenza con individui fidati può non solo fornire sollievo emotivo ma anche approfondire i legami interpersonali. Il supporto sociale funge da importante buffer contro gli effetti negativi dello stress e della sofferenza, offrendo una rete di sicurezza emotiva che può aiutare gli individui a navigare nei periodi difficili.

Sviluppo della Compassione e dell'Autocompassione

La pratica della compassione e dell'autocompassione è fondamentale nella relazione tra emozioni e sofferenza. Imparare a incontrare le proprie sofferenze con gentilezza, comprensione e un sincero desiderio di alleviare il dolore (autocompassione) può trasformare profondamente l'esperienza del dolore. Analogamente, estendere compassione agli altri (empatia attiva) può migliorare la qualità delle nostre relazioni e contribuire a creare comunità più solidali e curative.

Impatto della Cultura e delle Credenze

Il contesto culturale e le credenze personali giocano un ruolo significativo nel modulare la nostra esperienza di emozioni e sofferenza. Le culture che promuovono l'espressione emotiva aperta e offrono rituali o pratiche per la gestione della sofferenza possono facilitare un'elaborazione emotiva più efficace. Al contrario, le culture che stigmatizzano certe emozioni o la sofferenza stessa possono impedire agli individui di cercare supporto o di impegnarsi in pratiche di cura di sé benefiche.

Ruolo delle Pratiche Corporee

Le pratiche corporee come lo yoga, il tai chi, o semplicemente l'esercizio fisico regolare, possono essere strumenti potenti nella gestione delle emozioni e della sofferenza. Queste pratiche aiutano a rilasciare la tensione fisica associata allo stress emotivo, migliorare la consapevolezza corporea e promuovere uno stato di benessere generale. Il movimento fisico può agire come un canale per esprimere e processare emozioni, facilitando un percorso di guarigione olistico che include mente, corpo e spirito.

In sintesi, l'interazione tra emozioni, pensieri e sofferenza sottolinea la complessità della condizione umana e la necessità di approcci multifaccettati per la gestione della sofferenza. Attraverso la consapevolezza, l'elaborazione emotiva, la connessione sociale, la compassione, e l'integrazione di pratiche corporee, possiamo aspirare a una maggiore resilienza emotiva e a una vita caratterizzata da una più profonda comprensione di sé e da relazioni arricchenti. Questo cammino verso la gestione efficace delle emozioni e della sofferenza non solo migliora il benessere individuale ma arricchisce anche il tessuto delle nostre comunità e della società nel suo complesso.

Proseguendo nell'esplorazione della complessa relazione tra emozioni, pensieri e sofferenza, diventa importante riconoscere come le tecniche di introspezione e di autoesplorazione possano ulteriormente approfondire la nostra comprensione e gestione delle emozioni dolorose. Esaminando le pratiche di introspezione, come il journaling emotivo e la terapia attraverso l'arte, possiamo scoprire nuovi strati della nostra esperienza emotiva e trovare modi creativi per esprimere e trasformare la sofferenza.

Journaling Emotivo come Strumento di Riflessione

Il journaling emotivo offre un potente mezzo per esplorare i propri pensieri e emozioni in un contesto sicuro e privato. Scrivere riguardo alle proprie esperienze può aiutare a identificare schemi di pensiero ricorrenti che contribuiscono alla sofferenza, promuovere l'elaborazione di eventi emotivamente carichi e facilitare la scoperta di nuove prospettive e soluzioni ai problemi. Questa pratica può aumentare la consapevolezza di sé e offrire sollievo emotivo, rendendo più gestibili emozioni che altrimenti potrebbero sembrare travolgenti.

Terapia Attraverso l'Arte e l'Espressione Creativa

La terapia attraverso l'arte rappresenta un altro approccio significativo per affrontare la sofferenza emotiva. Attraverso l'uso della pittura, della scultura, della musica o della danza, gli individui possono esprimere emozioni che potrebbero essere difficili da verbalizzare. Queste forme di espressione creativa possono offrire un senso di sollievo e di liberazione, permettendo alle persone di elaborare la sofferenza in modi che trascendono il linguaggio convenzionale. L'arte, in questo senso, diventa un mezzo per esplorare e trasformare la propria esperienza interiore.

La Meditazione e la Contemplazione Come Vie di Introspezione

La meditazione e la contemplazione rappresentano pratiche fondamentali per coltivare una maggiore consapevolezza delle proprie emozioni e pensieri. Attraverso la meditazione, possiamo imparare a osservare le nostre esperienze interne da una prospettiva di non attaccamento, riconoscendo le emozioni dolorose senza identificarci con esse. Questo processo di osservazione distaccata può ridurre il potere che la sofferenza ha su di noi, offrendo un senso di pace interiore e di equilibrio anche nelle circostanze più difficili.

Il Ruolo della Connessione con la Natura nella Gestione delle Emozioni

La connessione con la natura emerge come un altro elemento vitale nella gestione delle emozioni e della sofferenza. Trascorrere tempo in ambienti naturali può avere effetti calmanti e rigeneranti, aiutando a ridurre lo stress e ad aumentare il benessere emotivo. La natura offre un contesto unico per la riflessione e l'introspezione, promuovendo una sensazione di connessione più ampia con il mondo che può mettere in prospettiva le esperienze personali di sofferenza.

La Costruzione di Comunità di Supporto

Infine, la costruzione di comunità di supporto gioca un ruolo critico nella gestione delle emozioni e della sofferenza. Condividere le proprie esperienze in gruppi di supporto o comunità di pratica può offrire una valida rete di sicurezza emotiva, dove le esperienze vengono convalidate e comprese. La solidarietà e la comprensione trovate in queste comunità possono fornire forza e ispirazione, evidenziando che non siamo soli nelle nostre lotte.

In sintesi, affrontare la complessità delle nostre emozioni e della sofferenza richiede un approccio multifacettato che includa la pratica della mindfulness, l'espressione creativa, l'introspezione meditativa, la connessione con la natura e il sostegno comunitario. Attraverso queste pratiche, possiamo esplorare le profondità della nostra esperienza emotiva, trasformando la sofferenza in una fonte di crescita personale, resilienza e, in ultima analisi, di maggiore comprensione e pace interiore. Questo cammino verso una gestione emotiva più profonda e consapevole non solo arricchisce l'individuo ma contribuisce anche al tessuto di sostegno e alla resilienza delle nostre comunità, promuovendo un benessere condiviso e una maggiore armonia collettiva.

Mentre approfondiamo ulteriormente la relazione tra emozioni, pensieri e sofferenza, è importante esplorare

come l'intelligenza emotiva e la capacità di decodificare
e gestire le emozioni complesse svolgano un ruolo
cruciale nel modulare la nostra esperienza di
sofferenza. Questo aspetto sottolinea l'importanza di
sviluppare una maggiore consapevolezza e padronanza
delle nostre reazioni emotive come strumento per
affrontare efficacemente le sfide della vita.

Intelligenza Emotiva come Strumento di Gestione della Sofferenza

L'intelligenza emotiva, la capacità di riconoscere,
comprendere e gestire le proprie emozioni e quelle
degli altri, è fondamentale nel contesto della
sofferenza. Migliorando l'intelligenza emotiva,
possiamo imparare a navigare nelle acque spesso
turbolente delle nostre emozioni, trovando modi più
adattivi e costruttivi per rispondere alle situazioni che
provocano sofferenza. Questo processo implica non
solo l'identificazione delle proprie emozioni ma anche
la comprensione delle loro origini e dei modi in cui
possono influenzare i nostri pensieri e comportamenti.

Il Ruolo della Comunicazione Emotiva

La capacità di comunicare efficacemente le proprie
emozioni è un altro aspetto fondamentale nella
gestione della sofferenza. La comunicazione emotiva
non solo aiuta a chiarire i nostri bisogni e desideri agli
altri ma può anche facilitare la connessione e il
sostegno reciproco. Creare uno spazio in cui le
emozioni possono essere espresse apertamente e senza
giudizio incoraggia un ambiente di comprensione e

accettazione, riducendo la sensazione di isolamento
che spesso accompagna la sofferenza.

Sviluppo della Resilienza attraverso la Pratica della Gratitudine

La pratica della gratitudine può servire come un
potente antidoto alla sofferenza, aiutando a spostare il
focus dai pensieri e dalle emozioni negativi verso quelli
più positivi e fortificanti. Coltivare un senso di
gratitudine per le esperienze e le persone nella nostra
vita può migliorare la nostra resilienza emotiva,
rendendoci più capaci di affrontare e superare le sfide.
Questo orientamento verso la gratitudine non nega la
presenza della sofferenza ma offre una prospettiva più
equilibrata che include sia le difficoltà sia le gioie della
vita.

Mindfulness e la Gestione delle Emozioni Complesse

Approfondendo l'importanza della mindfulness,
vediamo come questa pratica supporti la gestione delle
emozioni complesse, facilitando un'esperienza più
equilibrata della sofferenza. Attraverso la mindfulness,
possiamo imparare a osservare le nostre emozioni
senza giudizio o reazione automatica, offrendoci la
possibilità di rispondere alle situazioni con maggiore
chiarezza e calma. Questo distacco consapevole ci
permette di riconoscere che le emozioni, per quanto
intense, sono temporanee e non devono definire la
totalità della nostra esperienza.

La Necessità di Spazi di Supporto Emotivo

Infine, è essenziale riconoscere la necessità di creare e mantenere spazi di supporto emotivo, sia formalmente attraverso la terapia e il counseling sia informalmente nelle nostre reti sociali e comunità. Questi spazi offrono luoghi sicuri per esplorare e condividere le nostre esperienze di sofferenza, ricevere comprensione e supporto, e lavorare insieme verso il benessere emotivo. La creazione di tali spazi richiede un impegno collettivo alla cura e all'ascolto attivo, riconoscendo il valore intrinseco di ogni esperienza emotiva nella costruzione di una comunità resiliente e solidale.

Attraverso l'esplorazione continua della relazione tra emozioni, pensieri e sofferenza, emergono strategie più profonde e olistiche per affrontare la complessità della condizione umana. Sviluppando l'intelligenza emotiva, praticando la comunicazione emotiva, coltivando la gratitudine, approfondendo la mindfulness e sostenendo spazi di supporto emotivo, possiamo navigare nella nostra esperienza emotiva con maggiore saggezza, compassione e resilienza. Questo approccio non solo arricchisce il viaggio individuale attraverso la sofferenza ma rafforza anche il tessuto delle nostre relazioni e comunità, promuovendo un benessere collettivo più profondo e duraturo.

Nell'ulteriore approfondimento del rapporto tra emozioni, pensieri e sofferenza, diventa chiaro che la capacità di accogliere la vulnerabilità gioca un ruolo cruciale nella nostra salute emotiva e nella gestione della sofferenza. Esplorare il valore della vulnerabilità, insieme all'importanza del perdono e della crescita post-traumatica, ci offre una visione ancora più complessa di come possiamo trasformare la sofferenza in un'opportunità per l'apprendimento personale e il rafforzamento interiore.

La Vulnerabilità come Forza

Accettare la propria vulnerabilità non è un segno di debolezza, ma una profonda forza che permette di connettersi autenticamente con se stessi e con gli altri. Riconoscere e accettare i propri sentimenti di vulnerabilità può facilitare il processo di elaborazione emotiva e di guarigione. L'apertura sulla propria vulnerabilità incoraggia anche gli altri a condividere e a supportarsi reciprocamente in un contesto di empatia e comprensione comune.

Il Perdono come Via di Liberazione dalla Sofferenza

Il perdono, sia verso se stessi sia verso gli altri, emerge come un elemento chiave nella gestione delle emozioni e nella mitigazione della sofferenza. Liberarsi dal peso del risentimento e della rabbia può notevolmente alleggerire il carico emotivo e aprire la strada a un senso di pace interiore e riconciliazione. Il perdono non significa dimenticare o giustificare le azioni altrui, ma piuttosto scegliere di liberarsi dal ciclo di dolore che queste azioni possono perpetuare.

Crescita Post-Traumatica e Trasformazione della Sofferenza

La crescita post-traumatica rappresenta il processo attraverso cui individui che hanno vissuto eventi traumatici riescono a trovare un senso di rinnovamento e sviluppo personale. Questo concetto sottolinea che, nonostante la sofferenza possa essere profondamente destabilizzante, può anche servire come catalizzatore per una profonda trasformazione personale, portando a una maggiore apprezzazione della vita, a relazioni interpersonali più profonde, a una maggiore forza interiore, a nuove possibilità per la propria vita e a un rafforzamento spirituale o esistenziale.

L'Importanza delle Reti di Supporto

Le reti di supporto, sia online sia offline, giocano un ruolo indispensabile nel fornire conforto, comprensione e risorse pratiche per coloro che navigano la sofferenza. La condivisione delle proprie esperienze in un ambiente accogliente può notevolmente ridurre il senso di isolamento e favorire un senso di appartenenza e di speranza. Le comunità di supporto offrono spazi sicuri dove esplorare e condividere strategie di coping, promuovendo il benessere collettivo.

La Spiritualità e la Ricerca di Significato

Per molti, la spiritualità o la ricerca di significato rappresentano componenti vitali nel processo di gestione delle emozioni e della sofferenza. Questi percorsi possono offrire una cornice più ampia entro cui interpretare le difficoltà della vita, offrendo conforto, direzione e un senso di connessione più profondo con qualcosa di più grande di sé stessi. Che si tratti di pratiche spirituali formali, di meditazione o di semplici momenti di riflessione personale, la ricerca di significato può essere un potente alleato nel viaggio verso la guarigione e la crescita.

In sintesi, navigare nel complesso intreccio di emozioni, pensieri e sofferenza richiede un approccio multifacettato che valorizza la vulnerabilità, promuove il perdono, riconosce il potenziale per la crescita post-traumatica, si appoggia a reti di supporto solide e, per molti, esplora la dimensione spirituale o esistenziale della vita. Attraverso queste pratiche e queste prospettive, possiamo imparare a trasformare la nostra esperienza di sofferenza in una fonte di forza, resilienza e profondo apprendimento personale, arricchendo il nostro percorso di vita con maggiore saggezza e compassione.

Concludendo l'approfondita esplorazione della complessa relazione tra emozioni, pensieri e sofferenza, emerge un quadro ricco e sfaccettato che sottolinea l'importanza di un approccio integrato e olistico alla gestione della sofferenza. La capacità di comprendere e navigare questa relazione non solo modula la nostra esperienza personale di sofferenza ma apre anche la via a una profonda trasformazione personale e collettiva.

La Centralità dell'Elaborazione Emotiva

L'elaborazione emotiva emerge come un processo fondamentale per affrontare in modo efficace la sofferenza, evidenziando la necessità di sviluppare una maggiore consapevolezza delle proprie emozioni e dei pensieri ad esse associati. La capacità di identificare, accettare e esprimere le proprie emozioni, anche quelle dolorose o scomode, è cruciale per prevenire l'accumulo di stress emotivo e per promuovere la guarigione e il benessere.

La Forza della Vulnerabilità e del Perdono

La vulnerabilità è riconosciuta come una forza, non una debolezza, aprendo la strada all'autenticità, alla connessione e alla guarigione. Il perdono, sia verso se stessi sia verso gli altri, agisce come un potente meccanismo di liberazione dalla catena della sofferenza, permettendo agli individui di muoversi oltre il dolore e il risentimento verso una rinnovata sensazione di pace e libertà interiore.

La Crescita Post-Traumatica come Percorso di Trasformazione

Il concetto di crescita post-traumatica ci ricorda che, pur nel cuore della sofferenza, risiedono semi di crescita, resilienza e rinnovamento. La trasformazione della sofferenza in un'opportunità di apprendimento e sviluppo personale rappresenta uno dei percorsi più potenti verso la guarigione, portando a una maggiore apprezzazione della vita, relazioni più profonde, una rinnovata percezione di forza personale, nuove possibilità di vita e una maggiore profondità spirituale o esistenziale.

Il Ruolo Cruciale delle Reti di Supporto

Le reti di supporto, siano esse comunità fisiche o virtuali, offrono un sostegno inestimabile, riducendo l'isolamento e promuovendo un senso di appartenenza e comprensione. La condivisione delle esperienze di sofferenza in un contesto di supporto e accettazione può accelerare il processo di guarigione e rafforzare la resilienza collettiva di fronte alle avversità.

Spiritualità e Ricerca di Significato

La spiritualità e la ricerca di significato giocano un ruolo importante nel fornire un contesto più ampio per interpretare e affrontare la sofferenza. Questi percorsi possono offrire conforto, speranza e una bussola per navigare le tempeste emotive, promuovendo una connessione più profonda con se stessi, con gli altri e con il mondo circostante.

In sintesi, la gestione efficace delle emozioni e della sofferenza richiede una combinazione di autoconsapevolezza, accettazione, espressione autentica, sostegno reciproco e un impegno verso la crescita personale e la trasformazione. Attraverso l'integrazione di queste dimensioni, possiamo costruire una vita caratterizzata non solo da una maggiore capacità di affrontare la sofferenza ma anche da un profondo senso di compiutezza, connessione e scopo. La nostra relazione con le emozioni, i pensieri e la sofferenza, pertanto, diventa un viaggio continuo di scoperta, apprendimento e rinascita, che arricchisce non solo il nostro percorso personale ma anche il tessuto delle nostre comunità e della società nel suo insieme.

6. Tecniche di respirazione e rilassamento - Descrivere tecniche specifiche per calmare la mente e ridurre lo stress.

Le tecniche di respirazione e rilassamento sono strumenti efficaci per calmare la mente, ridurre lo stress e migliorare il benessere generale. Queste pratiche possono aiutare a interrompere il ciclo di risposte allo stress del corpo, promuovendo uno stato di rilassamento e pace interiore. Di seguito, alcune tecniche specifiche che possono essere facilmente integrate nella routine quotidiana per favorire il rilassamento e la riduzione dello stress.

Respirazione Diaframmatica o Addominale

La respirazione diaframmatica, nota anche come respirazione addominale, è una tecnica fondamentale per ridurre lo stress. Consiste nel respirare profondamente, utilizzando il diaframma anziché i muscoli del torace, per aumentare l'ossigenazione del sangue e promuovere un maggiore senso di calma.

Come praticarla:

1. Siediti o sdraiati in una posizione comoda.

2. Poni una mano sull'addome e l'altra sul petto.

3. Inspira lentamente dal naso, cercando di far sollevare solo la mano sull'addome.

4. Espira lentamente dalla bocca o dal naso, sentendo l'addome abbassarsi.

5. Ripeti per diverse respirazioni, concentrandoti sulla sensazione dell'aria che entra ed esce dal corpo.

Respirazione 4-7-8

La respirazione 4-7-8 è una tecnica che coinvolge la respirazione controllata per aiutare a rilassare il sistema nervoso. Può essere particolarmente utile prima di andare a letto o in momenti di stress acuto.

Come praticarla:

1. Espira completamente attraverso la bocca, emettendo un suono sibilante.

2. Chiudi la bocca e inspira silenziosamente dal naso contando fino a quattro.

3. Trattieni il respiro contando fino a sette.

4. Espira completamente attraverso la bocca,
   contando fino a otto.

5. Questo completa un ciclo. Ripeti il ciclo per
   quattro respirazioni complete.

Respirazione Alternata delle Narici

La respirazione alternata delle narici, o Nadi
Shodhana, è una tecnica di respirazione yogica che
aiuta a bilanciare i lati destro e sinistro del cervello,
promuovendo la calma e riducendo lo stress.

Come praticarla:

1. Siediti in una posizione comoda con la schiena
   dritta.

2. Posa il pollice destro sopra la narice destra e
   chiudila.

3. Inspira profondamente dalla narice sinistra.

4. Chiudi la narice sinistra con l'anulare e il mignolo
   della stessa mano, quindi espira dalla narice
   destra.

5. Mantieni la narice sinistra chiusa, inspira dalla
   narice destra.

6. Cambia di nuovo, chiudendo la narice destra con
   il pollice e espirando dalla narice sinistra.

7. Questo completa un ciclo. Continua per diverse
   respirazioni, alternando le narici.

Rilassamento Muscolare Progressivo

Il rilassamento muscolare progressivo (RMP) coinvolge il tensionamento e il rilassamento sequenziale dei vari gruppi muscolari del corpo per ridurre lo stress e favorire il rilassamento.

Come praticarlo:

1. Inizia con i piedi e procedi verso l'alto, oppure inizia dalla testa e procedi verso il basso.

2. Tendi un gruppo muscolare (es. i piedi) mentre inspiri, tenendo la tensione per alcuni secondi.

3. Rilassa il muscolo mentre espiri, notando la sensazione di rilascio.

4. Procedi al gruppo muscolare successivo e ripeti fino a che non hai percorso tutto il corpo.

Queste tecniche di respirazione e rilassamento, praticate regolarmente, possono offrire benefici tangibili nella gestione dello stress, nel miglioramento del sonno e nell'aumento della consapevolezza e della concentrazione. Sperimentare con diverse tecniche può aiutarti a trovare quelle che risuonano meglio con te e con le tue esigenze specifiche.

Mentre continuiamo ad esplorare le tecniche di respirazione e rilassamento, è importante considerare anche l'approccio della visualizzazione guidata e il potere della meditazione mindfulness come strumenti complementari per calmare la mente e ridurre lo stress. Queste pratiche possono offrire percorsi aggiuntivi per raggiungere uno stato di rilassamento profondo e per promuovere il benessere psicologico.

Visualizzazione Guidata

La visualizzazione guidata, o immaginazione guidata, è una tecnica di rilassamento che coinvolge la creazione mentale di immagini serene e rilassanti per facilitare il rilassamento. Questa pratica sfrutta il potere della mente per influenzare positivamente il corpo e le emozioni.

Come praticarla:

1. Trova un posto tranquillo dove non sarai disturbato e mettiti in una posizione comoda.

2. Chiudi gli occhi e prendi qualche respiro profondo per iniziare a rilassarti.

3. Immagina una scena pacifica e rilassante, come una spiaggia tranquilla o una foresta serena. Utilizza tutti i tuoi sensi per rendere l'immagine il più vivida possibile: senti i suoni, annusa gli odori, vedi i colori e le forme.

4. Concentrati su questa immagine, lasciando che qualsiasi pensiero o preoccupazione si dissolva mentre ti immergi nella scena.

5. Rimani in questo stato per diversi minuti, poi, lentamente, riporta la tua attenzione al presente.

Meditazione Mindfulness

La meditazione mindfulness si concentra sull'essere pienamente presenti nel momento, osservando senza giudizio i propri pensieri, emozioni e sensazioni corporee. Questa pratica può aiutare a interrompere il ciclo dello stress e promuovere una maggiore pace interiore.

Come praticarla:

1. Siediti in una posizione comoda con la schiena dritta e gli occhi chiusi o con lo sguardo abbassato.

2. Porta l'attenzione al tuo respiro, notando le sensazioni del respiro che entra ed esce dal corpo.

3. Quando noti che la tua mente ha iniziato a vagare, riconosci gentilmente il pensiero o l'emozione e poi riporta delicatamente la tua attenzione al respiro.

4. Continua a praticare questo ritorno all'attenzione sul respiro per la durata della meditazione, che può variare da pochi minuti a periodi più lunghi.

Esercizi di Grounding

Gli esercizi di grounding sono tecniche progettate per "ancorarti" al momento presente, utili per gestire momenti di ansia o di stress acuto.

Come praticarli:

1. Utilizza la tecnica "5-4-3-2-1" per coinvolgere tutti i tuoi sensi e portare l'attenzione al presente: nomina 5 cose che puoi vedere, 4 cose che puoi toccare, 3 cose che puoi sentire, 2 cose che puoi odorare e 1 cosa che puoi gustare.

2. Cammina scalzo sull'erba o sulla terra, concentrandoti sulle sensazioni sotto i piedi e sulla connessione con la terra.

La Coerenza Cardiaca

La coerenza cardiaca è una pratica che sincronizza la respirazione con il battito cardiaco per promuovere uno stato di equilibrio e coerenza nel sistema nervoso. Può essere particolarmente efficace per ridurre lo stress e migliorare la resilienza emotiva.

Come praticarla:

1. Trova un ritmo di respirazione che sia comodo per te, tipicamente cinque secondi per l'inspirazione e cinque secondi per l'espirazione.

2. Concentrati sulla tua respirazione e sull'idea di respirare attraverso il cuore o il centro del petto.

3. Mentre continui con questo ritmo respiratorio, evoca un'emozione positiva, come gratitudine o amore, e cerca di mantenere questa sensazione per tutto l'esercizio.

Integrando queste tecniche nella tua routine quotidiana, puoi sviluppare un arsenale di strumenti per affrontare efficacemente lo stress, promuovere il rilassamento e migliorare il tuo benessere generale. La chiave è la pratica regolare e l'esplorazione di diverse tecniche per scoprire quali risuonano di più con te e con le tue esigenze uniche.

Proseguendo nell'approfondimento delle tecniche di respirazione e rilassamento per calmare la mente e ridurre lo stress, è utile esaminare anche come l'integrazione di pratiche olistiche e la consapevolezza del momento possano contribuire ulteriormente al benessere psico-fisico. Queste pratiche, quando combinate con tecniche di respirazione, possono offrire un percorso completo verso la riduzione dello stress e la promozione della salute.

Qi Gong e Tai Chi

Il Qi Gong e il Tai Chi sono pratiche olistiche cinesi che combinano movimenti lenti, respirazione consapevole e meditazione per promuovere il flusso di energia (Qi) nel corpo. Queste discipline migliorano non solo la flessibilità e l'equilibrio fisico ma anche la calma mentale e la concentrazione.

Come praticarli:

- Inizia con lezioni base sotto la guida di un istruttore qualificato per apprendere le sequenze di movimento e come integrare la respirazione.

- Dedica del tempo ogni giorno alla pratica, anche solo 10-15 minuti possono avere effetti benefici.

Yoga

Lo Yoga è un'altra pratica olistica che integra posture fisiche (asana), tecniche di respirazione (pranayama) e meditazione per migliorare la salute e ridurre lo stress. Lo yoga non solo aumenta la forza e la flessibilità del corpo ma promuove anche una profonda sensazione di rilassamento e benessere interiore.

Come praticarlo:

- Esplora diversi stili di yoga per trovare quello che meglio si adatta alle tue esigenze e preferenze personali, come Hatha yoga per principianti o Vinyasa per un'esperienza più dinamica.

- Considera la partecipazione a classi guidate o utilizza risorse online per praticare a casa.

Aromaterapia

L'aromaterapia sfrutta gli oli essenziali estratti da piante per migliorare il benessere fisico ed emotivo. L'inalazione degli aromi può influenzare l'area del cervello responsabile delle emozioni, aiutando a calmare la mente e ridurre lo stress.

Come utilizzarla:

- Scegli oli essenziali come la lavanda, il bergamotto o la camomilla, noti per le loro proprietà rilassanti.

- Usa un diffusore per disperdere l'aroma nell'ambiente, aggiungi alcune gocce in un bagno caldo o diluiscili in un olio vettore per un massaggio rilassante.

Tecniche di Distensione Mentale

La distensione mentale, attraverso attività come la lettura, l'ascolto di musica o la partecipazione a hobby creativi, può offrire una pausa dallo stress quotidiano, permettendo alla mente di riposare e rilassarsi.

Come praticarla:

- Dedica del tempo ogni giorno a un'attività che ti piace e che richiede attenzione, ma che allo stesso tempo ti permette di distaccarti dai pensieri stressanti.

- Crea un ambiente tranquillo che favorisca il relax, lontano da distrazioni e impegni.

Riconnessione con la Natura

Trascorrere tempo all'aperto e riconnettersi con la natura è dimostrato avere numerosi benefici sulla salute mentale, inclusa la riduzione dello stress e l'aumento della felicità.

Come praticarla:

- Programma regolarmente passeggiate in ambienti naturali, come parchi, foreste o vicino a corsi d'acqua.

- Pratica la "forest bathing" (bagno di foresta), una pratica giapponese che consiste nel trascorrere tempo in natura per assorbirne i benefici attraverso i sensi.

Incorporando queste tecniche e pratiche olistiche nella tua vita, puoi creare un approccio multifacettato alla gestione dello stress e al benessere. Sperimentare con diverse tecniche ti permetterà di scoprire quelle che meglio rispondono alle tue esigenze personali, offrendoti strumenti preziosi per navigare le sfide quotidiane con maggiore serenità e resilienza. La chiave è mantenere una pratica regolare e rimanere aperti all'esplorazione di nuovi metodi che possano arricchire ulteriormente il tuo percorso verso il benessere.

Mentre continuiamo ad esplorare le strategie per calmare la mente e ridurre lo stress, diventa evidente che la nutrizione e l'idratazione giocano un ruolo fondamentale nel supportare il benessere emotivo e fisico. Una dieta equilibrata e l'assunzione adeguata di acqua possono avere un impatto significativo sul nostro stato di stress e sulla capacità di gestirlo.

Nutrizione e Benessere Emotivo

Gli alimenti che consumiamo possono influenzare direttamente il nostro umore e i nostri livelli di energia. Nutrienti specifici, come gli acidi grassi omega-3, il magnesio, le vitamine del gruppo B e gli antiossidanti, possono supportare la funzione cerebrale, migliorare l'umore e ridurre i sintomi di stress e ansia.

Come integrarli:

- Include nella tua dieta fonti di omega-3 come il salmone, le noci e i semi di lino.

- Consuma alimenti ricchi di magnesio, come le verdure a foglia verde, i fagioli e i cereali integrali.

- Assicurati di includere fonti di vitamine del gruppo B, come carni magre, uova, legumi e cereali integrali.

Idratazione e Gestione dello Stress

L'idratazione è cruciale per mantenere il corpo e la mente funzionanti al meglio. La disidratazione può causare affaticamento, difficoltà di concentrazione e irritabilità, aggravando la sensazione di stress.

Come praticarla:

- Bevi acqua regolarmente durante il giorno, mirando a un minimo di 8 bicchieri al giorno, ma adattando questa quantità in base alle tue esigenze personali e al livello di attività.

- Limita il consumo di bevande caffeinate e alcoliche, che possono disidratare il corpo e influenzare negativamente i livelli di stress.

Tecniche di Biofeedback

Il biofeedback è una tecnica che insegna a controllare le funzioni fisiologiche, come la frequenza cardiaca, la tensione muscolare e la respirazione, per migliorare la risposta allo stress. Utilizzando sensori che forniscono feedback in tempo reale, le persone possono imparare a modulare queste funzioni per promuovere il rilassamento.

Come praticarlo:

- Considera la possibilità di consultare un professionista del biofeedback per imparare le tecniche e utilizzare l'attrezzatura.

- Applica le tecniche apprese nella vita quotidiana per gestire attivamente lo stress.

Mindful Eating per Ridurre lo Stress

Il mindful eating, o l'alimentazione consapevole, incoraggia a concentrarsi pienamente sull'esperienza di mangiare, migliorando la digestione e promuovendo una relazione più sana con il cibo. Questa pratica può ridurre lo stress legato all'alimentazione e aiutare a evitare comportamenti alimentari disfunzionali.

Come praticarlo:

- Mangia lentamente, prestando attenzione ai sapori, agli odori, alle texture e ai colori del cibo.

- Ascolta i segnali di fame e sazietà del tuo corpo per evitare di mangiare troppo o troppo poco.

Creazione di una Routine Serale Rilassante

Sviluppare una routine serale che promuova il rilassamento può migliorare la qualità del sonno e ridurre lo stress. Attività come leggere, fare un bagno caldo o praticare tecniche di rilassamento prima di coricarsi possono aiutare a segnalare al corpo che è il momento di rallentare e prepararsi al riposo.

Come praticarla:

- Stabilisci una routine serale che inizi allo stesso orario ogni sera per aiutare a regolare il tuo orologio biologico.

- Scegli attività che trovi personalmente rilassanti e dedica del tempo a distenderti prima di andare a letto.

Integrando queste pratiche nel tuo stile di vita, puoi creare un approccio olistico alla gestione dello stress che tiene conto non solo delle tecniche di respirazione e rilassamento, ma anche dell'importanza della nutrizione, dell'idratazione, e di abitudini quotidiane salutari. Questo approccio multifacettato non solo può aiutare a calmare la mente e ridurre lo stress ma anche a promuovere un senso generale di benessere e armonia nella vita quotidiana.

Proseguendo nell'esplorazione delle strategie per ridurre lo stress e calmare la mente, è cruciale sottolineare l'importanza del sonno nella gestione dello stress e nel mantenimento del benessere generale. Il sonno di qualità gioca un ruolo fondamentale nel permettere al corpo e alla mente di riposarsi, ripararsi e rigenerarsi, influenzando direttamente la nostra capacità di gestire lo stress durante il giorno.

Ottimizzazione dell'Ambiente di Sonno

Creare un ambiente favorevole al sonno è essenziale per migliorare la qualità del riposo notturno. Ciò include la regolazione di fattori ambientali come luce, suono e temperatura.

Come praticarlo:

- Assicurati che la tua camera da letto sia buia, tranquilla e fresca. Utilizza tende oscuranti, tappi per le orecchie o macchine del rumore bianco se necessario e regola la temperatura per massimizzare il comfort.

- Investi in un materasso e cuscini comodi che supportino una postura corretta del sonno.

Stabilire una Routine Pre-Sonno Consistente

Una routine pre-sonno può segnalare al tuo corpo che è il momento di iniziare a rilassarsi e prepararsi al sonno. Incorporare attività rilassanti può facilitare la transizione verso un sonno profondo e riposante.

Come praticarlo:

- Svolgi attività rilassanti come leggere, ascoltare musica calma o fare esercizi di respirazione prima di andare a letto.

- Evita schermi luminosi e attività stimolanti almeno un'ora prima di coricarti per ridurre l'esposizione alla luce blu, che può interferire con i ritmi circadiani.

Limitazione di Caffeina e Alcol

Caffeina e alcol possono avere effetti significativi sul sonno, influenzando la capacità di addormentarsi e la qualità del sonno durante la notte.

Come praticarlo:

- Limita il consumo di caffeina al mattino o al primo pomeriggio al massimo, evitando bevande caffeinate nelle ore serali.

- Moderare o evitare l'alcol, specialmente vicino all'orario di andare a letto, poiché può disturbare il ciclo del sonno.

Pratica Regolare di Attività Fisica

L'attività fisica regolare è un altro elemento chiave per migliorare la qualità del sonno e ridurre lo stress. L'esercizio può aiutare a regolare i ritmi circadiani, promuovendo un sonno più riposante.

Come praticarlo:

- Incorpora attività fisica moderata nella tua routine quotidiana, preferibilmente al mattino o nel primo pomeriggio. Evita esercizi intensi nelle ore serali, poiché possono essere troppo stimolanti prima del sonno.

Tecniche di Rilassamento Mirate al Miglioramento del Sonno

Tecniche di rilassamento specifiche possono essere particolarmente utili per coloro che lottano con l'insonnia o con difficoltà a rilassarsi prima di coricarsi.

Come praticarlo:

- Esplora tecniche come la meditazione guidata per il sonno, la visualizzazione rilassante o il rilassamento muscolare progressivo specificamente prima di andare a letto per facilitare il rilassamento e preparare il corpo al sonno.

Integrare queste pratiche nel contesto di una vita quotidiana attenta alla riduzione dello stress e alla promozione del benessere può portare a miglioramenti significativi nella qualità del sonno, nella gestione dello stress e nel benessere generale. Ricordando che la qualità del sonno è tanto importante quanto la quantità, focalizzarsi su strategie mirate per migliorare entrambi gli aspetti può avere effetti trasformativi sul benessere psicologico e fisico.

In conclusione, l'integrazione di tecniche di respirazione e rilassamento, insieme a pratiche di cura personale attentamente selezionate, forma un approccio olistico essenziale per la riduzione dello stress e il miglioramento del benessere generale. Queste strategie, abbracciando la respirazione consapevole, l'esercizio fisico, la nutrizione, il sonno e la mindfulness, offrono una fondazione solida per affrontare efficacemente le tensioni quotidiane e promuovere una salute mentale e fisica ottimale.

Ampliamento della Respirazione e del Rilassamento

Le tecniche di respirazione, come la respirazione diaframmatica, 4-7-8 e la respirazione alternata delle narici, offrono metodi immediati per calmare il sistema nervoso e ridurre i livelli di stress. La pratica regolare di queste tecniche può migliorare la risposta allo stress a lungo termine e aumentare la consapevolezza corporea e emotiva.

Importanza dell'Ambiente e delle Routine

La creazione di ambienti favorevoli al rilassamento e allo sviluppo di routine pre-sonno coerenti sono fondamentali per un riposo notturno di qualità, essenziale per la rigenerazione mentale e fisica. La cura nell'allestire uno spazio di riposo ottimale e la pratica di attività rilassanti possono significativamente migliorare la qualità del sonno e, di conseguenza, la capacità di gestione dello stress.

Ruolo della Nutrizione e dell'Idratazione

L'adozione di abitudini alimentari salutari e una corretta idratazione giocano un ruolo cruciale nel modulare l'umore e la resistenza allo stress. Una dieta bilanciata, ricca di nutrienti essenziali, supporta il funzionamento ottimale del corpo e della mente, mentre una buona idratazione mantiene l'equilibrio fisico e mentale.

Attività Fisica e Pratiche Olistiche

L'attività fisica regolare, insieme a pratiche olistiche come lo yoga, il qi gong e il tai chi, promuove il benessere fisico e mentale attraverso il movimento consapevole e la respirazione. Queste attività non solo migliorano la forza e la flessibilità ma anche aiutano a ridurre il livello di stress percepito e a migliorare la concentrazione e la presenza mentale.

Strategie Complementari di Rilassamento

L'impiego di strategie complementari come la visualizzazione guidata, il biofeedback, l'aromaterapia e il mindful eating può arricchire ulteriormente l'arsenale di tecniche a disposizione per combattere lo stress. Ognuna di queste pratiche offre un percorso unico verso il rilassamento e una maggiore consapevolezza di sé, consentendo un approccio personalizzato al benessere.

Sviluppo della Resilienza Emotiva

Infine, lo sviluppo della resilienza emotiva attraverso l'accettazione della vulnerabilità, il perdono, la crescita post-traumatica e il sostegno delle reti sociali rappresenta una componente fondamentale nella gestione dello stress e nella promozione del benessere a lungo termine. La capacità di affrontare le sfide emotive con grazia, di cercare significato nelle avversità e di connettersi con gli altri in modi significativi può trasformare profondamente l'esperienza dello stress, conducendo a una vita più ricca e soddisfacente.

In sintesi, attraverso l'applicazione consapevole e la combinazione di queste tecniche e pratiche, è possibile costruire una base solida per una vita meno stressante e più equilibrata. L'impegno nel prendersi cura di sé su più livelli – fisico, mentale, emotivo e spirituale – non solo aiuta a navigare le sfide quotidiane con maggiore facilità ma apre anche la porta a un'esistenza più consapevole, gioiosa e appagante.

7. La scienza dietro il pensiero positivo - Esaminare le ricerche che supportano i benefici del pensiero positivo sulla salute mentale e fisica.

Il pensiero positivo è stato oggetto di numerosi studi scientifici che hanno esplorato i suoi effetti sulla salute mentale e fisica. Queste ricerche hanno contribuito a delineare un quadro sempre più chiaro dei benefici tangibili associati all'adozione di un atteggiamento mentalmente positivo. Di seguito, esaminiamo alcune delle scoperte principali che supportano i benefici del pensiero positivo.

Effetti sulla Salute Fisica

- **Miglioramento del Sistema Immunitario**: Uno studio pubblicato sul "Psychosomatic Medicine" ha evidenziato che gli individui con un orientamento positivo tendono a avere risposte immunitarie più forti. In particolare, è stato osservato che gli studenti universitari con un'attitudine più ottimistica avevano una migliore risposta immunitaria rispetto ai loro coetanei più pessimisti.

- **Riduzione del Rischio di Malattie Cardiache**: La ricerca ha dimostrato che l'ottimismo può avere un impatto positivo sulla salute cardiovascolare. Uno studio longitudinale su oltre 97.000 donne, pubblicato nel

"Circulation" dell'American Heart Association, ha rilevato che le donne ottimiste avevano un rischio significativamente inferiore di sviluppare malattie coronariche rispetto alle donne più pessimiste.

Effetti sulla Salute Mentale

- **Riduzione di Stress e Ansia**: Le tecniche di pensiero positivo, come la ristrutturazione cognitiva e il riconoscimento attivo delle proprie realizzazioni, sono state collegate a riduzioni significative nei livelli di stress e ansia. La focalizzazione su pensieri e risultati positivi aiuta a mitigare l'effetto delle sfide quotidiane sulla salute mentale.

- **Miglioramento della Resilienza**: La ricerca suggerisce che gli individui che praticano il pensiero positivo tendono a mostrare maggiore resilienza di fronte alle avversità. Uno studio pubblicato su "American Psychologist" ha esaminato come le persone che interpretano gli eventi stressanti in modo più positivo riescono a recuperare più rapidamente da tali eventi e a sperimentare meno stress complessivo.

Longevità e Qualità della Vita

- **Aumento della Longevità**: Diversi studi hanno correlato l'ottimismo a una maggiore longevità. Una ricerca pubblicata su "The Proceedings of the National Academy of

Sciences" ha scoperto che gli individui con un approccio positivo alla vita tendono a vivere più a lungo e a godere di una migliore qualità della vita negli anni avanzati.

- **Miglioramento della Qualità del Sonno**: La positività è stata associata anche a una migliore qualità del sonno. Uno studio pubblicato su "Behavioral Medicine" ha rivelato che le persone ottimiste riportano una migliore qualità e durata del sonno rispetto agli individui più pessimisti.

Benefici Interpersonali

- **Miglioramento delle Relazioni**: L'atteggiamento positivo non solo migliora il benessere individuale ma influisce anche positivamente sulle relazioni interpersonali. Gli individui ottimisti tendono ad avere interazioni sociali più soddisfacenti, come dimostrato da uno studio pubblicato su "Journal of Personality and Social Psychology", che suggerisce che l'ottimismo facilita la creazione di legami sociali più forti e di maggiore supporto.

In sintesi, la scienza dietro il pensiero positivo offre evidenze convincenti dei suoi benefici sia sulla salute mentale sia su quella fisica. Sebbene il pensiero positivo da solo non possa sostituire le terapie mediche o psicologiche per condizioni specifiche, rappresenta una potente strategia complementare che può migliorare significativamente la qualità della vita, promuovere la salute e la longevità, e rafforzare la resilienza di fronte alle sfide della vita.

Approfondendo ulteriormente la scienza del pensiero positivo, è fondamentale esplorare come queste pratiche influenzino il funzionamento del cervello, le strategie di coping e il benessere psicologico generale. Gli studi nel campo della psicologia positiva e delle neuroscienze hanno offerto nuove prospettive su come l'ottimismo e un approccio positivo alla vita possano modellare le nostre esperienze e i percorsi neurali associati alla felicità e alla soddisfazione.

Neuroplasticità e Pensiero Positivo

La ricerca sul cervello ha rivelato che il pensiero positivo può influenzare la struttura e il funzionamento del nostro cervello attraverso il processo di neuroplasticità. La pratica regolare di pensieri e atteggiamenti positivi può rafforzare le aree del cervello associate alla regolazione delle emozioni e alla resilienza, come l'ippocampo e la corteccia prefrontale.

Implicazioni per la Pratica:

- Integrare nella routine quotidiana esercizi di pensiero positivo, come la gratitudine o la visualizzazione positiva, può contribuire a rinforzare queste aree cerebrali, migliorando la capacità di gestire lo stress e di mantenere un atteggiamento ottimistico di fronte alle sfide.

Effetti sul Sistema Endocrino

L'adozione di un atteggiamento positivo può avere effetti significativi anche sul sistema endocrino, influenzando la produzione di ormoni legati allo stress, come il cortisolo, e ormoni associati al benessere, come la serotonina e l'ossitocina. Gli studi hanno dimostrato che l'ottimismo può aiutare a moderare la risposta allo stress, riducendo la secrezione di cortisolo e promuovendo un senso di calma e contentezza.

Implicazioni per la Pratica:

- L'adozione di pratiche di rilassamento e di meditazione può aiutare a bilanciare la produzione ormonale, supportando un approccio più positivo alla vita e migliorando la salute fisica e mentale.

Miglioramento delle Strategie di Coping

Il pensiero positivo influisce profondamente sulle strategie di coping adottate di fronte alle avversità. Gli individui ottimisti tendono a utilizzare strategie di coping più adattive, come la risoluzione dei problemi e la ricerca di supporto sociale, piuttosto che strategie evitative o basate sulla negazione.

Implicazioni per la Pratica:

- Sviluppare consapevolmente un atteggiamento ottimista può incoraggiare l'adozione di strategie di coping più efficaci, migliorando la resilienza e la capacità di affrontare positivamente le sfide.

Benefici sul Benessere Psicologico

Il pensiero positivo contribuisce a un miglioramento complessivo del benessere psicologico, riducendo l'incidenza di disturbi come l'ansia e la depressione e aumentando i livelli di felicità e soddisfazione per la vita. Questo aspetto è supportato da numerosi studi che hanno esaminato l'impatto dell'ottimismo sul benessere generale.

Implicazioni per la Pratica:

- Incoraggiare attività e pratiche che promuovono il pensiero positivo, come la scrittura di un diario della gratitudine o la partecipazione a gruppi di supporto positivo, può essere una strategia efficace per migliorare il benessere mentale e fisico.

In conclusione, la vasta gamma di ricerche sul pensiero positivo illustra come un approccio ottimistico e una focalizzazione sulle esperienze positive possano avere benefici profondi e duraturi sulla salute mentale e fisica. La comprensione dei meccanismi sottostanti, dalla neuroplasticità agli effetti ormonali e alle strategie di coping, fornisce una base scientifica solida che supporta l'integrazione del pensiero positivo nelle strategie di benessere personale. Questo corpus di conoscenze sottolinea l'importanza di coltivare un atteggiamento positivo come parte integrante di un approccio olistico alla salute e al benessere.

Continuando ad approfondire l'importanza e l'impatto del pensiero positivo sulla salute mentale e fisica, emerge che l'integrazione di pratiche consapevoli e l'accento sulla costruzione di una mentalità resiliente possono ulteriormente amplificare i benefici del pensiero positivo. Questo approccio olistico incoraggia non solo l'ottimismo ma anche la crescita personale e lo sviluppo di una forte resilienza emotiva.

La Pratica della Consapevolezza e del Pensiero Positivo

La mindfulness, o la consapevolezza piena, gioca un ruolo cruciale nell'approfondire la comprensione e l'applicazione del pensiero positivo. Praticare la mindfulness può aiutare gli individui a diventare più consapevoli dei propri schemi di pensiero automatici, molti dei quali possono essere negativi o auto-sabotanti, e a sostituirli gradualmente con approcci più positivi e costruttivi.

Implicazioni per la Pratica:

- Dedicare tempo alla meditazione quotidiana o ad altre pratiche di consapevolezza per osservare e riconoscere i pensieri negativi senza giudizio, aprendo spazio per un cambio di prospettiva verso l'ottimismo e il riconoscimento delle possibilità positive.

Sviluppo della Resilienza Emotiva tramite il Pensiero Positivo

Il pensiero positivo contribuisce significativamente allo sviluppo della resilienza emotiva, dotando gli individui della capacità di recuperare rapidamente dalle avversità. La resilienza, potenziata dall'ottimismo, non nega la presenza di sfide o difficoltà ma permette una gestione più efficace delle situazioni stressanti, vedendole come opportunità di apprendimento e crescita.

Implicazioni per la Pratica:

- Implementare abitudini quotidiane che rinforzano la resilienza, come fissare obiettivi realistici, cercare il lato positivo nelle situazioni difficili e coltivare relazioni di supporto, può aiutare a mantenere un atteggiamento positivo anche nei momenti di sfida.

Effetti del Pensiero Positivo sull'Autostima e sull'Immagine di Sé

Il pensiero positivo ha anche un impatto diretto sull'autostima e sull'immagine di sé. Un atteggiamento intrinsecamente positivo può nutrire una visione di sé più amorevole e accettante, migliorando la fiducia in se stessi e il senso di valore personale.

Implicazioni per la Pratica:

- Praticare l'affermazione di sé e l'autocompassione, riconoscendo i propri successi e trattandosi con gentilezza e comprensione nei momenti di fallimento o incertezza, può rafforzare l'autostima e promuovere un atteggiamento positivo costante.

Il Ruolo delle Relazioni Sociali nel Rinforzare il Pensiero Positivo

Le relazioni sociali svolgono un ruolo fondamentale nel sostenere e rinforzare il pensiero positivo. Essere circondati da persone che condividono un approccio ottimistico alla vita può stimolare ulteriormente la propria inclinazione al pensiero positivo, creando un ambiente di sostegno reciproco e di incoraggiamento.

Implicazioni per la Pratica:

- Coltivare e mantenere relazioni con individui che esprimono atteggiamenti positivi e supportivi può rafforzare la propria capacità di rimanere focalizzati su prospettive positive e obiettivi di crescita personale.

In conclusione, l'approfondimento della scienza dietro il pensiero positivo rivela una rete intricata di benefici che si estendono oltre la semplice riduzione dello stress o del miglioramento dell'umore. Attraverso la pratica della consapevolezza, lo sviluppo della resilienza emotiva, l'incremento dell'autostima e il sostegno delle relazioni sociali positive, il pensiero positivo diventa

una pietra angolare per un benessere complessivo e
una vita soddisfacente. Questo cammino richiede
dedizione e pratica, ma i benefici a lungo termine per la
salute mentale e fisica possono trasformare
profondamente la qualità della nostra vita quotidiana.

Proseguendo nell'esame dell'impatto del pensiero
positivo, diventa rilevante esplorare come
l'incorporazione di pratiche di gratitudine e l'adozione
di un mindset di crescita possano amplificare
ulteriormente i benefici del pensiero positivo sulla
salute mentale e fisica. Questi approcci, insieme
all'importanza della narrazione personale positiva,
offrono percorsi aggiuntivi per ottimizzare l'efficacia
del pensiero positivo nella promozione del benessere.

Pratiche di Gratitudine

La gratitudine, intesa come il riconoscimento e
l'apprezzamento per gli aspetti positivi della vita, è
strettamente legata al pensiero positivo e ha
dimostrato di avere effetti benefici sia sulla salute fisica
che su quella mentale. Le pratiche di gratitudine
possono aumentare i sentimenti di benessere, ridurre
lo stress e migliorare la qualità del sonno.

Implicazioni per la Pratica:

- Mantenere un diario della gratitudine,
  annotando quotidianamente tre cose per cui si è
  grati, può aiutare a spostare il focus dai problemi
  e dalle preoccupazioni verso gli aspetti positivi
  della vita.

- Esprimere gratitudine agli altri, attraverso parole o gesti, può rafforzare le relazioni e promuovere esperienze sociali positive.

Mindset di Crescita

Il mindset di crescita, l'idea che le abilità e le intelligenze possano essere sviluppate attraverso la dedizione e il duro lavoro, è un concetto che si allinea bene con il pensiero positivo. Adottare un mindset di crescita può incoraggiare una visione più positiva dei fallimenti e delle sfide come opportunità per imparare e crescere, piuttosto che come limiti insormontabili.

Implicazioni per la Pratica:

- Riflettere sui fallimenti passati come opportunità di apprendimento può aiutare a sviluppare una prospettiva più ottimistica e resiliente di fronte alle avversità.

- Stabilire obiettivi di crescita personale e professionale può fornire direzione e motivazione, promuovendo un senso di progresso e realizzazione.

Narrazione Personale Positiva

La narrazione personale positiva, il processo di raccontare la propria storia da una prospettiva ottimistica, può influenzare profondamente l'autopercezione e il benessere emotivo. Questo approccio incoraggia l'individuo a reinterpretare le proprie esperienze di vita in modi che evidenziano la resilienza, il superamento delle sfide e il crescere attraverso le difficoltà.

Implicazioni per la Pratica:

- Praticare l'autoriflessione per riconoscere e riscrivere gli aspetti negativi della propria storia personale da una prospettiva di forza e superamento.

- Condividere le proprie storie di resilienza e successo con gli altri può non solo rafforzare la propria autostima ma anche ispirare e motivare chi ascolta.

Impatto del Pensiero Positivo sull'Ambiente Sociale

L'effetto del pensiero positivo si estende oltre il singolo individuo, influenzando l'ambiente sociale circostante. Mantenere un atteggiamento positivo può avere un effetto contagioso, migliorando l'umore e il benessere generale di chi ci circonda e creando un ambiente più supportivo e ottimista.

Implicazioni per la Pratica:

- Essere un esempio di pensiero positivo per gli altri, praticando e condividendo attivamente atteggiamenti e comportamenti ottimisti.

- Incoraggiare pratiche di gratitudine, mindset di crescita e narrazione positiva all'interno delle comunità e dei gruppi di cui si fa parte per promuovere un benessere collettivo.

In conclusione, l'integrazione di pratiche di gratitudine, l'adozione di un mindset di crescita, l'impegno in una narrazione personale positiva e l'influenza positiva sull'ambiente sociale arricchiscono la comprensione e l'applicazione del pensiero positivo. Questi elementi, combinati con una costante pratica di pensiero positivo, possono offrire un percorso complesso e ricco verso il miglioramento del benessere psicologico e fisico, delineando un approccio olistico che abbraccia e valorizza la potenza trasformativa dell'ottimismo nella vita di ogni giorno.

Approfondendo ulteriormente il vasto tema del pensiero positivo e il suo impatto sul benessere, diventa evidente che l'adozione di una mentalità orientata al positivo può anche migliorare le capacità di problem-solving e la creatività. Questi aspetti, integrati con le pratiche precedentemente discusse, offrono un quadro completo su come il pensiero positivo possa essere un catalizzatore di cambiamento personale e professionale.

Potenziamento delle Capacità di Problem-Solving

La ricerca ha dimostrato che l'ottimismo e il pensiero positivo possono migliorare le capacità di problem-solving, rendendo gli individui più aperti a diverse soluzioni e più efficaci nel trovare risposte creative ai problemi. Questo accade perché un atteggiamento positivo aiuta a ridurre l'ansia associata alle sfide, permettendo alla mente di esplorare un ventaglio più ampio di possibilità senza essere intralciata dal timore del fallimento.

Implicazioni per la Pratica:

- Quando affronti un problema, avvicinati con un atteggiamento di apertura e curiosità, considerando la situazione come un'opportunità di apprendimento piuttosto che un ostacolo insormontabile.

- Utilizza tecniche di brainstorming o mappe mentali per esplorare soluzioni creative, mantenendo un focus positivo sulle potenziali opportunità che ogni sfida può presentare.

Stimolazione della Creatività

Un ambiente mentale positivo non solo facilita la risoluzione dei problemi ma può anche stimolare la creatività. Le persone che mantengono un approccio ottimistico tendono a essere più aperte a nuove esperienze e idee, un fattore chiave nella promozione del pensiero creativo. L'ottimismo può quindi fungere da stimolo per l'innovazione e la scoperta, sia nella vita personale che professionale.

Implicazioni per la Pratica:

- Dedica tempo a hobby o attività che stimolano la creatività, come l'arte, la scrittura o il design, per nutrire un approccio mentale aperto e flessibile.

- Incoraggia sessioni di brainstorming in team o dialoghi aperti in ambienti di lavoro per promuovere una cultura dell'innovazione e della creatività.

Effetti del Pensiero Positivo sull'Autoefficacia

Il pensiero positivo ha un impatto diretto sull'autoefficacia, ovvero la convinzione nelle proprie capacità di raggiungere gli obiettivi. Gli individui che credono nella propria efficacia tendono a impostare obiettivi più ambiziosi, a persistere di fronte alle difficoltà e a mostrare maggiore resilienza.

Implicazioni per la Pratica:

- Stabilisci obiettivi chiari e misurabili che riflettano un atteggiamento positivo verso la crescita personale e professionale.

- Celebra i successi, anche quelli piccoli, per rafforzare la convinzione nelle tue capacità e mantenere una prospettiva positiva sulle future sfide.

L'Importanza del Feedback Positivo

Il feedback positivo, sia auto-generato sia ricevuto dagli altri, può rafforzare ulteriormente il pensiero positivo e l'autoefficacia. Riconoscere i propri progressi e successi, così come ricevere riconoscimenti esterni, rafforza la motivazione e alimenta un ciclo virtuoso di ottimismo e miglioramento continuo.

Implicazioni per la Pratica:

- Pratica l'auto-riflessione per riconoscere i tuoi successi e apprendimenti, indipendentemente dalla loro grandezza.

- Crea un ambiente di sostegno, sia in famiglia sia sul lavoro, dove il feedback positivo viene condiviso liberamente, promuovendo un senso di apprezzamento e riconoscimento reciproco.

In sintesi, l'esplorazione approfondita del pensiero positivo svela la sua potenza trasformativa non solo sul benessere personale ma anche sulle capacità cognitive, creative e sociali degli individui. Implementando consapevolmente pratiche che promuovono un approccio positivo alla vita, si possono sbloccare livelli più profondi di soddisfazione personale, resilienza e successo. La chiave sta nell'integrare queste pratiche nella vita quotidiana, riconoscendo che il percorso verso il pensiero positivo è un viaggio continuo di crescita e scoperta.

In conclusione, l'approfondimento della scienza dietro il pensiero positivo rivela un vasto campo di benefici che trascendono il mero ottimismo superficiale, radicandosi profondamente nelle dinamiche della nostra salute mentale e fisica, nelle capacità cognitive, nella creatività, nell'autoefficacia e nelle interazioni sociali. La ricerca in questo ambito dimostra come un approccio mentale positivo possa influenzare positivamente la neuroplasticità, migliorare la funzione immunitaria, potenziare la resilienza emotiva, stimolare la creatività, ottimizzare le strategie di coping, e arricchire la qualità delle nostre relazioni.

Impatto Comprehensivo sulla Salute e sul Benessere

Il pensiero positivo, corroborato da evidenze scientifiche, sostiene un'ampia gamma di effetti benefici sulla salute fisica, riducendo il rischio di malattie croniche, migliorando la risposta immunitaria e promuovendo una maggiore longevità. Parallelamente, esso agisce come un baluardo contro lo stress, l'ansia e la depressione, arricchendo il nostro benessere emotivo e psicologico.

Effetti Sulla Neuroplasticità e le Capacità Cognitive

La capacità del pensiero positivo di modulare la struttura e il funzionamento del cervello attraverso la neuroplasticità apre nuove prospettive sulla relazione tra atteggiamento mentale e capacità cognitive. L'ottimismo non solo migliora la resilienza e la regolazione emotiva ma amplifica anche le capacità di problem-solving e creatività, elementi chiave per l'adattamento e la crescita personale.

Ruolo nell'Autoefficacia e nel Successo Personale

L'impatto del pensiero positivo sull'autoefficacia e sulla percezione di sé evidenzia come un approccio mentale ottimistico possa trasformare sfide in opportunità, promuovendo la persistenza, l'ambizione e la realizzazione di obiettivi. L'autoefficacia, rafforzata da un ciclo di feedback positivo e successi riconosciuti, gioca un ruolo cruciale nel motivare azioni proattive verso il successo e la soddisfazione personale.

Potenziamento delle Relazioni Interpersonali

Infine, il pensiero positivo influenza profondamente la qualità delle nostre interazioni sociali e la costruzione di reti di sostegno. Promuovendo l'empatia, la gratitudine e l'apprezzamento reciproco, un atteggiamento positivo può migliorare le relazioni esistenti e facilitare nuove connessioni, arricchendo così la nostra vita sociale e il senso di appartenenza alla comunità.

In sintesi, il pensiero positivo emerge come una pratica trasformativa che, quando coltivata consapevolmente, può portare a miglioramenti significativi in tutte le aree della vita. Questo approccio non nega l'esistenza di sfide o difficoltà ma offre gli strumenti per affrontarle con resilienza, creatività e speranza. Integrando pratiche di pensiero positivo nella routine quotidiana, insieme alla mindfulness, alla gratitudine, al riconoscimento delle proprie capacità e al rafforzamento delle relazioni sociali, possiamo costruire una base solida per una vita piena, soddisfacente e ricca di significato. La chiave del successo risiede nella costanza, nella pratica quotidiana e nella volontà di adottare un atteggiamento aperto e ricettivo al cambiamento e alla crescita personale.

8. Strategie per sfidare i pensieri negativi - Offrire strategie pratiche per identificare, sfidare e ristrutturare i pensieri negativi.

Sfidare e ristrutturare i pensieri negativi è essenziale per migliorare il benessere emotivo e promuovere una visione più positiva della vita. Questo processo coinvolge l'identificazione dei pensieri negativi automatici, la sfida delle loro basi e la ristrutturazione di tali pensieri in modi più realistici e positivi. Ecco alcune strategie pratiche per affrontare i pensieri negativi:

Identificazione dei Pensieri Negativi

- **Tieni un Diario dei Pensieri**: Registra i momenti in cui sperimenti emozioni negative e annota i pensieri che li accompagnano. Questo ti aiuterà a identificare schemi di pensiero negativo ricorrenti.

- **Riconosci le Distorsioni Cognitive**: Familiarizza con le distorsioni cognitive comuni, come la catastrofizzazione, la generalizzazione eccessiva o il filtraggio negativo. Impara a riconoscere quando i tuoi pensieri potrebbero essere influenzati da queste distorsioni.

Sfida dei Pensieri Negativi

- **Interroga i tuoi Pensieri**: Quando identifichi un pensiero negativo, chiediti: "Quali prove ho che questo pensiero sia vero? Quali prove ho che sia falso?". Questo può aiutarti a valutare i tuoi pensieri più obiettivamente.

- **Considera Alternative**: Chiediti se esistono spiegazioni alternative o modi più positivi di interpretare la situazione. Questo ti aiuta a vedere le cose da prospettive diverse e spesso più positive.

- **Utilizza il Pensiero Basato sulle Prove**: Concentrati su fatti concreti piuttosto che su interpretazioni soggettive. Ciò può aiutare a ridurre l'impatto emotivo dei pensieri negativi.

Ristrutturazione dei Pensieri Negativi

- **Riformula i Pensieri in Modo Positivo**: Trasforma i pensieri negativi in affermazioni positive o neutrali che riflettano una visione più equilibrata della situazione.

- **Pratica l'Autocompassione**: Sostituisci l'autocritica con parole di incoraggiamento e comprensione verso te stesso. Ricorda che è umano commettere errori e affrontare sfide.

- **Stabilisci Obiettivi Realistici**: Imposta obiettivi raggiungibili che ti permettano di sfidare e superare i pensieri negativi. Celebrare i piccoli successi può rafforzare la fiducia in te stesso.

Sviluppo di una Mentalità Positiva

- **Meditazione e Mindfulness**: Pratiche come la meditazione e la mindfulness possono aumentare la consapevolezza dei pensieri e delle emozioni e aiutare a creare uno spazio tra te e i tuoi pensieri, riducendo il loro impatto.

- **Esposizione Graduale**: Affronta gradualmente le situazioni che temi o che eviti a causa di pensieri negativi. Questo può aiutare a ridurre l'ansia associata e a costruire la fiducia nelle tue capacità di coping.

Supporto Esterno

- **Cerca Supporto**: Parlare con amici fidati, familiari o un terapeuta può offrire nuove prospettive sui tuoi pensieri negativi e sulle situazioni che affronti, oltre a fornire sostegno e comprensione.

Implementare queste strategie richiede pratica e pazienza, ma con il tempo possono significativamente migliorare il modo in cui percepisci te stesso, le tue esperienze e il mondo intorno a te. Affrontare i pensieri negativi non solo può alleviare lo stress e l'ansia ma può anche aprire la strada a un maggiore benessere emotivo, una maggiore fiducia in se stessi e una visione della vita più positiva e realistica.

Proseguendo nell'esplorazione delle strategie per affrontare e ristrutturare i pensieri negativi, è cruciale esaminare l'importanza di sviluppare una routine quotidiana che integri pratiche di benessere mentale. Questo approccio preventivo non solo aiuta a gestire i pensieri negativi quando emergono ma promuove anche una resilienza a lungo termine contro lo stress e l'ansia.

Stabilire una Routine di Benessere Mentale Quotidiana

- **Pratica Quotidiana della Gratitudine**: Inizia o termina la giornata elencando tre cose per cui sei grato. Questa semplice pratica può spostare l'attenzione dai pensieri negativi ai positivi, migliorando l'umore e il senso di benessere.

- **Esercizi di Respirazione e Rilassamento**: Incorpora nella tua routine quotidiana momenti dedicati a tecniche di respirazione profonda o a esercizi di rilassamento, come il rilassamento muscolare progressivo. Queste tecniche possono ridurre il livello di stress percepito e creare una maggiore distanza emotiva dai pensieri negativi.

Incrementare la Connettività Sociale

- **Cultiva Relazioni Positive**: Trascorri tempo con persone che ti sollevano e ti supportano. Le interazioni positive possono migliorare l'umore e offrire prospettive diverse sui problemi, contribuendo a ridimensionare i pensieri negativi.

- **Partecipazione a Gruppi di Supporto**: L'adesione a gruppi di supporto o comunità online con interessi simili può fornire un senso di appartenenza e un contesto condiviso per esplorare strategie di coping positive.

Promuovere l'Attività Fisica Regolare

- **Esercizio Fisico Come Antistress**: L'attività fisica regolare, come camminare, correre, o praticare yoga, può avere effetti positivi significativi sulla salute mentale, riducendo ansia e depressione e migliorando l'umore attraverso la liberazione di endorfine.

- **Integra l'Esercizio nella Routine Quotidiana**: Anche brevi periodi di attività fisica possono essere benefici. Considera l'integrazione di brevi passeggiate durante le pause lavorative o esercizi di stretching mattutini per iniziare la giornata con energia positiva.

Sviluppare Abilità di Mindfulness

- **Pratiche Quotidiane di Mindfulness**: Dedica tempo ogni giorno alla pratica della mindfulness, attraverso la meditazione, l'attenzione consapevole alle attività quotidiane o esercizi di consapevolezza del momento presente. Queste pratiche possono aiutare a osservare i pensieri negativi senza giudizio, riducendo il loro impatto emotivo.

- **Applicazioni e Corsi Online**: Esplora l'uso di applicazioni di meditazione e mindfulness o iscriviti a corsi online per sviluppare e approfondire la tua pratica.

Favorire l'Equilibrio Vita-Lavoro

- **Stabilisci Confini Chiari**: Imposta confini chiari tra il lavoro e il tempo personale per prevenire l'overload di stress e preservare spazi dedicati al riposo e al rilassamento.

- **Tecniche di Disconnessione**: Pratica tecniche di disconnessione dalla tecnologia nelle ore serali per migliorare la qualità del sonno e ridurre l'esposizione a stimoli che possono alimentare pensieri negativi.

Implementando queste strategie nella tua vita quotidiana, puoi creare un ambiente di supporto per te stesso che non solo aiuta a gestire i pensieri negativi ma promuove anche un approccio più resiliente e ottimistico di fronte alle sfide. Questo approccio olistico al benessere mentale riconosce l'importanza di un equilibrio tra mente, corpo e ambiente sociale, sottolineando come le pratiche preventive e le routine positive possano rafforzare la capacità di affrontare efficacemente le avversità e i periodi di stress.

Proseguendo nella comprensione delle strategie per contrastare i pensieri negativi, è fondamentale considerare anche l'importanza della flessibilità cognitiva e dell'apertura mentale nel promuovere una visione più equilibrata della vita. Questi aspetti aiutano a navigare attraverso le complessità emotive, facilitando l'adattamento ai cambiamenti e migliorando la capacità di affrontare le sfide con una prospettiva più positiva.

Flessibilità Cognitiva

- **Allenare la Flessibilità Cognitiva**: La flessibilità cognitiva, ovvero la capacità di adattare il proprio pensiero a nuove informazioni o cambi di contesto, può essere migliorata attraverso esercizi che stimolano il pensiero critico e la risoluzione creativa dei problemi. Giocare a giochi di strategia, imparare nuove abilità o lingue, e mettersi in situazioni che richiedono adattamento possono contribuire a sviluppare questa abilità.

- **Applicazione Pratica**: Quando affronti situazioni stressanti o sei bloccato in pensieri negativi, cerca attivamente di cambiare prospettiva. Chiediti se esistono modi alternativi di interpretare la situazione o se puoi adottare un approccio differente per risolvere il problema.

Apertura Mentale

- **Cultivare l'Apertura Mentale**: Mantenere un atteggiamento di curiosità e apertura alle nuove esperienze è fondamentale per contrastare la tendenza ai pensieri negativi. L'apertura mentale incoraggia l'esplorazione di nuove prospettive e la valutazione di situazioni e idee senza pregiudizi.

- **Tecniche di Esplorazione**: Impegnati regolarmente in attività che espandono i tuoi orizzonti e ti espongono a nuove idee, come la lettura, il viaggio, o la partecipazione a workshop e conferenze. Questo può aiutare a rompere il ciclo dei pensieri negativi fornendo nuovi stimoli e prospettive.

Costruzione di una Narrazione Positiva

- **Riscrivere la Propria Storia**: Una tecnica efficace per combattere i pensieri negativi consiste nel riscrivere attivamente la propria narrazione personale. Concentrarsi sugli aspetti positivi delle proprie esperienze e sfide passate può aiutare a formare una visione più ottimistica del proprio percorso di vita.

- **Pratica della Narrazione**: Dedicare del tempo a scrivere o riflettere sulla propria storia da una prospettiva positiva, evidenziando i momenti di crescita, le lezioni apprese e i successi, anche quelli piccoli, può rinforzare un atteggiamento positivo e aumentare la fiducia in se stessi.

Valorizzazione del Momento Presente

- **Praticare la Presenza Mentale**: Imparare a vivere nel momento presente può significativamente ridurre l'impatto dei pensieri negativi legati al passato o alle preoccupazioni per il futuro. La pratica della mindfulness e tecniche di centratura come la respirazione consapevole aiutano a focalizzare l'attenzione sul qui e ora, riducendo lo stress e promuovendo la pace interiore.

- **Esercizi di Mindfulness**: Integra nella tua routine quotidiana momenti di mindfulness, dedicando attenzione piena alle attività quotidiane o praticando la meditazione. Questo può aiutare a coltivare una maggiore consapevolezza del presente e un apprezzamento più profondo per le piccole gioie della vita.

Implementando queste strategie, si può costruire un approccio più flessibile e aperto di fronte alle avversità, promuovendo una resilienza emotiva che facilita la navigazione attraverso i pensieri negativi. La combinazione di flessibilità cognitiva, apertura mentale, narrazione positiva e presenza mentale offre un percorso robusto per il miglioramento del benessere emotivo e la costruzione di una vita più soddisfacente e orientata al positivo. Questo approccio olistico enfatizza l'importanza di affrontare i pensieri negativi non solo attraverso la sfida diretta ma anche attraverso la promozione di una mentalità che abbraccia il cambiamento, la crescita e la gratitudine per l'esperienza umana in tutte le sue sfaccettature.

Proseguendo nell'analisi delle strategie per affrontare i pensieri negativi, è essenziale esaminare il ruolo dell'autenticità e dell'espressione emotiva come componenti chiave per una gestione efficace delle emozioni negative. Riconoscere e accettare i propri sentimenti, senza giudizio o censura, può facilitare un processo di trasformazione personale che permette di affrontare i pensieri negativi in modo più costruttivo.

Autenticità e Accettazione Emotiva

- **Foster Emotional Authenticity**: L'autenticità emotiva, ovvero il permesso di sperimentare e esprimere i propri veri sentimenti, è fondamentale per un'efficace gestione dei pensieri negativi. Nascondere o sopprimere le emozioni può intensificare lo stress interno e portare a una maggiore negatività.

- **Practice Emotional Acceptance**: Pratica l'accettazione delle tue emozioni, riconoscendo che ogni sentimento ha un suo valore e può fornire intuizioni importanti sulle tue esperienze e sulle tue reazioni. L'accettazione non significa rassegnazione, ma piuttosto una consapevole apertura verso l'esplorazione e la comprensione delle proprie emozioni.

Esplorazione Creativa come Via di Elaborazione

- **Incorpora l'Espressione Creativa**: Utilizza forme di espressione creativa come la scrittura, la pittura, la musica o la danza come strumenti per elaborare e trasformare i pensieri negativi. Queste attività possono servire come valvole di sfogo per le emozioni represse e come mezzi per esplorare nuove prospettive sui problemi affrontati.

- **Valorizza il Processo Creativo**: Concentrati sul processo di creazione piuttosto che sull'outcome finale. L'atto di creare può essere in sé terapeutico, offrendo una pausa dai circoli viziosi di pensiero negativo e permettendo una connessione più profonda con il proprio io autentico.

Sviluppo di una Comunicazione Assertiva

- **Pratica la Comunicazione Assertiva**: Sviluppa e pratica abilità di comunicazione assertiva per esprimere i tuoi pensieri e sentimenti in modo chiaro e rispettoso. Questo può aiutare a ridurre i malintesi e a costruire relazioni più autentiche e di supporto, offrendo un ambiente più positivo per la gestione dei pensieri negativi.

- **Seek Supportive Dialogues**: Cerca dialoghi di supporto con amici, familiari o professionisti della salute mentale che possano offrire prospettive esterne costruttive sui tuoi pensieri e emozioni. A volte, esprimere ad alta voce i propri pensieri negativi può aiutare a vederli in una luce diversa e a elaborare strategie efficaci per affrontarli.

Coltivazione della Gioia Quotidiana

- **Identifica Fonti di Gioia Quotidiana**: Fa' un inventario delle piccole cose che ti portano gioia ogni giorno e cerca di incorporarle consapevolmente nella tua routine. Che si tratti di leggere, passare tempo nella natura, o godere di un hobby, questi momenti di felicità possono fungere da contrappeso ai pensieri negativi.

- **Celebrate Small Wins**: Celebra i piccoli successi e i progressi quotidiani. Riconoscere e valorizzare anche i minimi avanzamenti può aumentare la motivazione e promuovere una visione più ottimistica della propria crescita e del proprio percorso di vita.

Incorporando queste pratiche e approcci nella tua vita, puoi costruire una base solida per non solo sfidare e trasformare i pensieri negativi ma anche per promuovere un'esistenza caratterizzata da maggiore autenticità, espressione emotiva, creatività e gioia. Questo approccio olistico alla gestione dei pensieri negativi enfatizza la complessità dell'esperienza umana e la ricchezza che deriva dall'accettazione di sé, dall'esplorazione creativa e dalla comunicazione assertiva. Attraverso queste pratiche, è possibile navigare nel paesaggio emotivo con maggiore grazia, resilienza e apertura, trasformando le sfide in opportunità di crescita e scoperta personale.

Mentre proseguiamo nell'approfondire le strategie per contrastare i pensieri negativi, diventa cruciale esaminare il ruolo dell'educazione emotiva e dell'intelligenza emotiva nel riconoscere, comprendere e regolare efficacemente le proprie emozioni. L'educazione emotiva può fornire gli strumenti per navigare il complesso panorama dei nostri stati interni, migliorando la nostra capacità di gestire i pensieri negativi con consapevolezza e competenza.

Educazione Emotiva

- **Imparare il Linguaggio delle Emozioni**: Ampliare il proprio vocabolario emotivo può aiutare a identificare con maggiore precisione i propri stati interni. Riconoscere e nominare le proprie emozioni è il primo passo per gestirle in modo efficace.

- **Esplorare le Cause Sottostanti dei Pensieri Negativi**: Capire le cause profonde dei pensieri negativi, che spesso risiedono in esperienze passate o convinzioni radicate, può offrire intuizioni preziose per affrontarli. Considera di esplorare queste radici attraverso la terapia o l'auto-riflessione guidata.

Sviluppo dell'Intelligenza Emotiva

- **Aumentare la Consapevolezza Emotiva**: Praticare la consapevolezza delle proprie emozioni e di come influenzano i pensieri e i comportamenti. Questo può includere la riflessione quotidiana sulle proprie esperienze emotive e l'osservazione dei modelli di pensiero associati.

- **Migliorare la Regolazione Emotiva**: Sviluppare strategie per calmare se stessi quando si sperimentano emozioni intense o negative.

Tecniche come la respirazione profonda, la mindfulness e la ristrutturazione cognitiva possono essere strumenti potenti in questo processo.

Implementazione di Pratiche di Mindfulness

- **Approfondire la Pratica della Mindfulness**: Integrare la mindfulness nella vita quotidiana non solo come pratica meditativa ma anche come atteggiamento generale di apertura, curiosità e accettazione del presente. Questo aiuta a creare distanza dai pensieri negativi, permettendo una visione più chiara e meno reattiva.

- **Mindfulness nei Momenti di Stress**: Imparare ad applicare la mindfulness nei momenti di stress acuto, prendendo un momento per respirare e osservare i propri pensieri e reazioni senza giudizio. Questo può impedire la spirale dei pensieri negativi e favorire risposte più calme e centrate.

Coltivazione della Compassione Verso Se Stessi e Gli Altri

- **Praticare l'Autocompassione**: Sviluppare un atteggiamento di gentilezza e comprensione verso se stessi, specialmente quando si affrontano fallimenti o difficoltà. L'autocompassione può attenuare l'impatto dei pensieri negativi e promuovere un recupero emotivo più rapido.

- **Estendere la Compassione agli Altri**: Riconoscere che tutti sperimentano sfide e difficoltà può aiutare a sentirsi meno isolati nei propri vissuti negativi. Offrire compassione agli altri può anche rafforzare le relazioni interpersonali e creare un ambiente di sostegno reciproco.

Creazione di un Ambiente di Supporto

- **Circondarsi di Positività**: Scegliere consapevolmente di trascorrere tempo con persone e in ambienti che nutrono positività e sostegno può rafforzare le proprie risorse interne per affrontare i pensieri negativi. L'ambiente gioca un ruolo chiave nel modulare il nostro stato d'animo e le nostre prospettive.

- **Cercare Supporto Professionale quando Necessario**: Non esitare a cercare l'aiuto di un professionista della salute mentale per sviluppare strategie personalizzate per gestire i pensieri negativi. La terapia può offrire spunti profondi e strumenti efficaci per il cambiamento a lungo termine.

Incorporando queste strategie nel proprio percorso di crescita personale, è possibile costruire una base resiliente per affrontare e trasformare i pensieri negativi. Attraverso l'educazione emotiva, lo sviluppo dell'intelligenza emotiva, la pratica della mindfulness, l'esercizio dell'autocompassione e la creazione di un ambiente di supporto, si apre la strada verso una maggiore armonia interiore e un benessere emotivo sostenuto. Questo processo richiede impegno e pratica costante, ma i benefici di una vita vissuta con maggiore positività, consapevolezza e compassione sono incommensurabili.

Ampliando ulteriormente la comprensione e l'approccio per contrastare i pensieri negativi, diventa imperativo esplorare l'importanza di stabilire e mantenere limiti personali sani, così come l'adozione di tecniche di visualizzazione positiva, entrambi strumenti potenti per la gestione del benessere emotivo e la promozione di un pensiero più positivo.

Stabilire e Mantenere Limiti Personali Sani

- **Definizione di Limiti Chiari**: Imparare a stabilire limiti chiari con gli altri riguardo a ciò che è accettabile e ciò che non lo è, contribuisce a proteggere il proprio spazio emotivo e fisico. Questo include la capacità di dire "no" quando necessario e di comunicare le proprie esigenze in modo assertivo.

- **Riflessione sui Propri Limiti**: Dedicare del tempo a riflettere sui propri limiti personali e sulle aree della vita in cui potrebbero essere necessari aggiustamenti. Questo aiuta a identificare situazioni o relazioni che potrebbero contribuire ai pensieri negativi, offrendo l'opportunità di apportare cambiamenti proattivi.

Tecniche di Visualizzazione Positiva

- **Pratica della Visualizzazione Positiva**: Impiegare tecniche di visualizzazione per immaginare se stessi raggiungere obiettivi, superare sfide o vivere esperienze positive. Questo esercizio mentale non solo può migliorare l'umore, ma anche rafforzare la motivazione e la fiducia nelle proprie capacità.

- **Integrazione della Visualizzazione nella Routine Quotidiana**: Trovare momenti durante il giorno per praticare la visualizzazione, come parte della routine mattutina o come pausa rilassante nel corso della giornata. Questo può servire come un potente promemoria dei propri obiettivi e aspirazioni, contrastando i pensieri negativi con immagini mentali positive e incoraggianti.

Coltivazione di un Ambiente Positivo

- **Scegliere Consapevolmente l'Ambiente**: Essere intenzionali nella scelta degli ambienti in cui trascorriamo il nostro tempo, incluse le persone con cui interagiamo, i media che consumiamo e gli spazi fisici in cui viviamo. Un ambiente positivo può nutrire pensieri positivi e ridurre l'esposizione a fonti di negatività.

- **Creare Spazi Personali Ispiratori**:
  Personalizzare gli spazi in cui si vive e si lavora
  con oggetti che evocano felicità, ispirazione e
  calma può avere un impatto significativo
  sull'umore e sulla predisposizione mentale. Ciò
  include l'aggiunta di piante, opere d'arte,
  fotografie e qualsiasi elemento che porti gioia e
  ispirazione.

Applicazione di Tecniche di Affermazione

- **Uso di Affermazioni Positive**: Le
  affermazioni positive sono dichiarazioni potenti
  che possono aiutare a ricalibrare il dialogo
  interno verso un maggiore ottimismo e fiducia.
  Scegliere o creare affermazioni che risuonino con
  i propri valori e obiettivi può rafforzare
  l'autostima e ridurre l'influenza dei pensieri
  negativi.

- **Ripetizione Quotidiana di Affermazioni**:
  Incorporare la ripetizione di affermazioni
  positive nella routine quotidiana, come parte
  della meditazione mattutina o come promemoria
  serale, può cementare questi messaggi nel
  subconscio, influenzando positivamente il
  pensiero e il comportamento.

Attraverso l'adozione di queste strategie avanzate,
inclusa la definizione di limiti personali, la pratica di
visualizzazione positiva, la coltivazione di un ambiente
ispiratore e l'uso di affermazioni, è possibile costruire
un'infrastruttura mentale ed emotiva resiliente. Questo

approccio non solo contrasta efficacemente i pensieri negativi ma promuove anche una visione di vita arricchita da ottimismo, gratitudine e un senso profondo di agenzia personale. Coltivando queste abitudini e tecniche, si può navigare nel flusso della vita con maggiore equilibrio, soddisfazione e benessere, trasformando gli ostacoli in trampolini di lancio per la crescita personale e il raggiungimento degli obiettivi.

Nel proseguire l'esplorazione delle strategie per contrastare i pensieri negativi, è fondamentale considerare l'impatto del coinvolgimento in attività significative e la ricerca di scopo e passione nella vita. Impegnarsi in attività che risonano con i propri valori personali e aspirazioni può non solo offrire una distrazione dai pensieri negativi, ma anche contribuire a costruire un senso di realizzazione e soddisfazione personale.

Impegno in Attività Significative

- **Identificazione delle Proprie Passioni**: Dedicare del tempo alla riflessione per identificare interessi, passioni e valori personali. Questo può aiutare a indirizzare le energie verso attività che sono intrinsecamente gratificanti e allineate con il proprio sé autentico.

- **Coinvolgimento Attivo**: Una volta identificate le proprie passioni, è cruciale impegnarsi attivamente in queste attività. Che si tratti di arte, volontariato, sport, o apprendimento continuo, il coinvolgimento in queste aree può offrire una senso di scopo e di appagamento.

Ricerca di Scopo e Direzione

- **Esplorazione del Proprio Scopo di Vita**: La ricerca di un senso di scopo può essere una potente antidoto ai pensieri negativi. Riflettere su ciò che si vuole ottenere nella vita e su come le proprie azioni possono contribuire a un benessere più ampio può offrire una prospettiva rinnovata e motivante.

- **Stabilire Obiettivi Allineati con il Proprio Scopo**: La definizione di obiettivi a breve e lungo termine che riflettano il proprio scopo di vita può guidare le azioni quotidiane e fornire una chiara direzione. Questo senso di direzione può ridurre la sensazione di stagnazione e promuovere un approccio alla vita più focalizzato e intenzionale.

Sviluppo di Connessioni Sociali Profonde

- **Cura delle Relazioni**: Investire tempo e energia nelle relazioni significative può arricchire enormemente la vita. Le connessioni autentiche offrono supporto, amore e comprensione reciproca, contribuendo a un ambiente in cui i pensieri negativi possono essere espressi e affrontati in modo costruttivo.

- **Creazione di una Comunità di Supporto**: Oltre alle relazioni personali, cercare o costruire comunità di individui con interessi o sfide simili può offrire un ulteriore livello di sostegno e ispirazione. La condivisione delle esperienze e delle strategie di coping può rafforzare il senso di appartenenza e di sostegno reciproco.

Coltivazione di Abitudini di Vita Salutari

- **Adozione di uno Stile di Vita Sano**: Le abitudini quotidiane hanno un impatto diretto sul benessere mentale. Una dieta equilibrata, esercizio fisico regolare, sonno di qualità e tecniche di gestione dello stress possono contribuire a un equilibrio emotivo più stabile, riducendo la vulnerabilità ai pensieri negativi.

- **Riflessione e Adattamento delle Abitudini**: È importante riflettere regolarmente sulle proprie abitudini di vita e apportare modifiche dove necessario. Questo processo di adattamento consapevole può aiutare a mantenere un approccio proattivo alla gestione della salute mentale e fisica.

Attraverso l'integrazione di queste strategie avanzate, che comprendono l'impegno in attività significative, la ricerca di scopo, lo sviluppo di connessioni sociali profonde e la coltivazione di abitudini di vita salutari, si può costruire un approccio olistico alla gestione dei pensieri negativi. Questo non solo migliora la capacità di affrontare direttamente tali pensieri, ma promuove anche un benessere generale, una crescita personale e un senso di appagamento nella vita. Impegnandosi attivamente in queste pratiche, si crea una fondazione solida per una vita caratterizzata da resilienza, soddisfazione e uno spirito positivo.

Proseguendo nell'esplorazione delle strategie per combattere i pensieri negativi, è fondamentale considerare l'importanza di una continua auto-esplorazione e il ruolo della curiosità intellettuale nel promuovere una comprensione più profonda di sé e nel facilitare la trasformazione dei pensieri negativi in una visione più equilibrata e arricchita della propria vita e delle proprie esperienze.

Promozione dell'Auto-Esplorazione

- **Pratica della Riflessione Personale**: Dedicare tempo alla riflessione personale attraverso la scrittura in un diario, la meditazione o semplicemente momenti di quiete può aiutare a comprendere meglio i propri schemi di pensiero, le emozioni e le reazioni a diverse situazioni. Questo tipo di auto-esplorazione favorisce una maggiore consapevolezza di sé e può rivelare fonti sottostanti di pensieri negativi.

- **Adozione di un Approccio Olistico alla Comprensione di Sé**: Considerare tutti gli aspetti della propria vita, inclusi i fattori psicologici, sociali, fisici e spirituali, nel processo di auto-esplorazione. Questo approccio olistico può offrire una visione completa delle cause dei pensieri negativi e delle vie per superarli.

Curiosità Intellettuale e Apprendimento Continuo

- **Cultivare la Curiosità Intellettuale:** Mantenere un atteggiamento di curiosità nei confronti del mondo circostante e di sé stessi può aprire a nuove prospettive e ridurre l'impatto dei pensieri negativi. L'apprendimento continuo e l'esplorazione di nuovi interessi stimolano il cervello e possono portare a una maggiore sensazione di realizzazione e benessere.

- **Impegno nell'Apprendimento Continuo:** Iscriversi a corsi, leggere libri, partecipare a workshop o esplorare nuovi hobby sono modi efficaci per mantenere attiva la mente e promuovere pensieri positivi attraverso l'esplorazione e la scoperta.

Sviluppo di una Mentalità di Crescita

- **Adozione di una Mentalità di Crescita:** Vedere le sfide come opportunità di crescita piuttosto che come ostacoli insormontabili. Una mentalità di crescita incoraggia la resilienza di fronte ai fallimenti e promuove una prospettiva positiva sulle capacità di apprendimento e miglioramento personali.

- **Celebrazione dei Progressi**: Riconoscere e celebrare i propri progressi, anche quelli piccoli, nel viaggio di apprendimento e crescita personale. Questo riconoscimento può servire da potente antidoto ai pensieri negativi, rafforzando l'autoefficacia e la fiducia nelle proprie capacità.

Valorizzazione delle Esperienze di Vita

- **Riconoscimento del Valore di Tutte le Esperienze**: Comprendere che ogni esperienza, positiva o negativa, contribuisce alla propria crescita personale. Questa accettazione può aiutare a trasformare i pensieri negativi in lezioni di vita preziose e in fonti di forza interiore.

- **Applicazione delle Lezioni Apprese**: Utilizzare le intuizioni e le lezioni apprese dalle esperienze passate per informare le decisioni future e per guidare l'approccio alle nuove sfide. Questo processo di apprendimento e applicazione contribuisce a un senso di progresso e sviluppo personale continuo.

Attraverso l'auto-esplorazione, la curiosità intellettuale, lo sviluppo di una mentalità di crescita e la valorizzazione delle esperienze di vita, è possibile non solo contrastare i pensieri negativi ma anche arricchire profondamente la propria esistenza. Queste strategie promuovono una maggiore consapevolezza di sé, un apprezzamento per il percorso di vita unico di ogni individuo e un impegno attivo nel proprio sviluppo personale. Implementare queste pratiche può trasformare la gestione dei pensieri negativi in un viaggio di scoperta personale, aprendo la strada a una vita di maggiore soddisfazione, scopo e gioia.

In conclusione, la gestione efficace dei pensieri negativi richiede un approccio complesso e multilivello che va oltre il semplice tentativo di sopprimerli o ignorarli. Invece, attraverso una combinazione di auto-esplorazione profonda, curiosità intellettuale, sviluppo di una mentalità di crescita e valorizzazione di ogni esperienza di vita, individui possono intraprendere un viaggio trasformativo verso un benessere emotivo più ricco e sostenuto.

L'Importanza dell'Auto-Esplorazione

L'auto-esplorazione offre una fondamentale opportunità di introspezione, permettendo di comprendere le origini e le dinamiche dei propri pensieri negativi. Attraverso pratiche come la riflessione personale e la scrittura in diario, individui possono scoprire modelli di pensiero sottostanti e convinzioni limitanti che contribuiscono al proprio dialogo interno negativo. Questo livello di autoconsapevolezza è il primo passo critico verso la trasformazione di tali pensieri in qualcosa di più gestibile e meno soverchiante.

Il Ruolo della Curiosità Intellettuale

La curiosità intellettuale agisce come una potente forza motrice per l'apprendimento continuo e l'apertura mentale. Impegnarsi in nuove esperienze e esplorare sconosciuti ambiti di conoscenza non solo arricchisce la vita ma anche diluisce l'impatto dei pensieri negativi, fornendo nuove prospettive e contesti. Questo processo di scoperta continua può ispirare un senso di meraviglia e apprezzamento per la vastità dell'esperienza umana.

Sviluppare una Mentalità di Crescita

Adottare una mentalità di crescita trasforma la percezione dei fallimenti e delle sfide da ostacoli insormontabili a opportunità essenziali per l'apprendimento e il miglioramento personale. Questo approccio non solo mitiga i pensieri negativi relativi al timore dell'insuccesso ma promuove anche una resilienza interna, incentivando gli individui a perseguire i propri obiettivi con rinnovata determinazione e fiducia nelle proprie capacità di superare le difficoltà.

Valorizzare Ogni Esperienza di Vita

Infine, riconoscere e valorizzare il significato intrinseco di ogni esperienza di vita, sia positiva che negativa, è fondamentale per costruire una narrazione personale arricchente e positiva. Questo processo di valorizzazione trasforma i pensieri negativi, consentendo di vedere anche nelle circostanze più difficili lezioni preziose e opportunità di crescita. Implementando le lezioni apprese e applicandole a sfide future, gli individui possono navigare nel loro percorso di vita con maggiore saggezza, scopo e soddisfazione.

L'insieme di queste strategie rappresenta un approccio olistico alla gestione dei pensieri negativi, uno che riconosce la complessità dell'esperienza umana e valorizza il potenziale di ogni individuo di trasformare sfide in trionfi personali. Attraverso l'impegno costante in auto-esplorazione, l'incoraggiamento della curiosità, lo sviluppo di una mentalità di crescita e la valorizzazione di ogni esperienza, è possibile non solo combattere efficacemente i pensieri negativi ma anche aprire la strada a una vita di maggiore realizzazione personale e benessere emotivo.

9. L'importanza dell'accettazione - Discutere come l'accettazione dei propri pensieri e sentimenti può portare alla riduzione della sofferenza.

L'accettazione dei propri pensieri e sentimenti gioca un ruolo cruciale nel percorso verso il benessere mentale e la riduzione della sofferenza. Questo approccio si basa sulla consapevolezza che lottare contro i propri stati interni o cercare di sopprimerli può, paradossalmente, intensificare il disagio e la sofferenza. Discutiamo come l'accettazione possa facilitare un rapporto più sano con se stessi e con l'esperienza emotiva.

L'Accettazione come Fondamento della Mindfulness

La mindfulness, o consapevolezza piena, incoraggia l'accettazione dei pensieri e delle emozioni del momento presente senza giudizio. Questa pratica aiuta a osservare i propri stati interni da una distanza sicura, senza identificarsi completamente con essi o valutarli come "buoni" o "cattivi". L'accettazione, in questo contesto, non significa passività o resa, ma piuttosto un riconoscimento attivo e aperto dell'esperienza attuale.

Benefici dell'Accettazione

- **Riduzione dell'Ansia e dello Stress**: L'accettazione riduce la tendenza a lottare contro stati emotivi scomodi, un processo che spesso genera ulteriore ansia e stress. Accettando i propri sentimenti e pensieri, si riduce il potere che essi hanno di influenzare negativamente lo stato d'animo e il comportamento.

- **Miglioramento della Regolazione Emotiva**: L'accettazione favorisce una migliore regolazione emotiva, permettendo alle persone di navigare attraverso le proprie emozioni con maggiore equilibrio e meno reattività. Questo approccio consente di affrontare le sfide emotive con una prospettiva più calma e raccolta.

L'Accettazione come Via per la Crescita Personale

L'accettazione offre anche una base solida per la crescita personale. Riconoscendo e accettando i propri limiti, errori e vulnerabilità, gli individui possono sviluppare una maggiore compassione verso se stessi e un senso di umanità condivisa. Questo processo può ispirare cambiamenti positivi e promuovere lo sviluppo di nuove strategie di coping e resilienza.

Strategie per Praticare l'Accettazione

- **Esercizi di Mindfulness e Meditazione**: Pratiche regolari di mindfulness e meditazione possono aiutare a coltivare l'accettazione. Concentrarsi sul respiro o su altre sensazioni corporee offre l'opportunità di praticare l'accettazione dei pensieri e delle emozioni man mano che emergono.

- **Tecniche di Ristrutturazione Cognitiva**: Imparare a riconoscere e sfidare i pensieri automatici negativi può facilitare l'accettazione. Questo include il questionare la validità di tali pensieri e il considerare prospettive alternative più equilibrate e meno giudicanti.

Accettazione e Terapia

- **Terapie Basate sull'Accettazione**: Approcci terapeutici come la Terapia di Accettazione e Impegno (ACT) enfatizzano l'importanza dell'accettazione come strategia per vivere una vita ricca e significativa, nonostante il dolore e la sofferenza. Questi metodi incoraggiano le persone a perseguire i propri valori e obiettivi, accettando la presenza di ostacoli emotivi senza lasciarsi sopraffare da essi.

L'accettazione dei propri pensieri e sentimenti non è un percorso facile e richiede pratica e pazienza. Tuttavia, adottare un approccio di accettazione può significativamente ridurre la sofferenza e aumentare la qualità della vita. Attraverso l'accettazione, si impara a vivere con maggiore serenità di fronte alle incertezze della vita, riconoscendo che, mentre non si può controllare ogni aspetto dell'esistenza, è possibile scegliere come relazionarsi con le proprie esperienze interne. Questo cammino verso l'accettazione apre la strada alla libertà emotiva, alla pace interiore e alla resilienza di fronte alle avversità.

Proseguendo nell'approfondimento del tema dell'accettazione, è essenziale esplorare come questa pratica possa essere integrata più profondamente nella vita quotidiana attraverso la consapevolezza corporea, l'espressione artistica, e il sostegno sociale. Questi elementi aggiuntivi forniscono ulteriori strumenti per abbracciare pienamente l'accettazione e promuovere una trasformazione personale significativa.

Consapevolezza Corporea

- **Ascolto del Corpo**: Praticare l'ascolto attento del proprio corpo può offrire preziose intuizioni sulle proprie emozioni e stati mentali. Tecniche come lo yoga, il tai chi o semplici esercizi di respirazione consapevole possono aiutare a sviluppare una maggiore consapevolezza corporea e a riconoscere come specifici pensieri ed emozioni si manifestano fisicamente.

- **Accettazione attraverso il Movimento**: Integrare il movimento consapevole nella propria routine può servire come un potente strumento di accettazione, permettendo di esplorare e accettare il proprio corpo così com'è, con i suoi limiti e capacità. Questo può estendersi all'accettazione di pensieri ed emozioni, aprendo la via a un dialogo interno più gentile e compassionevole.

Espressione Artistica

- **Arte come Strumento di Esplorazione**: L'arte, in tutte le sue forme, offre un mezzo unico per esplorare e esprimere pensieri ed emozioni in modo non verbale. Che si tratti di pittura, scrittura, musica o danza, l'espressione artistica può facilitare un processo di accettazione profonda, permettendo di affrontare e trasformare i propri vissuti interni in maniera creativa.

- **Valorizzazione dell'Espressione Personale**: Incoraggiare la libera espressione di sé attraverso l'arte può contribuire a superare i giudizi interni e a promuovere l'accettazione dei propri sentimenti e pensieri. Questo processo creativo può anche stimolare la scoperta di nuove prospettive e la realizzazione di un senso di realizzazione personale.

Sostegno Sociale e Comunitario

- **Cercare e Offrire Supporto**: La costruzione di una rete di supporto empatica, sia tramite relazioni personali che comunità di sostegno, può rafforzare la capacità di accettazione. Condividere esperienze e sentimenti con altri può ridurre il senso di isolamento e rafforzare la sensazione di essere compresi e accettati.

- **Gruppi di Supporto e Terapia di Gruppo**: Partecipare a gruppi di supporto o a sessioni di terapia di gruppo può fornire spazi sicuri dove esplorare l'accettazione dei propri vissuti in un contesto di condivisione e mutuo sostegno. Questi ambienti possono offrire modelli positivi di accettazione e strategie condivise per affrontare le sfide emotive.

Continua Riflessione e Crescita Personale

- **Pratica Regolare di Riflessione**: Dedicare tempo regolare alla riflessione personale, attraverso diari, meditazioni guidate o altre pratiche di auto-esplorazione, può sostenere il cammino verso l'accettazione. Questo impegno continuo favorisce una profonda comprensione di sé e promuove una crescita personale sostenuta.

- **Apertura al Cambiamento**: Mentre si pratica l'accettazione del momento presente, è anche importante rimanere aperti al cambiamento e alla crescita. L'accettazione non significa stagnazione, ma può essere la base da cui emergere più forti e consapevoli, pronti ad abbracciare le opportunità di trasformazione personale.

Integrare l'accettazione nella propria vita attraverso la consapevolezza corporea, l'espressione artistica, il sostegno sociale e una continua riflessione personale offre un percorso ricco e multidimensionale verso una maggiore serenità e comprensione di sé. Queste pratiche non solo aiutano a gestire i pensieri e sentimenti negativi con maggiore grazia ma aprono anche la strada a un'esistenza più piena, significativa e soddisfacente, dove la sofferenza può essere ridotta e la gioia di vivere pienamente abbracciata.

Proseguendo nell'analisi dell'importanza dell'accettazione e di come questa può essere integrata più a fondo nella vita quotidiana, è essenziale considerare l'impatto della resilienza emotiva e dell'autogestione. Rafforzare queste capacità permette di navigare attraverso le sfide della vita con maggiore efficacia, accogliendo i pensieri e le emozioni difficili come parte del percorso umano, senza essere sopraffatti da essi.

Costruzione della Resilienza Emotiva

- **Sviluppo di una Mentalità Resiliente**: Coltivare una mentalità resiliente implica riconoscere che le difficoltà e le sfide sono temporanee e superabili. Attraverso l'accettazione, si può apprendere a vedere le avversità come opportunità di crescita e sviluppo personale, piuttosto che come insormontabili ostacoli.

- **Esercizi per la Resilienza**: Praticare regolarmente esercizi che promuovono la resilienza, come la riflessione su esperienze passate in cui si è riusciti a superare difficoltà, può aiutare a rinforzare la fiducia nelle proprie capacità di affrontare e superare le sfide future.

Autogestione e Autoregolazione

- **Tecniche di Autoregolazione Emotiva**: Imparare e applicare tecniche di autoregolazione emotiva, come la respirazione profonda, la mindfulness e la meditazione, può fornire strumenti efficaci per gestire le reazioni emotive immediate e promuovere una maggiore accettazione dei propri stati interni.

- **Pianificazione Proattiva per l'Autogestione**: Stabilire un piano proattivo per affrontare situazioni stressanti o emozionalmente difficili può aiutare a prepararsi meglio a gestirle. Questo può includere l'identificazione anticipata di strategie di coping, la creazione di un ambiente supportivo e la pianificazione di attività rilassanti o gratificanti.

Integrazione dell'Accettazione nella Comunicazione

- **Comunicazione Aperta ed Empatica**: Nelle interazioni con gli altri, praticare una comunicazione che rifletta l'accettazione, sia di sé che degli altri, può promuovere relazioni più autentiche e significative. Questo include l'ascolto attivo, l'espressione aperta dei propri sentimenti e la validazione delle esperienze altrui.

- **Risoluzione dei Conflitti Basata sull'Accettazione**: Applicare principi di accettazione nella risoluzione dei conflitti, riconoscendo e rispettando le differenze di prospettiva e cercando soluzioni che tengano conto delle esigenze di tutte le parti coinvolte.

Accettazione e Salute Fisica

- **Connessione tra Corpo e Mente**: Riconoscere la stretta connessione tra benessere emotivo e salute fisica può incentivare pratiche di vita salutari che supportano entrambi gli aspetti. L'accettazione di sé include anche prendersi cura del proprio corpo attraverso una nutrizione adeguata, esercizio fisico regolare e riposo sufficiente.

- **Mindfulness Alimentare e Attività Fisica**: Integrare la mindfulness nelle pratiche alimentari e nell'esercizio fisico può aumentare la consapevolezza e l'accettazione del proprio corpo, promuovendo scelte più consapevoli e un atteggiamento positivo verso la salute e il benessere generale.

Attraverso la resilienza emotiva, l'autogestione, una comunicazione efficace basata sull'accettazione e un approccio olistico alla salute fisica, si possono costruire fondamenta solide per un benessere duraturo. Questi strumenti non solo aiutano ad affrontare i pensieri e le emozioni difficili con maggiore accettazione e meno sofferenza, ma aprono anche la strada a una vita più equilibrata, soddisfacente e ricca di significato. Implementando queste pratiche nella vita quotidiana, si promuove un ciclo virtuoso di benessere, resilienza e accettazione, migliorando la qualità della propria esperienza di vita e la capacità di navigare con grazia attraverso le sue inevitabili sfide.

Proseguendo nella disamina dell'accettazione e della sua cruciale importanza nel ridurre la sofferenza e promuovere il benessere, è opportuno esplorare ulteriormente come la pratica dell'auto-esplorazione e l'adozione di un approccio orientato alla soluzione possono arricchire questo percorso, guidando verso una maggiore pace interiore e realizzazione personale.

Auto-Esplorazione Continua

- **Approfondimento della Conoscenza di Sé**: Impegnarsi in un continuo processo di auto-esplorazione consente di scoprire più profondamente le proprie emozioni, i trigger dei pensieri negativi, e le fonti di sofferenza. Tecniche come la scrittura riflessiva, l'introspezione guidata e le sessioni di terapia possono rivelare pattern nascosti e offrire nuove prospettive su come affrontare le sfide personali.

- **Accoglienza delle Proprie Multiformi Emozioni**: Riconoscere e accogliere la gamma completa delle proprie emozioni, senza giudizio, permette di abbracciare pienamente l'esperienza umana. Questa accettazione passa per il riconoscimento che tutte le emozioni, da quelle piacevoli a quelle dolorose, hanno un loro ruolo e possono contribuire alla crescita personale.

Orientamento Verso Soluzioni Costruttive

- **Focalizzazione sulle Soluzioni piuttosto che sui Problemi**: Mentre l'accettazione implica riconoscere e accogliere i propri stati interni, orientarsi verso soluzioni costruttive significa prendere attivamente misure per affrontare le fonti di sofferenza in modo proattivo. Ciò può includere la definizione di obiettivi praticabili, l'implementazione di cambiamenti nel proprio stile di vita e la ricerca di attività che promuovano il benessere e la felicità.

- **Sperimentazione e Apertura al Cambiamento**: Essere aperti a sperimentare con nuove strategie di coping e adattarsi ai cambiamenti può portare a scoperte significative su ciò che effettivamente aiuta a ridurre la sofferenza e a promuovere l'accettazione. Questo processo di sperimentazione e apprendimento è fondamentale per trovare approcci personalizzati al benessere.

Creazione di Spazi di Supporto e Condivisione

- **Ricerca di Comunità di Supporto**: Trovare o creare spazi dove è possibile condividere esperienze e sentimenti con altri in un ambiente di sostegno e comprensione può notevolmente facilitare il percorso di accettazione. La condivisione delle proprie sfide e successi con altri che possono offrire empatia, consigli e sostegno reciproco arricchisce il processo di guarigione e crescita.

- **Partecipazione a Gruppi di Auto-Aiuto o Terapia di Gruppo**: Questi ambienti possono offrire un senso di comunità e appartenenza, oltre a fornire strategie pratiche e sostegno emotivo da parte di persone che affrontano sfide simili. La terapia di gruppo, in particolare, può facilitare l'apprendimento attraverso l'interazione e lo scambio di esperienze.

Promozione dell'Equilibrio Vita-Lavoro e del Tempo per Sé

- **Bilanciamento delle Responsabilità e del Tempo per Sé**: Nell'ambito dell'accettazione, è cruciale trovare un equilibrio tra le responsabilità quotidiane e il tempo dedicato a sé stessi per il riposo, il rilassamento e le attività gratificanti. Questo equilibrio è fondamentale per mantenere la salute mentale e fisica e per offrire spazio alla riflessione e all'accettazione personale.

- **Impegno in Pratiche di Autocura**: Adottare regolari pratiche di autocura, come tecniche di rilassamento, hobby creativi, e momenti di connessione con la natura, può rafforzare la resilienza emotiva e fornire le risorse interne necessarie per navigare attraverso i momenti di difficoltà con una maggiore facilità e accettazione.

Integrando queste pratiche di auto-esplorazione profonda, orientamento verso soluzioni, creazione di reti di supporto e promozione dell'equilibrio vita-lavoro, si costruisce un percorso complesso ma profondamente gratificante verso l'accettazione di sé. Questo approccio multidimensionale non solo facilita una più efficace gestione dei pensieri e sentimenti difficili, ma promuove anche una vita più ricca, equilibrata e appagante, caratterizzata da una maggiore pace interiore e da un senso di realizzazione personale. L'accettazione, pertanto, diventa non solo una strategia per ridurre la sofferenza ma anche una porta verso una comprensione più profonda di sé e verso una crescita personale sostenuta.

Nel continuare a esplorare la profondità e la complessità dell'accettazione, emerge l'importanza della resilienza spirituale e del senso di connessione con qualcosa di più grande di sé stessi. Questi aspetti possono offrire una prospettiva rinnovata e ampliata, aiutando a navigare attraverso i pensieri e le emozioni difficili con una maggiore serenità e scopo.

Sviluppo della Resilienza Spirituale

- **Esplorazione della Spiritualità Personale**: Che si tratti di tradizioni religiose, pratiche spirituali o una semplice riflessione sulle domande esistenziali della vita, l'esplorazione della propria spiritualità può fornire un senso di scopo, pace e appartenenza. Questo percorso può aiutare ad accettare le inevitabili sfide della vita come parte di un viaggio più ampio e significativo.

- **Pratiche Spirituali Quotidiane**: Integrare nella propria vita pratiche spirituali quotidiane, come la preghiera, la meditazione, la lettura di testi ispiratori o la partecipazione a comunità spirituali, può rafforzare la resilienza interiore e promuovere un atteggiamento di accettazione e fiducia di fronte alle incertezze della vita.

Coltivazione di una Connessione con il Tutto

- **Riconoscimento dell'Interconnessione**: Prendere coscienza di come siamo intrinsecamente connessi con gli altri esseri umani, con la natura e con l'universo può ispirare un senso di umiltà e accettazione. Questa realizzazione può attenuare il senso di isolamento e solitudine e aiutare a vedere i propri pensieri e sentimenti come parte di una rete di esperienze condivise.

- **Pratiche di Connessione**: Dedicare tempo a pratiche che promuovono la connessione con il mondo circostante, come trascorrere tempo nella natura, praticare atti di gentilezza e contribuire al benessere della propria comunità, può aumentare il senso di appartenenza e contribuire a una visione più accettante della propria esperienza di vita.

Impegno in Atti di Servizio e Altruismo

- **Altruismo e Volontariato**: Impegnarsi in atti di servizio verso gli altri può offrire una prospettiva rinnovata sulla propria vita, riducendo l'attenzione sui problemi personali e aumentando il senso di gratificazione e appagamento derivante dal contribuire al benessere altrui. L'altruismo rinforza la consapevolezza delle proprie capacità di fare la differenza nel mondo, promuovendo l'accettazione attraverso l'azione positiva.

- **Riflessione sull'Impatto del Servizio**: Riflettere sull'impatto dei propri atti di servizio può rafforzare il senso di efficacia personale e di connessione con gli altri, incoraggiando una visione più ottimista e accettante della propria vita e delle proprie capacità di contribuire al bene comune.

Integrazione dell'Accettazione nel Percorso di Vita

- **Vedere l'Accettazione come un Viaggio Continuo**: Comprendere che l'accettazione non è una destinazione finale ma un percorso in evoluzione può aiutare ad affrontare i momenti di difficoltà con maggiore flessibilità e apertura. Questo approccio incoraggia l'adattamento e l'apprendimento continui, vedendo ogni esperienza come un'opportunità di crescita e di approfondimento della propria pratica di accettazione.

- **Celebrazione delle Piccole Vittorie**: Riconoscere e celebrare i progressi fatti nel percorso di accettazione, anche se piccoli, può fornire motivazione e rafforzare la determinazione a proseguire nel viaggio. Queste celebrazioni riconoscono il valore del percorso stesso, indipendentemente dalle sfide incontrate.

Attraverso lo sviluppo della resilienza spirituale, la coltivazione di una connessione più profonda con il mondo, l'impegno in atti di altruismo e una visione dell'accettazione come un viaggio continuo, si può ottenere una comprensione più ricca e matrice dell'importanza dell'accettazione nella vita. Questi elementi contribuiscono a creare un tessuto di benessere intrecciato con fili di significato, scopo e interconnessione, permettendo una navigazione più serena e intenzionale attraverso le complessità dell'esistenza umana.

Nel proseguire l'esame dell'accettazione come strumento fondamentale per la riduzione della sofferenza, emerge l'importanza di coltivare una profonda consapevolezza del momento presente e di esplorare l'arte del lasciar andare. Questi concetti, insieme alla pratica dell'autenticità e alla ricerca di equilibrio tra il lavoro interiore e l'azione esterna, offrono vie potenti per abbracciare pienamente l'accettazione e trasformare la relazione con se stessi e con il mondo.

Consapevolezza del Momento Presente

- **Praticare la Presenza**: Impegnarsi in pratiche di mindfulness che incoraggiano la piena attenzione al momento presente può aiutare a interrompere il ciclo dei pensieri negativi e delle preoccupazioni future. Attraverso esercizi di consapevolezza, come la meditazione sul respiro o la scansione corporea, si può sviluppare una maggiore capacità di vivere nel "qui e ora", accettando ogni momento così com'è, senza giudizio o resistenza.

- **Valorizzare Ogni Esperienza**: Imparare a vedere valore in ogni momento, anche in quelli che sembrano banali o difficili, contribuisce a una più profonda accettazione della vita nella sua totalità. Questo atteggiamento può trasformare la percezione delle sfide quotidiane e promuovere una maggiore pace interiore.

L'Arte del Lasciar Andare

- **Riconoscere ciò che Non si può Controllare**: Accettare che non tutte le circostanze o gli esiti sono sotto il nostro controllo può liberare da molti pesi emotivi. Praticare il lasciar andare di ciò che è al di fuori della nostra influenza aiuta a concentrare energia e attenzione su ciò che possiamo effettivamente cambiare o migliorare.

- **Lasciar Andare le Aspettative**: Spesso, la sofferenza deriva non dalla realtà stessa, ma dalle nostre aspettative su come le cose "dovrebbero" essere. Imparare a lasciar andare queste aspettative permette di accettare più facilmente le persone e le situazioni per ciò che sono, riducendo la frustrazione e la delusione.

Pratica dell'Autenticità

- **Essere Fedeli a Sé Stessi**: L'autenticità, ovvero l'essere veri con se stessi e con gli altri, è fondamentale per vivere una vita di piena accettazione. Questo implica l'ascolto e il rispetto dei propri bisogni, desideri e limiti, così come l'espressione onesta dei propri pensieri e sentimenti.

- **Celebrare la Propria Unicità**: Accettare e valorizzare la propria individualità, con tutte le sue peculiarità, forze e vulnerabilità, può aumentare l'autostima e ridurre il bisogno di confronto con gli altri. Questo senso di autoaccettazione promuove una relazione più armoniosa e amorevole con se stessi.

Equilibrio tra Interno ed Esterno

- **Armonizzare Azione e Riflessione**: Mentre l'accettazione spesso richiede un lavoro interiore profondo, è altrettanto importante agire nel mondo esterno in modi che riflettano i nostri valori e la nostra autenticità. Trovare un equilibrio tra riflessione personale e azione concreta può promuovere un senso di completezza e scopo.

- **Impegno in Pratiche Olistiche**: Integrare pratiche che nutrono mente, corpo e spirito, come l'alimentazione consapevole, l'attività fisica regolare, e il coinvolgimento in attività creative o spirituali, può rafforzare l'accettazione di sé e contribuire a una vita equilibrata e appagante.

L'approfondimento dell'accettazione attraverso la consapevolezza del momento presente, l'arte del lasciar andare, la pratica dell'autenticità, e la ricerca di un equilibrio tra lavoro interiore e azione esterna, offre un percorso ricco e trasformativo. Queste pratiche, integrate nella vita quotidiana, possono non solo mitigare la sofferenza ma anche aprire a una esistenza caratterizzata da maggiore serenità, soddisfazione e connessione con il tessuto più ampio della vita. Abbracciando l'accettazione come filosofia di vita, si impara a navigare le sfide con grazia, a celebrare i momenti di gioia con gratitudine, e a contribuire al mondo con un senso di scopo e integrità.

In conclusione, l'accettazione dei propri pensieri, sentimenti ed esperienze rappresenta un pilastro fondamentale per la riduzione della sofferenza personale e il conseguente sviluppo del benessere emotivo. Attraverso l'adozione di pratiche come la consapevolezza del momento presente, l'arte del lasciar andare, l'espressione dell'autenticità e il mantenimento di un equilibrio tra introspezione e azione nel mondo esterno, individui possono intraprendere un viaggio trasformativo verso l'accettazione.

L'accettazione non significa rassegnazione o passività di fronte alle difficoltà della vita. Al contrario, essa implica un riconoscimento attivo e aperto dell'attuale stato di cose, insieme alla volontà di affrontare la realtà con coraggio e apertura. Questo processo consente di liberare energia precedentemente impiegata nella resistenza o nella lotta contro le inevitabili sfide della vita, canalizzandola invece verso azioni costruttive e crescita personale.

La consapevolezza del momento presente, praticata attraverso la mindfulness e altre forme di meditazione, aiuta a radicarsi nell'esperienza diretta, favorendo una relazione più pacifica con i propri stati interni. Questo approccio riduce il potere dei pensieri negativi e delle preoccupazioni future, promuovendo una maggiore serenità e apertura alle esperienze.

L'arte del lasciar andare, complementare alla pratica dell'accettazione, insegna a rilasciare ciò che non può essere controllato - siano esse situazioni esterne, aspettative irrealistiche o desideri irraggiungibili. Lasciar andare consente di ridurre la tensione emotiva e di focalizzarsi sulle opportunità di crescita e miglioramento personale presenti nella situazione attuale.

La pratica dell'autenticità richiede coraggio e onestà con se stessi, riconoscendo e valorizzando la propria verità interiore. Vivere autenticamente aumenta l'autostima e rafforza le relazioni con gli altri, creando legami basati su fiducia e integrità. Inoltre, esprimere la propria unicità contribuisce a una vita più ricca e soddisfacente.

Infine, trovare un equilibrio tra il lavoro interiore di auto-riflessione e l'azione nel mondo esterno consente di vivere in modo integrale e coerente con i propri valori e obiettivi. Questo equilibrio sostiene un senso di scopo e direzione, alimentando la motivazione a perseguire un'esistenza significativa e appagante.

Incorporando queste pratiche nella vita quotidiana, è possibile trasformare la relazione con i pensieri e le emozioni difficili, aprendo la strada a una maggiore pace interiore e realizzazione personale. L'accettazione, quindi, emerge non solo come strategia per ridurre la sofferenza ma come una filosofia di vita che abbraccia pienamente la complessità dell'esistenza umana, arricchendo ogni aspetto dell'esperienza personale con profondità, significato e gratitudine.

10. Coltivare la gratitudine - Esplorare come la pratica della gratitudine può cambiare la nostra focalizzazione mentale e emotiva.

La pratica della gratitudine ha il potere di trasformare profondamente la nostra focalizzazione mentale ed emotiva, alterando il modo in cui percepiamo la vita e interagiamo con il mondo che ci circonda. Integrare la gratitudine nella vita quotidiana non solo migliora il benessere emotivo ma può anche avere effetti benefici sulla salute fisica, sui rapporti interpersonali e sulla soddisfazione generale della vita. Esploriamo come coltivare attivamente la gratitudine e le implicazioni di questa pratica per il benessere complessivo.

Cambiamento della Focalizzazione Mentale

- **Riorientamento dell'Attenzione**: La pratica della gratitudine sposta l'attenzione dai problemi, dai fallimenti o dalle carenze verso ciò che è positivo e abbondante nella vita. Questo riorientamento può ridurre significativamente i sentimenti di invidia, rancore e insoddisfazione, promuovendo invece emozioni positive come gioia, serenità e contentezza.

- **Riconoscimento delle Cose Positive**: Anche nei momenti difficili, l'esercizio della gratitudine aiuta a identificare aspetti della vita per cui essere grati. Questa capacità di trovare il "bene" nelle circostanze avverse rafforza la resilienza e il senso di speranza.

Impatti Emotivi e Fisici

- **Miglioramento della Salute Emotiva**: La gratitudine è associata a una maggiore felicità e a minori livelli di stress e depressione. Praticare regolarmente la gratitudine può anche aumentare l'autostima, riducendo la tendenza a confrontarsi negativamente con gli altri.

- **Benefici per la Salute Fisica**: La ricerca suggerisce che le persone grate tendono a esperire una salute fisica migliore, probabilmente a causa di minori livelli di stress e di una maggiore propensione a prendersi cura della propria salute attraverso l'esercizio fisico e scelte alimentari sane.

Rinforzo delle Relazioni Interpersonali

- **Approfondimento dei Legami**: Esprimere gratitudine verso gli altri può rafforzare le relazioni, promuovendo la vicinanza e la connessione. Le persone si sentono più valutate e apprezzate quando la loro bontà e il loro sostegno sono riconosciuti, incentivando un circolo virtuoso di generosità e apprezzamento reciproco.

- **Creazione di un Ambiente Positivo**: La gratitudine può migliorare il clima emotivo all'interno delle famiglie, dei gruppi di lavoro e delle comunità, promuovendo un'atmosfera di positività, supporto e incoraggiamento reciproco.

Pratiche per Coltivare la Gratitudine

- **Diario della Gratitudine**: Tenere un diario in cui annotare regolarmente le cose per cui si è grati può aumentare la consapevolezza delle benedizioni quotidiane e rinforzare l'abitudine della gratitudine.

- **Riflessioni e Meditazioni sulla Gratitudine**: Dedicare tempo alla riflessione o alla meditazione focalizzata sulla gratitudine può approfondire la comprensione e l'apprezzamento delle proprie esperienze positive.

- **Espressione Attiva della Gratitudine**: Fare lo sforzo di esprimere gratitudine agli altri, sia verbalmente che attraverso azioni, non solo arricchisce le relazioni ma rafforza anche il proprio senso di gratitudine.

Gratitudine come Filosofia di Vita

Adottare la gratitudine come filosofia di vita implica una scelta consapevole di concentrarsi sulle benedizioni piuttosto che sulle mancanze, promuovendo un approccio alla vita caratterizzato da apertura, meraviglia e apprezzamento. Questo orientamento non solo migliora la qualità della propria esperienza di vita ma può anche ispirare gli altri a riconoscere e coltivare la gratitudine nelle loro vite.

In conclusione, la gratitudine è molto più di una semplice pratica di ringraziamento; è un potente catalizzatore per il cambiamento positivo che può trasformare la nostra percezione del mondo, migliorare il benessere e arricchire le nostre relazioni. Coltivando attivamente la gratitudine, possiamo aprire le porte a una vita più soddisfacente, resiliente e connessa.

Approfondendo ulteriormente il potere trasformativo della gratitudine, esploriamo come questa pratica possa influenzare positivamente la nostra percezione di noi stessi e del mondo che ci circonda, arricchendo il nostro percorso personale verso la realizzazione e la felicità. Integrare la gratitudine come pratica quotidiana può amplificare la nostra capacità di gioire delle piccole cose, migliorare la nostra resilienza di fronte alle avversità e nutrire relazioni più profonde e significative.

Amplificazione della Gioia nelle Piccole Cose

- **Sviluppo della Capacità di Meraviglia**: La gratitudine aiuta a sviluppare una capacità di meraviglia e ammirazione per gli aspetti quotidiani della vita che spesso diamo per scontati. Questo può includere la bellezza della natura, un gesto gentile di un amico, o semplicemente la comodità di una casa accogliente. La capacità di apprezzare queste "piccole cose" può significativamente aumentare il nostro senso di felicità e soddisfazione.

- **Celebrare i Successi Quotidiani**: La gratitudine incoraggia anche a celebrare i propri successi quotidiani, indipendentemente dalla loro grandezza. Questo riconoscimento degli sforzi e dei risultati può rafforzare l'autostima e promuovere un senso di progresso e realizzazione personale.

Resilienza di Fronte alle Avversità

- **Rinforzo della Forza Interiore**: Praticare la gratitudine nei momenti di difficoltà può aiutare a riconoscere le risorse interne ed esterne disponibili per affrontare le sfide. Questa consapevolezza contribuisce a costruire una solida base di forza interiore e resilienza, permettendo di navigare le tempeste della vita con maggiore equanimità e speranza.

- **Promozione dell'Adattabilità**: La gratitudine può aumentare la nostra capacità di adattarci alle circostanze mutevoli, trovando aspetti positivi anche nelle situazioni più complesse. Questa flessibilità mentale ed emotiva è cruciale per superare gli ostacoli e percorrere il cammino della vita con fiducia.

Nutrimento di Relazioni Profonde e Significative

- **Approfondimento del Senso di Connessione**: Esprimere gratitudine nei confronti delle persone nella nostra vita può approfondire il senso di connessione e appartenenza. Questa pratica non solo arricchisce le relazioni esistenti ma può anche aprire le porte a nuove amicizie e legami, basati su reciproco apprezzamento e rispetto.

- **Creazione di un Ambiente Positivo**: La gratitudine ha il potere di creare un ambiente positivo attorno a noi, influenzando non solo la nostra prospettiva ma anche quella delle persone con cui interagiamo. In un contesto familiare, lavorativo o sociale, una cultura della gratitudine può promuovere il benessere collettivo, la collaborazione e il sostegno reciproco.

Integrazione della Gratitudine nella Vita Quotidiana

- **Rituali Quotidiani di Gratitudine**: Stabilire rituali quotidiani, come riflettere su ciò per cui si è grati al mattino o alla sera, può consolidare la pratica della gratitudine. Questi momenti di riflessione possono diventare punti di ancoraggio che ci ricordano di mantenere una prospettiva positiva durante la giornata.

- **Gratitudine come Pratica di Mindfulness**: Integrare la gratitudine nelle pratiche di mindfulness può arricchire l'esperienza di consapevolezza, rendendoci più attenti alle opportunità di gratitudine presenti in ogni momento. Questo approccio mindfulness alla gratitudine può trasformare la nostra esperienza quotidiana, enfatizzando la pienezza e la ricchezza della vita presente.

La gratitudine, dunque, emerge non solo come una pratica benefica ma come un orientamento fondamentale verso la vita che può trasformare profondamente la nostra esperienza esistenziale. Coltivandola attivamente, possiamo cambiare la nostra focalizzazione mentale ed emotiva da una predisposizione alla negatività a una celebrazione della vita, indipendentemente dalle circostanze esterne. Questo cambiamento di prospettiva non solo migliora il nostro benessere personale ma arricchisce anche la vita di coloro che ci circondano, creando un circolo virtuoso di positività, resilienza e connessione umana.

Proseguendo nell'esplorazione della gratitudine come pratica trasformativa, diventa rilevante esaminare come questa possa influenzare positivamente la nostra capacità di affrontare il cambiamento e l'incertezza, arricchire la nostra percezione del progresso personale e incentivare una maggiore apertura verso le novità e le esperienze.

Gratitudine in Tempi di Cambiamento e Incertezza

- **Ancoraggio nella Gratitudine**: Durante periodi di cambiamento significativo o incertezza, la gratitudine può servire come un ancoraggio emotivo, ricordandoci di concentrarci su ciò che abbiamo piuttosto che su ciò che manca o è imprevedibile. Questo senso di apprezzamento per le stabilità presenti, anche se piccole o sottili, può offrire conforto e una base da cui navigare il cambiamento.

- **Resilienza Attraverso l'Apprezzamento**: La pratica della gratitudine in tempi difficili può aumentare la resilienza, permettendo di affrontare l'incertezza con maggiore fiducia e ottimismo. Riconoscere gli aspetti della vita per cui siamo grati, anche in mezzo a sfide, può infondere speranza e coraggio per il futuro.

Percezione del Progresso Personale

- **Celebrazione dei Passi Avanti**: La gratitudine ci aiuta a riconoscere e celebrare i nostri progressi e successi, indipendentemente dalla loro grandezza. Questo riconoscimento può aumentare la motivazione e il senso di avanzamento personale, alimentando la perseveranza verso gli obiettivi a lungo termine.

- **Riflessione sul Viaggio Personale**: Mantenere una prospettiva di gratitudine ci permette di riflettere sul nostro viaggio personale con gentilezza e apprezzamento per le esperienze passate. Questa riflessione può rivelare quanto siamo cresciuti e imparato, rafforzando il senso di progresso e di realizzazione personale.

Apertura Verso Novità ed Esperienze

- **Accoglienza del Nuovo con Gratitudine**: La gratitudine apre il cuore e la mente all'accettazione di nuove persone, opportunità ed esperienze con un senso di meraviglia e apprezzamento. Questa apertura può arricchire la vita con fresche prospettive e arricchimenti inaspettati.

- **Esplorazione e Scoperta**: Adottare un atteggiamento di gratitudine incoraggia l'esplorazione e la scoperta, spingendoci a sperimentare e ad apprezzare la novità. Questa mentalità può trasformare la routine quotidiana, rendendo la vita più vivace e interessante.

Integrazione della Gratitudine nelle Pratiche di Vita

- **Rituali di Gratitudine in Famiglia**: Condividere pratiche di gratitudine con la famiglia o gli amici, come condividere ciò per cui si è grati durante i pasti, può rafforzare i legami e promuovere un senso di comunità e appartenenza.

- **Impiego della Gratitudine nelle Sfide**: Utilizzare consapevolmente la gratitudine come strumento per navigare le sfide personali o professionali può offrire nuove strategie per affrontare le difficoltà, vedendo ogni ostacolo come un'opportunità di crescita e apprendimento.

Attraverso un impegno profondo nella gratitudine, siamo capaci di trasformare non solo la nostra visione interna ma anche il modo in cui interagiamo con il mondo esterno. Questa pratica non solo eleva la nostra esperienza quotidiana, ma funge da catalizzatore per un cambiamento positivo globale, influenzando la nostra risposta alle avversità, il nostro impegno nel progresso personale e la nostra capacità di accogliere con gioia le novità della vita. La gratitudine, quindi, diventa non solo un esercizio di apprezzamento ma un modo di vivere, permeando ogni aspetto dell'esistenza con un senso di ricchezza, scopo e connessione.

Approfondendo ulteriormente la pratica della gratitudine, possiamo esplorare come essa influenzi la nostra percezione del tempo e la gestione delle risorse personali, promuova un benessere mentale sostenibile e incoraggi un maggiore impegno civico e ambientale. La gratitudine, radicata nelle nostre vite quotidiane, non solo arricchisce la nostra esperienza personale ma ha anche il potenziale di ispirare azioni positive che trascendono l'individuo, influenzando positivamente la società e l'ambiente.

Gratitudine e Percezione del Tempo

- **Espansione della Percezione Temporale**: La pratica della gratitudine può alterare la nostra percezione del tempo, rendendoci più presenti e consapevoli dei momenti attuali. Questa consapevolezza può aiutare a rallentare la frenesia quotidiana e a valorizzare ogni momento, percependo il tempo come più abbondante e meno frenetico.

- **Priorizzazione delle Esperienze Significative**: Coltivare la gratitudine spesso conduce a una rifocalizzazione sulle esperienze piene di significato piuttosto che sull'accumulo di beni materiali. Questo può influenzare positivamente come scegliamo di spendere il nostro tempo, privilegiando attività e relazioni che arricchiscono la vita.

Gestione delle Risorse Personalie

- **Apprezzamento delle Risorse Esistenti**: La gratitudine incoraggia un apprezzamento più profondo per le risorse che già possediamo, sia materiali che immateriali. Questo senso di abbondanza può ridurre il desiderio costante di più, promuovendo una maggiore soddisfazione con ciò che si ha e una gestione più consapevole e sostenibile delle proprie risorse.

- **Influenza sul Consumo Responsabile**: La gratitudine può ispirare scelte di consumo più responsabili, allineate con valori di sostenibilità e consapevolezza ambientale. Riconoscendo il valore di ciò che abbiamo, possiamo essere spinti a prendere decisioni che riflettano una maggiore cura per il mondo che ci circonda.

Sviluppo del Benessere Mentale Sostenibile

- **Fondamento per la Salute Emotiva a Lungo Termine**: Integrare la gratitudine nella propria vita supporta lo sviluppo di un benessere mentale sostenibile, contribuendo a creare un fondamento solido contro lo stress, l'ansia e la depressione. La pratica regolare della gratitudine può servire come un potente strumento di autogestione emotiva.

- **Promozione dell'Equilibrio Emotivo**: La gratitudine aiuta a mantenere un equilibrio emotivo, fornendo una prospettiva che valorizza il positivo anche di fronte alle sfide. Questo equilibrio contribuisce alla resilienza emotiva, permettendo di affrontare le avversità con una prospettiva più ottimistica e costruttiva.

Incoraggiamento dell'Impegno Civico e Ambientale

- **Motivazione all'Azione Positiva**: Sentirsi grati può motivare le persone a dare indietro alla comunità o all'ambiente, traducendo la gratitudine in azioni civiche e ambientali. Questo impegno può assumere varie forme, dall'aiutare gli altri a partecipare a iniziative di conservazione o sostenibilità.

- **Rafforzamento della Coesione Comunitaria**: La pratica collettiva della gratitudine può rafforzare la coesione e il senso di comunità, promuovendo la collaborazione e il sostegno reciproco. Le comunità che coltivano la gratitudine possono essere più resilienti, solidali e orientate all'azione positiva per il bene comune.

Incorporando la gratitudine nella nostra vita quotidiana, non solo miglioriamo il nostro benessere personale ma possiamo anche ispirare un cambiamento positivo che va oltre noi stessi. La gratitudine agisce come una forza trasformativa che può influenzare la nostra gestione del tempo, le nostre scelte di consumo, il nostro equilibrio emotivo e il impegno verso la comunità e l'ambiente. Approfondendo ulteriormente, esploriamo come la gratitudine possa fungere da catalizzatore per una crescita personale più profonda, influenzando positivamente la nostra visione del mondo e stimolando un ciclo virtuoso di positività che può espandersi ben oltre i confini della nostra esperienza individuale.

Gratitudine Come Veicolo di Crescita Personale

- **Promozione dell'Apprendimento Continuo**: La gratitudine può stimolare una curiosità e un desiderio di apprendimento continuo, poiché ci invita a considerare le esperienze, anche quelle sfidanti, come opportunità per crescere e sviluppare nuove competenze. Questa prospettiva può trasformare gli ostacoli in lezioni di vita preziose, arricchendo il nostro percorso personale con saggezza e resilienza.

- **Incremento dell'Autocomprensione**: Attraverso la pratica della gratitudine, possiamo acquisire una maggiore consapevolezza di noi stessi, dei nostri valori e di ciò che veramente conta per noi. Questo processo di auto-riflessione può illuminare i nostri desideri più profondi e guidarci verso scelte di vita più consapevoli e intenzionali.

Gratitudine e Visione del Mondo

- **Influenza sulla Percezione del Mondo**: Coltivare la gratitudine può cambiare radicalmente il modo in cui percepiamo il mondo intorno a noi, portandoci a notare e apprezzare la bellezza, la bontà e l'abbondanza che spesso diamo per scontati. Questa prospettiva può infondere un senso di meraviglia e apprezzamento per la vita, riducendo il cinismo e incrementando l'empatia verso gli altri.

- **Contributo alla Diffusione della Positività**: La gratitudine non solo migliora la nostra esperienza di vita, ma può anche influenzare positivamente chi ci circonda. Esprimere apertamente la gratitudine può ispirare gli altri a riconoscere le proprie benedizioni, creando un'atmosfera di positività che può diffondersi all'interno delle comunità.

Ciclo Virtuoso di Positività

- **Generazione di Reciprocità**: La pratica della gratitudine genera spesso reciprocità, poiché gli atti di gentilezza e apprezzamento tendono a essere ripagati. Questo ciclo di positività non solo rafforza le relazioni ma può anche creare una cultura di generosità e supporto reciproco.

- **Amplificazione dell'Impatto Sociale**: Impegnarsi in azioni basate sulla gratitudine, come il volontariato o il supporto a cause benefiche, può avere un impatto significativo sulla società. Questi atti di altruismo e generosità, motivati dalla gratitudine, contribuiscono a costruire comunità più forti e coese, dove il sostegno e la cura reciproci sono valori condivisi.

Incorporando la gratitudine come una pratica quotidiana e una filosofia di vita, possiamo non solo arricchire la nostra esperienza personale ma anche contribuire a un benessere collettivo più ampio. La gratitudine ci invita a riconoscere e celebrare l'abbondanza della nostra vita, promuovendo un approccio alla vita basato sulla positività, l'apertura e la generosità. Questo orientamento non solo trasforma la nostra prospettiva interiore, ma può anche ispirare cambiamenti positivi che risonano attraverso le nostre relazioni, le nostre comunità e, in definitiva, il mondo intero. Coltivando attivamente la gratitudine, possiamo essere protagonisti di una trasformazione che va ben oltre la riduzione della sofferenza individuale, partecipando attivamente alla creazione di un futuro caratterizzato da maggiore gioia, connessione e cura reciproca.

In conclusione, l'adozione della gratitudine come pratica quotidiana e filosofia di vita porta a profonde trasformazioni nella nostra focalizzazione mentale ed emotiva, nonché nel nostro comportamento e nelle nostre interazioni con il mondo esterno. Essa rappresenta molto più di un semplice atto di riconoscimento delle cose positive della vita; la gratitudine è una forza potente che può alterare radicalmente la nostra percezione, la nostra esperienza e la nostra risposta alle varie sfide della vita.

Attraverso la coltivazione della gratitudine, apprendiamo a riconoscere e apprezzare il valore intrinseco di ogni momento e di ogni esperienza, sia nei periodi di gioia che di difficoltà. Questo riconoscimento ci permette di espandere la nostra percezione del tempo, intensificare il nostro apprezzamento per le risorse a nostra disposizione, rafforzare il benessere mentale e promuovere uno spirito di generosità e connessione. La gratitudine ci insegna a vedere oltre le immediate circostanze, riconoscendo la ricchezza e l'abbondanza che pervadono la nostra esistenza, anche nei momenti più bui.

Coltivare la gratitudine ci incoraggia a sviluppare una visione del mondo più inclusiva e empatica, che riconosce l'interconnessione tra tutti gli esseri e la reciproca dipendenza delle nostre vite. Questa prospettiva non solo migliora la nostra salute emotiva e fisica ma rafforza anche le nostre relazioni, rendendoci più inclini a esprimere gentilezza, comprensione e supporto verso gli altri.

Integrando la gratitudine nelle nostre vite, iniziamo un viaggio di trasformazione personale che porta alla creazione di un ciclo virtuoso di positività. Questo ciclo non solo arricchisce la nostra esistenza personale ma ha anche il potenziale di ispirare e elevare coloro che ci circondano, contribuendo alla costruzione di comunità più solidali, inclusive e resilienti. La gratitudine diventa così non solo una fonte di forza e serenità personale ma anche un catalizzatore per il cambiamento positivo nella società.

In ultima analisi, la gratitudine ci offre una lente attraverso cui possiamo rivedere e riformulare la nostra esperienza del mondo, trasformando la sofferenza e le difficoltà in opportunità di crescita, connessione e contributo. La pratica della gratitudine ci invita a vivere con maggiore presenza, consapevolezza e apertura al dono di ogni giorno, sostenendo un'esistenza caratterizzata da maggiore gioia, soddisfazione e significato. Attraverso questo cammino, scopriamo che coltivare la gratitudine non è semplicemente un atto di riconoscimento, ma un modo di vivere che può elevare la nostra vita a un'espressione più piena e autentica del nostro essere più vero e profondo.

11. Il potere dell'autocompassione - Spiegare come trattarsi con gentilezza può aiutare a gestire i pensieri e le emozioni dolorose.

L'autocompassione, ovvero l'atto di trattarsi con gentilezza e comprensione durante i momenti di difficoltà, svolge un ruolo cruciale nella gestione efficace dei pensieri e delle emozioni dolorose. Basata sui lavori di ricercatori come Kristin Neff, l'autocompassione si articola in tre componenti principali: la gentilezza verso se stessi, il riconoscimento della nostra comune umanità e la consapevolezza mindfulness. Esaminiamo come queste pratiche possano offrire un supporto significativo nel processo di cura emotiva e nella gestione delle sfide personali.

Gentilezza verso Se Stessi

La gentilezza verso se stessi implica trattare se stessi con la stessa cura, comprensione e sostegno che offriremmo a un buon amico durante i tempi difficili. Invece di cadere nella trappola dell'autocritica dura e spietata, che può aggravare il dolore e lo stress, l'approccio autocompassionevole incoraggia una risposta più morbida e accogliente verso le proprie imperfezioni e fallimenti.

- **Gestione del Dolore Emotivo**: Affrontare il dolore emotivo con gentilezza permette di creare uno spazio di accettazione e cura che facilita la guarigione. Questo atteggiamento benevolo verso se stessi aiuta a ridurre i livelli di ansia, depressione e stress, offrendo una base più solida da cui affrontare le sfide.

Riconoscimento della Nostra Comune Umanità

Riconoscere che l'errore e la sofferenza sono parti intrinseche dell'esperienza umana aiuta a ridimensionare i propri problemi e a sentirsi meno isolati. Questo aspetto dell'autocompassione ci connette agli altri, ricordandoci che non siamo soli nelle nostre lotte. La consapevolezza che gli altri condividono esperienze simili di dolore e insuccesso può incoraggiare un senso di appartenenza e solidarietà, riducendo i sentimenti di vergogna e isolamento.

- **Condivisione dell'Esperienza Umana:** Comprendere che siamo parte di una comune umanità permette di affrontare i pensieri e le emozioni dolorose con maggiore equanimità e meno giudizio, facilitando una gestione più sana delle difficoltà.

Mindfulness e Consapevolezza

La mindfulness, ovvero la capacità di essere pienamente presenti con le proprie esperienze in modo non giudicante, è fondamentale per l'autocompassione. Ci permette di riconoscere i nostri pensieri e sentimenti dolorosi senza sopraffarci o identificarci completamente con essi.

- **Accoglienza delle Emozioni**: La pratica della mindfulness nell'autocompassione aiuta a osservare le proprie emozioni dolorose con distacco e curiosità, senza cercare di sopprimerle o cambiarle. Questo approccio consente di affrontare il dolore con maggiore chiarezza e calma, aprendo la via alla trasformazione emotiva e alla crescita personale.

L'adozione di un atteggiamento autocompassionevole promuove una maggiore resilienza di fronte alle avversità, incentivando un percorso di crescita personale che riconosce la sofferenza come parte dell'esperienza umana, piuttosto che come un fallimento personale. Trattarsi con gentilezza, ricordare la comune umanità e praticare la mindfulness creano un ambiente interno di sostegno, dove i pensieri e le emozioni dolorose possono essere accolti e gestiti con cura e comprensione. In questo modo, l'autocompassione non solo aiuta a navigare attraverso i momenti di difficoltà con maggiore grazia ma apre anche la strada a una relazione più amorevole e rispettosa con se stessi, incrementando il benessere generale e la soddisfazione di vita.

Approfondendo ulteriormente il concetto di autocompassione, possiamo esplorare come questa pratica influenzi positivamente non solo la nostra capacità di gestire pensieri ed emozioni dolorose, ma anche come essa possa arricchire la nostra vita su vari livelli, promuovendo una maggiore pace interiore, migliorando le relazioni interpersonali e stimolando un senso di crescita e scoperta personale continuo.

Promozione della Pace Interiore

- **Riduzione del Dialogo Interno Negativo**: L'autocompassione aiuta a trasformare il dialogo interno negativo e autodistruttivo in un linguaggio più positivo e di sostegno. Sostituendo l'autocritica con parole di incoraggiamento e accettazione, si possono alleviare lo stress e l'ansia, favorendo un senso di calma e benessere.

- **Risposta Compassionevole alla Critica Interna**: Quando emergono pensieri autocritici, l'autocompassione insegna a rispondere con comprensione e gentilezza, piuttosto che con giudizio o rifiuto. Questo non solo attenua l'impatto emotivo di tali pensieri ma promuove anche una maggiore serenità mentale.

Miglioramento delle Relazioni Interpersonali

- **Incremento dell'Empatia e della Connettività**: Praticando l'autocompassione, sviluppiamo una maggiore empatia verso noi stessi e, di conseguenza, verso gli altri. Questa capacità di comprendere e condividere i sentimenti altrui può approfondire la qualità delle nostre relazioni, promuovendo connessioni più autentiche e significative.

- **Comunicazione più Aperta ed Effettiva**: L'atteggiamento di apertura e vulnerabilità che accompagna l'autocompassione può migliorare la comunicazione nelle relazioni personali. Riconoscere e esprimere i propri sentimenti in modo onesto e rispettoso incoraggia una comunicazione più genuina e un maggiore sostegno reciproco.

Stimolazione del Percorso di Crescita Personale

- **Sviluppo della Resilienza**: L'autocompassione nutre la resilienza, permettendoci di affrontare e superare le sfide con maggiore flessibilità e forza interiore. Questa resilienza, a sua volta, apre la strada alla scoperta personale e alla trasformazione, poiché impariamo a vedere le difficoltà come opportunità di crescita.

- **Esplorazione di Nuove Opportunità**: Con un atteggiamento compassionevole verso se stessi, si è più inclini a uscire dalla propria zona di comfort e ad esplorare nuove opportunità. L'accettazione e la gentilezza riducono la paura del fallimento, incoraggiando la sperimentazione e l'apprendimento da nuove esperienze.

Integrazione dell'Autocompassione nella Vita Quotidiana

- **Pratiche Quotidiane di Autocura**: L'autocompassione può essere integrata nella routine quotidiana attraverso pratiche di autocura che nutrono corpo, mente e spirito. Questo può includere attività come lo yoga, la meditazione, la lettura, o qualsiasi altra pratica che sostenga il benessere personale.

- **Momenti di Riflessione Compassionevole**: Dedicare momenti della giornata alla riflessione compassionevole, valutando le proprie esperienze con gentilezza e comprensione, può aiutare a coltivare un approccio più amorevole e accettante verso la vita e le sue sfide.

L'autocompassione è una pratica profondamente trasformativa che offre benefici che vanno ben oltre la gestione dei pensieri e delle emozioni dolorose. Agendo come un balsamo lenitivo per l'anima, promuove una pace interiore duratura, arricchisce le relazioni interpersonali e stimola un viaggio di crescita e scoperta personale. Adottando l'autocompassione come filosofia di vita, possiamo avviare un processo di guarigione e trasformazione che ci permette di vivere con maggiore gioia, resilienza e autenticità, abbracciando pienamente il nostro viaggio umano con tutti i suoi alti e bassi.

Proseguendo nell'esplorazione dell'autocompassione e del suo impatto trasformativo, è fondamentale considerare come questa pratica possa facilitare un dialogo interiore più positivo e costruttivo, incoraggiare un maggiore equilibrio emotivo e stimolare un approccio più integrato e olistico al benessere personale. Approfondiamo come l'autocompassione possa essere un catalizzatore per un cambiamento positivo profondo nella nostra vita, influenzando non solo come ci trattiamo nei momenti di difficoltà, ma anche come approcciamo le nostre aspirazioni e i nostri obiettivi a lungo termine.

Facilitazione di un Dialogo Interiore Positivo

- **Cambiamento delle Narrazioni Personali**: Attraverso l'autocompassione, possiamo iniziare a cambiare le narrazioni che ci raccontiamo su noi stessi, passando da storie di limitazione e autocritica a narrazioni di possibilità e sostegno. Questo processo di riscrittura interna apre la via a una maggiore autostima e fiducia nelle proprie capacità.

- **Sviluppo di un'Autocoscienza Costruttiva**: L'autocompassione promuove un'indagine gentile e non giudicante dei propri pensieri ed emozioni, incoraggiando un dialogo interiore che è sia onesto che incoraggiante. Questo può migliorare la nostra capacità di autoregolazione emotiva e di prendere decisioni più allineate con i nostri valori autentici.

Promozione dell'Equilibrio Emotivo

- **Gestione dell'Impatto Emotivo**: Praticando l'autocompassione, impariamo a gestire meglio l'impatto emotivo delle sfide della vita, permettendoci di affrontare sentimenti di tristezza, rabbia o paura con una prospettiva equilibrata. Questo equilibrio emotivo facilita una risposta più adattiva alle situazioni stressanti, contribuendo alla nostra resilienza complessiva.

- **Riconoscimento e Validazione delle Emozioni**: L'autocompassione ci insegna a riconoscere e validare le nostre emozioni senza sopraffarci. Accogliendo i nostri vissuti emotivi con gentilezza, possiamo attraversarli con maggiore grazia, imparando da essi e muovendoci oltre con un senso rinnovato di chiarezza e scopo.

Stimolazione di un Approccio Olistico al Benessere

- **Integrazione di Pratiche di Benessere**: L'autocompassione incoraggia l'integrazione di pratiche di benessere che nutrono il corpo, la mente e lo spirito. Questo può includere l'alimentazione sana, l'esercizio fisico, pratiche spirituali o di mindfulness, e attività creative che risonano con il nostro senso di gioia e soddisfazione.

- **Promozione della Salute Mentale e Fisica**: Adottando un approccio olistico al benessere guidato dall'autocompassione, possiamo promuovere una salute mentale e fisica più robusta. Questo non solo migliora la nostra qualità di vita quotidiana ma ci prepara anche a navigare le sfide future con maggiore forza e resilienza.

Approccio all'Aspirazione e agli Obiettivi

- **Sostegno alle Aspirazioni Personali**: L'autocompassione può sostenere il perseguimento delle nostre aspirazioni personali, fornendoci la forza interiore per perseguire i nostri sogni nonostante le difficoltà. Trattandoci con gentilezza e incoraggiamento, possiamo rimanere motivati e impegnati anche di fronte agli ostacoli.

- **Flessibilità negli Obiettivi e nelle Aspettative**: Praticare l'autocompassione ci permette di mantenere una flessibilità nei nostri obiettivi e aspettative, adattandoci alle circostanze mutevoli senza perdere di vista i nostri valori fondamentali. Questa apertura può portare a scoperte e opportunità inaspettate, arricchendo il nostro percorso di vita.

In sintesi, l'autocompassione è un potente alleato nel nostro viaggio verso una vita più piena e realizzata. Offre gli strumenti per trasformare il dialogo interiore, promuovere l'equilibrio emotivo, adottare un approccio olistico al benessere e perseguire le nostre aspirazioni con fiducia e flessibilità. Coltivando l'autocompassione, non solo miglioriamo il nostro benessere personale, ma ci apriamo anche a una più profonda connessione con gli altri e con il mondo intorno a noi, celebrando la nostra comune umanità con gentilezza, comprensione e cura.

Nell'ulteriore esplorazione dell'autocompassione e del suo impatto profondo sulla vita individuale, emerge la sua capacità di innescare una trasformazione interiore che facilita non solo la gestione dei pensieri e delle emozioni dolorose ma anche il fiorire di un'esistenza caratterizzata da maggiore consapevolezza, connessione e scopo. L'autocompassione, infatti, può essere vista come un punto di partenza per un viaggio di autoscoperta e realizzazione personale, che incide positivamente sul modo in cui affrontiamo le sfide, interagiamo con gli altri e ci impegniamo nel mondo.

Potenziamento della Consapevolezza e dell'Introspezione

- **Approfondimento dell'Introspezione**: L'autocompassione invita a un esame interiore che va oltre il superficiale, promuovendo una comprensione più profonda dei propri modelli di pensiero, reazioni emotive e bisogni sottostanti. Questa maggiore consapevolezza di sé può illuminare i percorsi verso il cambiamento personale e la crescita.

- **Sviluppo della Consapevolezza Emotiva**: Praticando l'autocompassione, aumentiamo la nostra capacità di identificare e accogliere le nostre emozioni senza giudizio. Questa consapevolezza emotiva è fondamentale per costruire risposte più sane e adattive alle situazioni che incontriamo, favorendo una vita emotiva più equilibrata e soddisfacente.

Rafforzamento della Connettività Umana

- **Empatia e Connessione Profonda**: Coltivare l'autocompassione apre la porta a un livello più profondo di empatia e comprensione nei confronti degli altri. Riconoscendo la nostra comune vulnerabilità e umanità, siamo più inclini a relazionarci con gli altri in modi che valorizzano la cura reciproca e il supporto,

rafforzando le relazioni e costruendo comunità
più coese.

- **Diminuzione della Sensazione di
Isolamento**: L'aspetto dell'autocompassione
che ci ricorda la nostra connessione con
l'esperienza umana più ampia aiuta a mitigare i
sentimenti di isolamento e solitudine.
Condividere, anche silenziosamente, un senso di
fratellanza con tutti coloro che affrontano sfide
simili può offrire conforto e speranza.

Guida verso un Proposito di Vita

- **Illuminazione del Proposito Personale**: La
pratica dell'autocompassione può fungere da
bussola interiore che guida verso la scoperta e la
realizzazione del proprio scopo di vita.
Trattandosi con gentilezza e supporto, siamo più
liberi di esplorare passioni, valori e aspirazioni,
trovando direzioni che risuonano profondamente
con il nostro essere più autentico.

- **Flessibilità e Apertura al Cambiamento**:
L'approccio compassionevole verso se stessi
incoraggia una maggiore flessibilità di fronte al
cambiamento, permettendo di navigare le
transizioni della vita con grazia e apertura.
Accettare con gentilezza i propri errori e
incertezze può trasformare potenzialmente i
percorsi bloccati in vie di opportunità e
rinnovamento.

Impatto Olistico sull'Esistenza

- **Armonizzazione di Corpo, Mente e Spirito**: L'autocompassione promuove un benessere che armonizza tutte le dimensioni dell'esistenza umana, incoraggiando pratiche di vita che nutrono il corpo, arricchiscono la mente e alimentano lo spirito. Questo approccio olistico può migliorare la salute fisica, stimolare la curiosità intellettuale e rafforzare la connessione spirituale.

- **Contributo Positivo al Mondo**: Vivere con autocompassione non solo arricchisce la propria vita ma può anche ispirare un contributo positivo al mondo circostante. La gentilezza e l'empatia che coltiviamo verso noi stessi possono riversarsi nelle nostre azioni esterne, promuovendo iniziative che sostengono la cura, la giustizia e la sostenibilità a livello globale.

L'autocompassione, dunque, emerge come una pratica trasformativa con il potere di rinnovare profondamente non solo il nostro rapporto con noi stessi ma anche il modo in cui viviamo e ci impegniamo nel mondo. Attraverso la gentilezza, l'accettazione e la consapevolezza di sé, possiamo aprire la strada a una vita di maggiore autenticità, connessione e scopo, contribuendo positivamente alla nostra comunità e al mondo più ampio. Coltivando l'autocompassione, non solo affrontiamo i pensieri e le emozioni dolorose con maggiore equilibrio e resilienza, ma abbracciamo anche un'esistenza arricchita da una profonda soddisfazione personale e da un senso di contributo significativo.

Nel continuare ad approfondire l'importanza e l'impatto dell'autocompassione, possiamo esplorare come essa faciliti un percorso di trasformazione che va oltre la semplice gestione dei momenti di difficoltà, diventando una forza motrice per un'esplorazione interiore più ricca e per un impegno più profondo nella propria vita e nelle relazioni con gli altri. L'autocompassione non solo ci insegna a trattarci con gentilezza nei momenti di fallimento o dolore ma ci apre anche a una maggiore ricettività alle esperienze di apprendimento, alla crescita personale e allo sviluppo di una maggiore connessione con il mondo che ci circonda.

Promozione di una Continua Esplorazione Interiore

- **Facilitazione dell'Autoaccettazione**: L'autocompassione ci porta a una più profonda autoaccettazione, dove possiamo riconoscere e accogliere le nostre vulnerabilità, limitazioni e imperfezioni come parte integrante del nostro essere. Questo processo di accettazione non è un punto di arrivo, ma un viaggio continuo che arricchisce la nostra comprensione di noi stessi e del nostro posto nel mondo.

- **Stimolazione della Crescita Personale**: Attraverso la lente dell'autocompassione, vediamo i nostri errori e fallimenti non come segni di inadeguatezza, ma come opportunità preziose per l'apprendimento e la crescita. Questo cambiamento di prospettiva ci incoraggia a rimanere aperti e curiosi, esplorando nuove vie di sviluppo personale e superando gli ostacoli con resilienza e flessibilità.

Approfondimento delle Relazioni Interpersonali

- **Costruzione di Relazioni più Profonde e Autentiche**: L'atteggiamento di autocompassione può trasformare il modo in cui ci relazioniamo agli altri, promuovendo una maggiore autenticità, vulnerabilità e apertura nelle nostre interazioni. Accettando e trattando con gentilezza noi stessi, siamo più inclini a estendere lo stesso livello di comprensione e cura agli altri, arricchendo la qualità delle nostre relazioni.

- **Favorire un Ambiente di Sostegno e Connessione**: La pratica dell'autocompassione crea un ambiente in cui la gentilezza, la comprensione e l'empatia fioriscono, incoraggiando una maggiore connessione e sostegno reciproco. Questo può rafforzare i legami sociali e costruire comunità resilienti e compassionevoli.

Ampliamento dell'Impegno nel Mondo

- **Incentivazione dell'Altruismo e dell'Impegno Civico**: L'autocompassione non solo migliora il nostro benessere interiore ma può anche ispirarci ad agire positivamente nel mondo esterno. Riconoscendo la nostra comune umanità e trattandoci con gentilezza, possiamo essere motivati ad estendere la nostra cura verso cause più ampie, contribuendo attivamente al benessere della società e dell'ambiente.

- **Promozione della Sostenibilità Personale e Globale**: Integrando l'autocompassione nelle nostre vite, possiamo promuovere stili di vita più sostenibili che rispettano non solo il nostro benessere ma anche quello del pianeta. Questo approccio olistico ci incoraggia a considerare le implicazioni delle nostre azioni sulla salute globale e a impegnarci in pratiche che sostengono la vita in tutte le sue forme.

Attraverso l'autocompassione, quindi, intraprendiamo un percorso di trasformazione che ci conduce non solo a una maggiore pace interiore e comprensione di noi stessi ma anche a relazioni più ricche e significative, a un impegno più profondo nella nostra comunità e nel mondo, e a uno stile di vita che rispecchia i nostri valori più autentici. Coltivare l'autocompassione è un atto rivoluzionario di cura di sé che ha il potenziale di irradiare cambiamento positivo, influenzando non solo la nostra vita personale ma anche il tessuto più ampio della società, promuovendo una cultura di gentilezza, comprensione e responsabilità condivisa.

In conclusione, l'autocompassione emerge come una pratica essenziale e trasformativa che va molto oltre la semplice gestione dei momenti di sofferenza personale. Essa rappresenta un fondamento su cui costruire una vita ricca di significato, resilienza e connessione profonda sia con sé stessi che con il mondo circostante. Trattarsi con gentilezza, accettazione e comprensione non solo facilita una navigazione più serena attraverso le tempeste emotive, ma pone anche le basi per un'esistenza arricchita da autenticità, scoperta e impegno.

L'autocompassione ci invita a riconoscere le nostre esperienze di dolore e difficoltà come parte integrante del viaggio umano, offrendoci la possibilità di trattare noi stessi con la stessa cura e compassione che offriremmo a un caro amico. Questo approccio apre la strada a un dialogo interiore più positivo e costruttivo, in cui l'autocritica cede il posto alla gentilezza, alimentando la nostra capacità di crescita e di resilienza di fronte alle sfide della vita.

Allo stesso tempo, l'autocompassione rafforza la nostra connessione con gli altri, ricordandoci che l'esperienza della sofferenza è una caratteristica universale dell'esistenza umana. Tale consapevolezza può diminuire i sentimenti di isolamento, promuovere la solidarietà e intensificare la nostra capacità di empatia e sostegno reciproco. In questo modo, le relazioni interpersonali diventano più autentiche e profonde, arricchite da una comprensione condivisa e da un impegno comune verso il benessere collettivo.

Integrando l'autocompassione nelle nostre vite, ci impegniamo attivamente nella costruzione di un futuro in cui la cura di sé e degli altri è riconosciuta come una forza potente per il cambiamento positivo. Questa pratica ci motiva ad esplorare con curiosità e apertura le infinite possibilità di crescita personale, a costruire relazioni basate su genuina comprensione e rispetto, e a contribuire con azioni significative alla società e all'ambiente. L'autocompassione, quindi, non è solo un regalo che ci facciamo, ma è anche un contributo essenziale alla creazione di un mondo più compassionevole e sostenibile.

In definitiva, coltivare l'autocompassione significa abbracciare pienamente la nostra umanità, con tutte le sue imperfezioni, vulnerabilità e potenzialità. Si tratta di un impegno verso un percorso di vita in cui ogni passo, indipendentemente dalle sue difficoltà, è intriso di gentilezza, comprensione e un senso profondo di connessione. Attraverso questa pratica, non solo trasformiamo il nostro rapporto con noi stessi e con gli altri, ma diventiamo anche agenti di un cambiamento che va oltre i confini personali, irradiando calore, cura e comprensione in un mondo che ne ha un disperato bisogno.

12. Costruire relazioni sane - Discutere l'importanza delle relazioni supportive e come influenzano il nostro benessere mentale.

Le relazioni sane e supportive giocano un ruolo cruciale nel sostenere il nostro benessere mentale. Essere circondati da persone che ci offrono sostegno emotivo, comprensione e accettazione può avere un impatto profondamente positivo sulla nostra salute psicologica, influenzando la nostra capacità di affrontare lo stress, superare le sfide e perseguire la crescita personale. Esaminiamo più da vicino l'importanza di queste relazioni e come possono arricchire significativamente la nostra vita.

Fonte di Supporto Emotivo

Le relazioni sane forniscono un supporto emotivo essenziale, offrendo un rifugio sicuro durante i momenti di difficoltà. Avere qualcuno che ascolta attivamente, che offre conforto e comprensione senza giudizio, può fare una grande differenza nel modo in cui elaboriamo e affrontiamo le nostre emozioni. Questo supporto può ridurre i sentimenti di isolamento e solitudine, contribuendo a mitigare gli effetti dello stress e dell'ansia.

Influenza sul Benessere Psicologico

Le relazioni positive hanno mostrato di avere un impatto diretto sul nostro benessere psicologico. Studi indicano che le persone con forti legami sociali tendono a essere più felici, più resilienti e meno inclini a soffrire di depressione. Inoltre, il sostegno sociale può agire come un fattore protettivo contro vari problemi di salute mentale, migliorando la nostra capacità di gestire le pressioni quotidiane.

Contributo alla Crescita Personale

Le relazioni supportive non solo ci offrono conforto nei momenti di bisogno, ma possono anche stimolare la nostra crescita personale. Gli amici, i partner e i familiari possono incoraggiarci a esplorare nuovi interessi, sfidarci a superare i nostri limiti e celebrare con noi i nostri successi. Questo tipo di sostegno può aumentare la nostra autostima e motivarci a perseguire i nostri obiettivi, contribuendo a una maggiore realizzazione personale.

Miglioramento della Qualità della Vita

Avere relazioni sane e piene di sostegno migliora significativamente la qualità della nostra vita. Sentirsi connessi e apprezzati ci offre un senso di appartenenza e sicurezza, elementi fondamentali per la nostra felicità e soddisfazione generale. Queste relazioni arricchiscono la nostra vita con esperienze condivise, amore e gioia, contribuendo a un senso complessivo di benessere.

Come Costruire e Mantenere Relazioni Sane

- **Comunicazione Aperta ed Effettiva**: Una comunicazione onesta e aperta è fondamentale per costruire relazioni sane. Esprimere i propri pensieri e sentimenti in modo chiaro e ascoltare attivamente gli altri aiuta a prevenire malintesi e costruire una base di fiducia e comprensione reciproca.

- **Rispetto e Confini**: Il rispetto reciproco e il riconoscimento dei confini personali sono essenziali in tutte le relazioni sane. Stabilire e rispettare i confini aiuta a mantenere l'equilibrio e assicura che entrambe le parti si sentano valutate e supportate.

- **Supporto Reciproco**: Le relazioni sane si basano sul sostegno reciproco. Offrire e ricevere supporto nei momenti di bisogno rafforza i legami e promuove un senso di solidarietà e appartenenza.

Le relazioni sane e supportive sono fondamentali per il nostro benessere mentale, offrendoci sostegno, amore e opportunità di crescita. Investire tempo e sforzi nella costruzione e nel mantenimento di queste relazioni può arricchire enormemente la nostra vita, fornendoci le risorse emotive necessarie per navigare le sfide della vita con resilienza e gioia.

Proseguendo nell'esplorazione dell'importanza delle relazioni supportive per il benessere mentale, è essenziale considerare come la capacità di costruire e mantenere legami positivi si intrecci con il concetto di intelligenza emotiva e come l'impegno in attività condivise possa approfondire questi rapporti, arricchendo ulteriormente la nostra esperienza di vita.

Intelligenza Emotiva e Relazioni Sane

- **Sviluppo dell'Empatia**: L'intelligenza emotiva, in particolare l'empatia, svolge un ruolo chiave nel formare relazioni supportive. Essere in grado di comprendere e condividere i sentimenti degli altri aiuta a creare una connessione profonda e significativa, che è la base di ogni relazione sana.

- **Gestione dei Conflitti**: L'intelligenza emotiva facilita anche la gestione efficace dei conflitti nelle relazioni. Essa permette di affrontare le divergenze con una prospettiva equilibrata, cercando soluzioni che rispettino i bisogni e i desideri di tutte le parti coinvolte, mantenendo così la salute e la longevità della relazione.

Attività Condivise come Mezzo di Connessione

- **Esperienze Condivise**: Impegnarsi insieme in attività piacevoli o significative può rafforzare i legami, creando ricordi condivisi e momenti di gioia che diventano i pilastri delle relazioni. Che si tratti di hobby, sport, attività artistiche o volontariato, queste esperienze comuni possono arricchire le nostre relazioni e il nostro benessere personale.

- **Supporto nel Percorso di Crescita Personale**: L'incoraggiamento reciproco nel perseguire obiettivi personali o professionali è un altro aspetto fondamentale delle relazioni sane. Celebrare i successi e fornire sostegno nei momenti di fallimento o dubbio consolida il senso di supporto e appartenenza reciproca.

Importanza del Perdono nelle Relazioni

- **Rilascio del Risentimento**: Il perdono gioca un ruolo cruciale nelle relazioni sane, permettendo di superare rancori e incomprensioni. Riconoscere che tutti commettono errori e scegliere di perdonare rafforza la resilienza della relazione e promuove un ambiente di comprensione e rispetto reciproco.

- **Costruzione della Fiducia**: Il perdono, quando è autentico e reciproco, può anche costruire e rafforzare la fiducia all'interno delle relazioni. Questo atto di fiducia reciproca crea un legame più profondo e sicuro tra le parti, favorendo un senso di sicurezza emotiva.

La Comunicazione come Fondamento

- **Ascolto Attivo e Espressione Autentica**: Una comunicazione efficace è il fondamento su cui costruire e mantenere relazioni sane.

L'ascolto attivo, che implica ascoltare veramente con l'intento di comprendere, e l'espressione autentica dei propri pensieri e sentimenti, contribuiscono a creare un dialogo aperto e onesto che nutre la relazione.

- **Negoziazione dei Bisogni**: Le relazioni sane richiedono anche la capacità di negoziare i bisogni e i desideri personali in modo che entrambe le parti si sentano ascoltate e valorizzate. Questo richiede flessibilità, apertura mentale e la volontà di trovare compromessi che rispettino l'integrità individuale pur sostenendo la relazione.

Le relazioni sane e supportive sono un pilastro fondamentale del benessere mentale, offrendoci un senso di appartenenza, gioia e sostegno nel viaggio della vita. Costruire e mantenere tali legami richiede impegno, empatia e una comunicazione efficace, ma i benefici che derivano da relazioni autentiche e di supporto sono inestimabili, influenzando positivamente la nostra salute emotiva, la nostra crescita personale e il nostro senso di connessione con il mondo intorno a noi. Impegnandoci attivamente in relazioni sane, non solo miglioriamo il nostro benessere ma contribuiamo anche a creare una comunità più compassionevole e connessa.

Proseguendo nell'analisi dell'importanza delle relazioni supportive per il benessere mentale, è essenziale esplorare ulteriormente come la qualità delle nostre interazioni influenzi la nostra visione di noi stessi e del mondo, e come l'impegno in un continuo processo di apprendimento reciproco e sostegno emotivo possa approfondire e arricchire queste connessioni vitali.

Riflessione sull'Immagine di Sé

- **Influenza Positiva sull'Autostima**: Le relazioni sane, basate su rispetto, amore e accettazione, possono avere un impatto significativamente positivo sulla nostra autostima. Essere apprezzati e valorizzati da altri contribuisce a costruire e mantenere una visione positiva di sé, rafforzando la nostra convinzione nelle proprie capacità e nel proprio valore.

- **Modellamento delle Aspettative Personali**: Le interazioni con persone che ci supportano e credono in noi possono modellare le nostre aspettative personali, spingendoci a mirare più in alto e a perseguire con fiducia i nostri obiettivi. Questo sostegno esterno diventa un catalizzatore per l'auto-miglioramento e la realizzazione personale.

Apprendimento Reciproco e Crescita Condivisa

- **Scambio di Persone e Idee**: Le relazioni supportive offrono un terreno fertile per lo scambio di idee, esperienze e perspettive. Questo arricchimento reciproco non solo amplia la nostra comprensione del mondo ma stimola anche la nostra crescita personale, permettendoci di imparare gli uni dagli altri e di sviluppare una maggiore empatia.

- **Sfide Costruttive**: Avere rapporti con individui che ci sfidano in modo costruttivo e compassionevole può essere incredibilmente stimolante. Queste sfide possono motivarci a esplorare nuove aree di crescita, ad affrontare le nostre paure e a superare i limiti autoimposti, il tutto in un contesto di sostegno e incoraggiamento.

Sostegno Emotivo e Condivisione di Esperienze

- **Confronto delle Esperienze di Vita**: Condividere le proprie esperienze di vita, sia le gioie che le difficoltà, in un contesto di relazioni supportive, può aiutarci a processare e dare senso a questi eventi. Questa condivisione di esperienze promuove una sensazione di non essere soli nei propri vissuti, rafforzando il legame e il sostegno reciproco.

- **Supporto nei Momenti di Bisogno**: Sapere di avere una rete di sostegno su cui contare nei momenti difficili fornisce una sicurezza emotiva significativa. Il sostegno ricevuto nelle relazioni sane può attutire l'impatto delle avversità e accelerare il processo di recupero, dimostrando l'importanza cruciale di tali connessioni per il nostro benessere generale.

Mantenimento e Rafforzamento delle Connessioni

- **Pratica della Gratitudine nelle Relazioni**: Esprimere gratitudine e apprezzamento per il supporto e l'amore ricevuti rafforza le relazioni e promuove un circolo virtuoso di gentilezza e generosità. Questi atti di riconoscimento contribuiscono a solidificare i legami, riconoscendo e valorizzando l'importanza di ogni persona nella nostra vita.

- **Impegno Costante nel Rafforzamento dei Legami**: Le relazioni sane richiedono un impegno costante e una cura attiva. Dedicare tempo e energia per coltivare e mantenere queste connessioni attraverso comunicazioni regolari, incontri significativi e attenzione alle esigenze dell'altro è fondamentale per preservare la loro forza e vitalità.

Le relazioni sane e supportive rappresentano una componente fondamentale del nostro benessere mentale, offrendoci sostegno, opportunità di crescita, e una maggiore capacità di navigare le complessità della vita con resilienza e ottimismo. Coltivare e mantenere queste relazioni attraverso la comunicazione, la condivisione di esperienze, e un impegno reciproco nel sostegno emotivo non solo arricchisce la nostra esperienza individuale ma fortifica anche il tessuto della nostra comunità, promuovendo un senso più profondo di connessione e appartenenza.

Nell'ulteriore approfondimento sull'importanza delle relazioni supportive per il benessere mentale, emerge come la capacità di instaurare e sostenere legami positivi influenzi non solo la nostra salute psicologica ma anche il nostro approccio alla vita, la resilienza di fronte alle avversità e la nostra capacità di contribuire positivamente alla società.

Rafforzamento della Resilienza Personale

- **Condivisione come Meccanismo di Supporto**: Attraverso la condivisione delle proprie esperienze, successi e fallimenti, all'interno di un contesto relazionale di sostegno, individui possono rafforzare la propria resilienza. Questo processo aiuta a normalizzare le sfide della vita, offrendo prospettive diverse e strategie di coping che possono essere adottate per superare ostacoli simili in futuro.

- **Impatto del Supporto Emotivo sulla Resilienza**: La sensazione di essere compresi e supportati nelle relazioni può fungere da ammortizzatore contro lo stress e la disperazione, permettendo agli individui di recuperare più rapidamente dalle difficoltà e di mantenere un atteggiamento più ottimista e proattivo nei confronti della vita.

Sviluppo di un Senso di Appartenenza

- **Creazione di Comunità Supportive**: Le relazioni sane contribuiscono a creare un senso di appartenenza, un fattore chiave per il benessere mentale. Sentirsi parte di una comunità o di un gruppo, dove si condividono valori, interessi e obiettivi comuni, può ridurre significativamente i sentimenti di isolamento e solitudine, arricchendo la nostra vita sociale e emotiva.

- **Valorizzazione della Diversità nelle Relazioni**: Costruire relazioni che attraversano diverse culture, background e prospettive può ampliare enormemente il nostro senso di appartenenza globale e la nostra comprensione della complessità umana, promuovendo l'inclusione e la tolleranza.

Contributo alla Società

- **Modello di Comportamento Positivo**: Mantenere relazioni sane e supportive non solo beneficia gli individui coinvolti ma funge anche da modello positivo per gli altri. Questo può ispirare amici, familiari e colleghi a cercare e costruire a loro volta relazioni positive, creando una rete più ampia di supporto sociale.

- **Incentivazione dell'Altruismo**: Le esperienze positive nelle relazioni possono motivare gli individui ad agire in modo altruistico e a contribuire al benessere della loro comunità. Questo può assumere varie forme, dall'assistenza volontaria in organizzazioni locali al sostegno dei membri della comunità che attraversano periodi difficili.

Crescita e Apprendimento Continui

- **Apprendimento Reciproco**: Le relazioni supportive offrono opportunità illimitate per l'apprendimento reciproco e la crescita personale. Attraverso l'esplorazione condivisa di idee, la risoluzione di problemi e la navigazione congiunta delle sfide della vita, possiamo acquisire nuove competenze, conoscenze e prospettive che arricchiscono la nostra esperienza personale e professionale.

- **Stimolazione dell'Innovazione e della Creatività**: Gli scambi in relazioni positive possono stimolare la creatività e l'innovazione, incoraggiando gli individui a pensare in modi nuovi e originali. Questo può portare alla generazione di idee creative, soluzioni innovative ai problemi e nuove iniziative che possono beneficiare sia l'individuo che la collettività.

Le relazioni supportive costituiscono una risorsa inestimabile per il benessere mentale, offrendo un supporto cruciale che va ben oltre il mero conforto nei momenti di necessità. Esse arricchiscono la nostra vita, rafforzano la nostra resilienza, promuovono un senso di appartenenza e ci spingono verso la crescita personale e collettiva. Investire nel coltivare e mantenere relazioni sane è un atto di cura profonda per sé stessi e per il tessuto sociale in cui siamo inseriti, sottolineando come la nostra interconnettività sia fondamentale non solo per la nostra salute psicologica ma anche per il nostro contributo al mondo che ci circonda.

Continuando ad approfondire il ruolo vitale delle relazioni supportive nel nostro benessere mentale, si svela ulteriormente come l'intreccio tra autenticità nelle relazioni e la pratica della vulnerabilità possano fungere da pilastri per costruire connessioni più profonde e significative. Questi elementi non solo rafforzano il tessuto delle nostre interazioni personali ma alimentano anche una cultura di comprensione, accettazione e cura reciproca che trascende i confini individuali, influenzando positivamente il benessere collettivo.

Autenticità e Vulnerabilità nelle Relazioni

- **Fondamento di Autenticità**: Vivere con autenticità nelle relazioni significa esprimere apertamente i propri veri pensieri, sentimenti ed esperienze, senza la paura di essere giudicati. Questa pratica non solo invita alla reciprocità in termini di apertura e onestà ma costruisce anche un terreno solido su cui possono fiorire la fiducia e l'intimità.

- **Potere della Vulnerabilità**: La vulnerabilità, sebbene spesso percepita come un segno di debolezza, è in realtà una manifestazione di coraggio e fiducia nelle relazioni. Mostrarsi vulnerabili apre la porta all'empatia e al supporto reciproco, permettendo alle persone di connettersi a un livello più profondo e umano.

Sostegno alla Crescita Collettiva

- **Crescita attraverso la Condivisione**: Le esperienze e le lezioni apprese vengono amplificate quando condivise all'interno di relazioni supportive. Questo scambio non solo arricchisce individualmente i partecipanti ma contribuisce anche a una cultura di apprendimento e crescita collettiva, dove le conoscenze e le intuizioni si diffondono e si radicano all'interno della comunità.

- **Incentivazione alla Resilienza Comunitaria**: La pratica della supportività e dell'empatia all'interno delle relazioni può fungere da modello, promuovendo la resilienza non solo a livello individuale ma anche collettivo. Comunità forti e coese sono meglio equipaggiate per affrontare e superare le sfide, sostenendosi a vicenda attraverso tempi di crisi e cambiamento.

Approfondimento dell'Empatia e della Comprensione Reciproca

- **Empatia come Via di Connessione**: La capacità di mettersi nei panni dell'altro e di sentire profondamente le loro esperienze rafforza le relazioni e promuove un ambiente di cura e sostegno. L'empatia permette di superare le barriere dell'incomprensione e di costruire ponti di connessione basati su una profonda consapevolezza emotiva.

- **Comprensione Reciproca e Accettazione**: Le relazioni basate su una genuina comprensione e accettazione reciproca sono quelle che tendono a essere più resilienti e soddisfacenti. Questa accettazione incondizionata crea un ambiente sicuro dove gli individui si sentono liberi di essere se stessi, senza timore di rifiuto o giudizio.

Sviluppo e Mantenimento di Legami Profondi

- **Pratiche di Mantenimento della Relazione**: Costruire e mantenere relazioni sane richiede impegno e dedizione continua. Ciò include pratiche come l'ascolto attivo, il tempo di qualità trascorso insieme, la risoluzione costruttiva dei conflitti e la celebrazione delle gioie condivise. Queste pratiche non solo nutrono la relazione ma rafforzano anche il legame emotivo tra le parti.

- **Adattabilità e Crescita Mutua**: Le relazioni più salutari sono quelle che si adattano e crescono nel tempo, riflettendo i cambiamenti e le evoluzioni dei singoli partecipanti. Questa capacità di adattamento, basata su un impegno condiviso verso la crescita e il sostegno reciproco, garantisce la longevità e la profondità del legame.

Le relazioni supportive agiscono come un catalizzatore per il benessere personale e collettivo, offrendo uno spazio di sicurezza emotiva, crescita condivisa e arricchimento mutuo. Attraverso la costruzione di connessioni basate su autenticità, vulnerabilità, empatia e comprensione reciproca, possiamo non solo navigare le sfide della vita con maggiore resilienza ma anche contribuire a forgiare una comunità più compassionevole, comprensiva e interconnessa, dove ogni individuo si sente valorizzato, supportato e connesso.

In sintesi, le relazioni supportive rappresentano una componente cruciale del benessere mentale e psicologico, essenziali per navigare le complessità della vita con resilienza, speranza e gioia. La capacità di instaurare e mantenere legami profondi e significativi non solo arricchisce la nostra esperienza personale ma funge anche da fondamento per una comunità più forte e coesa, capace di affrontare insieme le sfide e celebrare i successi.

Le relazioni basate sull'autenticità e sulla vulnerabilità ci invitano a esprimere la nostra vera essenza, promuovendo un senso di connessione e comprensione reciproca che trascende le superficialità. Questa profonda intimità emotiva crea un ambiente di fiducia e sicurezza, dove gli individui possono liberamente condividere paure, speranze e sogni, sapendo di essere ascoltati, valorizzati e accettati.

L'empatia e la comprensione reciproca sono pilastri che sostengono le relazioni sane, facilitando una connessione empatica che permette di percepire e condividere le emozioni altrui come se fossero proprie. Questa capacità di entrare in risonanza emotiva arricchisce la qualità delle nostre interazioni, rafforzando i legami e promuovendo un senso di appartenenza che è fondamentale per la nostra salute mentale.

L'impegno continuo nel coltivare e mantenere queste connessioni attraverso pratiche come l'ascolto attivo, la condivisione di esperienze e la risoluzione costruttiva dei conflitti, assicura che le relazioni non solo sopravvivano ma prosperino nel tempo. La flessibilità e la capacità di adattamento consentono alle relazioni di evolversi in risposta ai cambiamenti individuali e collettivi, mantenendo la loro rilevanza e importanza nelle nostre vite.

In ultima analisi, le relazioni supportive ci offrono un rifugio sicuro dove possiamo trovare conforto, ispirazione e forza. Esse alimentano la nostra crescita personale, ampliano la nostra comprensione del mondo e ci ispirano a contribuire positivamente alla vita degli altri. Le relazioni sane sono quindi non solo essenziali per il nostro benessere individuale, ma sono anche un ingrediente chiave per costruire una società più amorevole, resiliente e connessa.

Investire nel costruire e mantenere relazioni supportive è un atto di profonda cura di sé e di impegno verso il benessere collettivo. Attraverso queste connessioni, possiamo esplorare il pieno potenziale della nostra umanità, affrontando insieme le sfide della vita e celebrando le sue infinite bellezze. Le relazioni supportive sono, in definitiva, un tesoro inestimabile che arricchisce ogni aspetto della nostra esistenza, illuminando il nostro cammino con amore, comprensione e una gioia condivisa.

13. Impostare obiettivi realistici e raggiungibili -
Guidare i lettori nella definizione di obiettivi che
promuovono il benessere mentale e la crescita
personale.

Impostare obiettivi realistici e raggiungibili è un passo
cruciale per promuovere il benessere mentale e
stimolare la crescita personale. Gli obiettivi ci danno
una direzione, motivano i nostri sforzi e offrono un
senso di soddisfazione quando vengono raggiunti.
Tuttavia, è fondamentale che questi obiettivi siano
formulati in modo tale da essere effettivamente
raggiungibili, per evitare frustrazioni e sensazioni di
fallimento. Ecco una guida per definire obiettivi che
non solo sono realizzabili ma che anche sostengono il
tuo benessere mentale e il tuo sviluppo personale.

Identificazione dei Valori Fondamentali

Prima di impostare qualsiasi obiettivo, è essenziale
riflettere sui tuoi valori fondamentali. Chiediti: "Cosa è
veramente importante per me nella vita?" Che si tratti
di salute, famiglia, crescita professionale, creatività o
apprendimento, comprendere ciò che valorizzi ti
aiuterà a stabilire obiettivi che risuonano con il tuo
vero sé e promuovono un senso di scopo e
soddisfazione.

Definizione di Obiettivi SMART

Gli obiettivi SMART (Specifici, Misurabili, Achievable, Rilevanti, Temporizzati) sono un ottimo punto di partenza per garantire che i tuoi obiettivi siano ben definiti e raggiungibili:

- **Specifici**: Sii chiaro e preciso su ciò che vuoi raggiungere.

- **Misurabili**: Assicurati che il tuo obiettivo possa essere valutato o misurato in qualche modo.

- **Achievable (Raggiungibili)**: Gli obiettivi devono essere realistici e raggiungibili data la tua situazione attuale.

- **Rilevanti**: I tuoi obiettivi dovrebbero essere importanti per te e riflettere i tuoi valori e le tue priorità.

- **Temporizzati**: Stabilisci una scadenza chiara per mantenere la motivazione e il focus.

Suddivisione in Obiettivi MinorI

Gli obiettivi grandi e a lungo termine possono sembrare schiaccianti. Suddividili in obiettivi più piccoli e gestibili che ti portano progressivamente verso il tuo obiettivo principale. Questo approccio rende il processo meno intimidatorio e fornisce opportunità regolari per celebrare i successi lungo il percorso.

Mantenimento della Flessibilità

Mentre lavori verso i tuoi obiettivi, ricorda di rimanere flessibile. Le circostanze cambiano e potresti scoprire che alcuni obiettivi necessitano di essere adattati. La capacità di adeguarsi alle nuove informazioni o situazioni è fondamentale per mantenere il percorso verso il successo realistico e realizzabile.

Focalizzazione sul Progresso, non sulla Perfezione

Celebra ogni passo avanti, indipendentemente da quanto piccolo possa sembrare. Focalizzarsi sul progresso piuttosto che sull'ottenimento di una perfezione irraggiungibile aiuta a mantenere l'autostima e la motivazione. Ricorda, il viaggio verso il raggiungimento degli obiettivi è spesso altrettanto importante della destinazione stessa.

Supporto e Responsabilità

Condividere i tuoi obiettivi con amici fidati, familiari o mentori può offrirti un ulteriore livello di sostegno e responsabilità. Avere qualcuno che ti incoraggia e con cui puoi condividere i tuoi progressi può rafforzare la tua determinazione e offrirti preziosi feedback.

Attenzione al Benessere Mentale

Infine, assicurati che i tuoi obiettivi siano allineati con il tuo benessere mentale. Evita di impostare aspettative irrealistiche che potrebbero portare a stress e ansia. Invece, scegli obiettivi che ti sfidano ma che allo stesso tempo nutrono la tua salute mentale, il tuo equilibrio e la tua felicità.

Impostare obiettivi realistici e raggiungibili non è solo una questione di raggiungere traguardi esterni, ma è anche un processo che promuove la riflessione personale, l'autoaccettazione e la crescita. Attraverso questo processo, puoi non solo ottenere risultati significativi ma anche approfondire la tua comprensione di te stesso e migliorare il tuo benessere generale.

Proseguendo nella discussione sull'impostazione di obiettivi realistici e raggiungibili che promuovono il benessere mentale e la crescita personale, è importante sottolineare il valore dell'auto-riflessione e dell'adattamento continuo come parte integrante del processo. Questi elementi non solo facilitano il raggiungimento degli obiettivi ma arricchiscono anche il viaggio, rendendolo un'esperienza di apprendimento e arricchimento personale.

Auto-riflessione Regolare

- **Valutazione Periodica dei Progressi**: Dedicare del tempo regolarmente per riflettere sui progressi fatti verso il raggiungimento degli obiettivi può offrire preziose intuizioni sulle strategie che funzionano, sugli ostacoli incontrati e sulle eventuali modifiche necessarie. Questo esercizio di auto-riflessione aiuta a mantenere l'attenzione focalizzata e a ricalibrare l'approccio quando necessario, garantendo che gli obiettivi rimangano allineati con le proprie aspirazioni e circostanze di vita.

- **Celebrazione dei Successi**: Riconoscere e celebrare i successi, anche i più piccoli, è fondamentale per mantenere alti i livelli di motivazione e soddisfazione personale. Questi momenti di celebrazione agiscono come rinforzi positivi, incentivando la perseveranza e l'impegno nei confronti degli obiettivi a lungo termine.

Adattamento e Flessibilità

- **Apertura ai Cambiamenti**: La vita è dinamica e imprevedibile, per cui è essenziale mantenere un atteggiamento di apertura e flessibilità riguardo agli obiettivi impostati. Essere disposti ad adattare o riformulare gli obiettivi in risposta a nuove informazioni, esperienze o feedback è un segno di maturità e saggezza, non di fallimento o indecisione.

- **Apprendimento dall'Esperienza**: Ogni tentativo, sia esso un successo o un apparente fallimento, offre opportunità uniche di apprendimento. Integrare le lezioni apprese nel corso del viaggio verso gli obiettivi aiuta a costruire una base di conoscenze e competenze sempre più solida, che sarà preziosa per future imprese e sfide.

Sostenere il Benessere Mentale nel Processo

- **Priorità al Benessere**: Nel definire e perseguire gli obiettivi, è cruciale dare priorità al proprio benessere mentale ed emotivo. Gli obiettivi dovrebbero sfidare e stimolare la crescita personale senza però compromettere la salute mentale. È importante riconoscere i segnali di eccessivo stress o affaticamento e concedersi il tempo per riposare e ricaricare.

- **Costruzione di una Rete di Supporto**: Circondarsi di una rete di supporto empatica e incoraggiante può fare una grande differenza nel percorso verso il raggiungimento degli obiettivi. Amici, familiari o mentor che comprendono le tue aspirazioni e offrono sostegno, consigli e incoraggiamento possono aumentare significativamente le probabilità di successo.

L'impostazione di obiettivi realistici e raggiungibili, quindi, trascende la semplice definizione di traguardi; è un processo olistico che integra auto-riflessione, adattamento, celebrazione dei successi e un impegno costante verso il proprio benessere mentale. Attraverso questo approccio, l'impostazione degli obiettivi diventa un mezzo per esplorare e realizzare il proprio potenziale, mentre si naviga il percorso della vita con resilienza, gratitudine e un senso profondo di scopo. In questo modo, gli obiettivi non sono solo traguardi da raggiungere, ma pietre miliari di un viaggio di crescita personale e benessere che arricchisce ogni aspetto della nostra vita.

Proseguendo nell'esplorazione dell'impostazione di obiettivi realistici e raggiungibili, diventa evidente che questo processo non si limita solamente a una lista di traguardi da spuntare. Si tratta piuttosto di un percorso dinamico e adattivo che interseca profondamente con il nostro sviluppo personale, la nostra salute mentale e la nostra capacità di vivere una vita piena e significativa. L'impostazione e il perseguimento degli obiettivi diventano così un esercizio di profonda auto-scoperta e auto-espressione.

Integrazione dell'Autoconsapevolezza nel Processo di Impostazione degli Obiettivi

- **Riflessione Continua sui Propri Valori e Desideri**: L'autoconsapevolezza gioca un ruolo fondamentale nell'impostazione di obiettivi che risuonano autenticamente con chi siamo e con ciò che desideriamo dalla vita. Prendersi il tempo per riflettere sui propri valori fondamentali, passioni e ciò che ci rende veramente felici assicura che gli obiettivi stabiliti siano in armonia con il nostro vero sé.

- **Adattamento degli Obiettivi alla Propria Crescita Personale**: Man mano che cresciamo e cambiamo, anche i nostri obiettivi dovrebbero evolvere per riflettere la nostra nuova comprensione di noi stessi e del mondo che ci circonda. Questo processo di adattamento continuo richiede una riflessione regolare e l'onestà di riconoscere quando un obiettivo non rispecchia più le nostre aspirazioni o necessità.

Promozione di Uno Stile di Vita Equilibrato

- **Bilanciamento tra Aspirazioni e Benessere**: Mentre inseguire gli obiettivi può essere energizzante e soddisfacente, è cruciale bilanciare questo impegno con la cura della propria salute mentale e fisica. Impostare obiettivi che incoraggiano uno stile di vita equilibrato, dove c'è spazio per il lavoro, il riposo, il gioco e le relazioni, è essenziale per mantenere un senso di benessere complessivo.

- **Flessibilità e Gentilezza nei Propri Confronti**: Essere flessibili con se stessi, permettendo spazio per l'errore e il cambiamento, e trattarsi con gentilezza lungo il percorso verso il raggiungimento degli obiettivi, sono aspetti chiave per mantenere un approccio sano all'impostazione degli obiettivi. Questo non solo previene il burnout ma promuove anche una relazione più amorevole e supportiva con se stessi.

Creazione di una Comunità di Supporto

- **Condivisione degli Obiettivi con Altri**:
  Condividere i propri obiettivi con amici, familiari
  o colleghi non solo fornisce una rete di supporto
  ma apre anche la possibilità di ricevere feedback
  costruttivi e incoraggiamento. Essere circondati
  da una comunità che sostiene le tue aspirazioni
  può aumentare significativamente la motivazione
  e la probabilità di successo.

- **Apprendimento dalla Comunità**: Osservare
  e apprendere da come gli altri affrontano le sfide
  nel perseguimento dei loro obiettivi può offrire
  preziose lezioni e strategie che possono essere
  applicate nel proprio percorso. La condivisione di
  esperienze, sia di successi che di fallimenti,
  arricchisce la comprensione collettiva e rafforza i
  legami all'interno della comunità.

L'impostazione di obiettivi realistici e raggiungibili è,
in definitiva, un viaggio che va ben oltre la semplice
realizzazione di compiti o il raggiungimento di
traguardi. È un processo profondamente intrecciato
con la nostra crescita personale, il nostro benessere e la
nostra capacità di vivere in modo autentico e
soddisfacente. Attraverso un continuo impegno
nell'auto-riflessione, nel bilanciamento tra lavoro e vita
privata, nella pratica della flessibilità e della gentilezza,
e nella costruzione di una comunità di supporto,
possiamo trasformare l'impostazione degli obiettivi in

un potente strumento per l'auto-scoperta e il miglioramento della qualità della nostra vita.

Approfondendo ulteriormente la dinamica dell'impostazione di obiettivi realistici e raggiungibili, è essenziale riconoscere l'importanza dell'equilibrio tra perseveranza e adattabilità, nonché il ruolo del riconoscimento delle proprie emozioni e della resilienza emotiva nel processo. Questi aspetti sottolineano la complessità e la ricchezza del percorso verso il raggiungimento degli obiettivi, evidenziando come l'impegno in questo processo contribuisca profondamente al nostro sviluppo personale e al nostro benessere.

Equilibrio tra Perseveranza e Adattabilità

- **Navigare tra Determinazione e Flessibilità**: Mentre la perseveranza è fondamentale per superare gli ostacoli e rimanere fedeli ai propri obiettivi, è altrettanto importante mantenere una certa dose di flessibilità. Questo equilibrio permette di adattarsi a circostanze impreviste e di modificare gli obiettivi in base a nuove informazioni o priorità emergenti, riducendo la frustrazione e mantenendo l'entusiasmo.

- **Ascoltare i Segnali Interni ed Esterni**: La capacità di ascoltare sia i segnali interni (come le proprie emozioni e intuizioni) sia quelli esterni (come feedback e cambiamenti ambientali) è cruciale per sapere quando perseverare e quando è necessario adattarsi. Questa sensibilità può guidare decisioni più informate e sostenibili nel lungo termine.

Riconoscimento delle Emozioni e Resilienza Emotiva

- **Accettazione delle Emozioni nel Processo**: Riconoscere e accettare le proprie emozioni — sia positive che negative — relative al percorso di raggiungimento degli obiettivi è fondamentale. Questo riconoscimento non solo valida l'esperienza emotiva ma aiuta anche a comprendere meglio se stessi e a navigare i processi decisionali con maggiore chiarezza.

- **Costruzione della Resilienza Emotiva**: Affrontare le sfide e superare gli ostacoli nel perseguimento degli obiettivi contribuisce alla costruzione della resilienza emotiva. Questa capacità di recuperare rapidamente da delusioni e contrattempi non solo è preziosa nel contesto degli obiettivi stessi ma arricchisce anche la nostra capacità di affrontare le sfide della vita in generale.

Implementazione di Strategie di Auto-Cura

- **Priorità all'Auto-Cura**: Inserire strategie di auto-cura nel processo di impostazione e perseguimento degli obiettivi è cruciale per sostenere il benessere mentale e fisico. Questo può includere attività che nutrono il corpo, la mente e lo spirito, come esercizio fisico, meditazione, hobby creativi o tempo trascorso nella natura.

- **Ricarica e Riflessione**: Periodi regolari di riposo e riflessione sono essenziali per mantenere l'energia e la prospettiva. Questi momenti di pausa offrono l'opportunità di valutare il progresso, celebrare i successi, apprendere dai fallimenti e ricaricare le batterie emotive e fisiche per le sfide future.

Costruzione di Relazioni di Supporto

- **Creazione di Partnership Motivazionali**: La costruzione di relazioni con persone che condividono obiettivi simili o che possono offrire sostegno, motivazione e accountability può rafforzare significativamente la determinazione e il successo nel perseguimento degli obiettivi. Queste partnership, basate sulla fiducia reciproca e sul supporto, creano un ambiente in cui l'incoraggiamento e la collaborazione alimentano il progresso personale.

L'impostazione di obiettivi realistici e raggiungibili, arricchita da un profondo senso di autoconsapevolezza, flessibilità, e un impegno alla crescita emotiva e alla cura di sé, trascende la mera realizzazione di compiti o il raggiungimento di traguardi. Questo processo diventa un viaggio di auto-esplorazione e sviluppo personale, nel quale il percorso verso il raggiungimento degli obiettivi è intriso di apprendimento, adattamento, e una celebrazione continua del progresso personale. In questo modo, l'impostazione e il perseguimento degli obiettivi non solo contribuiscono al nostro benessere e sviluppo ma arricchiscono ogni aspetto della nostra vita, promuovendo una vita vissuta con intenzionalità, resilienza e gioia.

Nell'ulteriore esplorazione dell'impostazione di obiettivi realistici e raggiungibili come un processo dinamico che sostiene il benessere mentale e la crescita personale, è fondamentale evidenziare come la capacità di integrare la mindfulness e la gratitudine nel percorso verso gli obiettivi possa arricchire profondamente l'esperienza, aumentando la nostra presenza e apprezzamento per il viaggio stesso, oltre che per i risultati ottenuti.

Integrazione della Mindfulness nel Processo di Impostazione degli Obiettivi

- **Presenza Conscia e Focalizzata**: Praticare la mindfulness nel processo di impostazione degli obiettivi ci invita a essere pienamente presenti e consapevoli delle nostre aspirazioni, dei nostri sforzi e dei progressi compiuti. Questa presenza consapevole ci aiuta a vivere più profondamente ogni momento del nostro percorso, riconoscendo e apprezzando le piccole vittorie e le lezioni apprese lungo il cammino.

- **Accettazione Non Giudicante**: La mindfulness ci insegna anche ad accogliere le nostre esperienze senza giudizio, che si tratti di successi, fallimenti o semplici stagnazioni. Questo atteggiamento di accettazione non giudicante favorisce un rapporto più sano e costruttivo con i nostri obiettivi, riducendo lo stress e l'ansia che possono sorgere dal troppo attaccamento ai risultati.

Coltivazione della Gratitudine nel Viaggio verso gli Obiettivi

- **Riconoscimento del Valore di Ogni Passo**: Integrare la pratica della gratitudine nel perseguimento degli obiettivi ci permette di riconoscere e valorizzare ogni passo del viaggio, indipendentemente dalla sua grandezza. Questo riconoscimento del valore intrinseco di ogni esperienza, sia essa una lezione appresa da un ostacolo o un momento di gioia in un successo, arricchisce il nostro percorso con un senso di abbondanza e apprezzamento.

- **Potenziamento della Resilienza Emotiva**: La gratitudine, praticata regolarmente, può significativamente migliorare la nostra resilienza emotiva, aiutandoci a mantenere una prospettiva positiva anche di fronte alle sfide. Celebrare ciò per cui siamo grati, anche nei momenti difficili, ci fortifica contro la negatività e promuove un atteggiamento di speranza e ottimismo.

Creazione di Spazi di Riflessione e Valutazione

- **Riflessione Periodica sull'Allineamento degli Obiettivi**: Dedicare del tempo per riflettere sull'allineamento degli obiettivi con i propri valori fondamentali, passioni e il senso di scopo personale è essenziale per mantenere il corso e per assicurarsi che gli obiettivi continuino a rispecchiare ciò che è veramente importante per noi. Questi momenti di riflessione offrono l'opportunità di ricalibrare gli obiettivi e le strategie di conseguimento.

- **Valutazione dell'Impatto sul Benessere Complessivo**: È altresì importante valutare periodicamente l'impatto del processo di perseguimento degli obiettivi sul nostro benessere complessivo. Chiedersi se gli obiettivi e il loro perseguimento stiano nutrendo o drenando le nostre energie può aiutare a identificare quando potrebbe essere necessario rallentare, riposare o modificare gli obiettivi per meglio sostenere il nostro benessere.

Integrando mindfulness e gratitudine nel processo di impostazione degli obiettivi, insieme alla riflessione periodica e alla valutazione dell'allineamento e dell'impatto di questi obiettivi, possiamo trasformare l'intero processo in un'esperienza ricca di apprendimento, crescita e soddisfazione. Questo approccio non solo massimizza le possibilità di realizzare gli obiettivi in modo sostenibile e significativo ma arricchisce anche ogni passo del viaggio con una maggiore consapevolezza, apprezzamento e gioia, rendendo la strada verso il raggiungimento degli obiettivi un percorso di benessere e scoperta personale.

Concludendo, l'impostazione di obiettivi realistici e raggiungibili, ancorata profondamente al benessere mentale e alla crescita personale, richiede una riflessione attenta e una strategia consapevole che abbraccia la complessità della nostra esperienza umana. Questo processo va oltre la semplice definizione di traguardi da raggiungere, trasformandosi in un percorso olistico di auto-scoperta, sviluppo personale e arricchimento emotivo.

Incorporando principi di mindfulness e gratitudine, il percorso verso il raggiungimento degli obiettivi diventa un'occasione per coltivare una presenza consapevole e un'apprezzamento profondo per le piccole vittorie e le lezioni imparate lungo il cammino. Questi approcci non solo migliorano la nostra capacità di navigare le sfide con grazia e resilienza ma arricchiscono anche la nostra esperienza di vita, permettendoci di trovare gioia e significato in ogni passo del viaggio.

L'auto-riflessione periodica sull'allineamento degli obiettivi con i nostri valori e desideri più profondi assicura che il nostro percorso rimanga autentico e significativo. Questi momenti di valutazione ci permettono di rimanere flessibili e adattabili, pronti a ricalibrare la nostra direzione in risposta alle mutevoli circostanze della vita e alle nostre crescenti comprensioni di noi stessi.

Il bilanciamento tra la determinazione a perseguire i nostri obiettivi e la capacità di adattarsi con gentilezza alle realtà della vita è fondamentale per mantenere il benessere mentale e promuovere una crescita sostenibile. L'adozione di un atteggiamento di cura e supporto verso noi stessi, riconoscendo il valore intrinseco di ogni esperienza, sia essa un successo o un apparente fallimento, è cruciale per costruire una resilienza emotiva che ci sostiene attraverso le sfide.

La creazione e il mantenimento di una comunità di supporto, che offre incoraggiamento, feedback e accountability, amplifica la nostra capacità di raggiungere gli obiettivi desiderati e di navigare il viaggio con un senso di connessione e appartenenza. Condividere il nostro percorso con altri non solo rafforza i nostri legami ma arricchisce anche la nostra comprensione collettiva e il nostro sostegno reciproco.

In definitiva, l'impostazione di obiettivi realistici e raggiungibili è un'espressione profonda del nostro impegno verso il miglioramento personale e il benessere. Attraverso questo processo, impariamo a valorizzare ogni passo del nostro viaggio, adattandoci con flessibilità e gentilezza alle mutevoli correnti della vita, e a celebrare la nostra capacità di crescere, evolvere e contribuire al mondo in modi significativi. Così facendo, trasformiamo l'arte di impostare e perseguire obiettivi in una pratica vitale di auto-esplorazione e realizzazione personale che arricchisce ogni aspetto della nostra esistenza.

14. La resilienza e il superamento delle avversità - Fornire consigli su come costruire la resilienza mentale per affrontare le sfide della vita.

La resilienza mentale è la capacità di affrontare e superare le avversità, trasformando le sfide in opportunità di crescita. Questa abilità non è innata ma può essere sviluppata e rafforzata nel tempo attraverso pratiche consapevoli e atteggiamenti proattivi. Ecco alcuni consigli su come costruire la resilienza mentale per navigare efficacemente attraverso le tempeste della vita:

Coltivare una Mentalità Positiva

- **Cerca il Lato Positivo**: Anche nelle situazioni più difficili, cerca di identificare un aspetto positivo o un'opportunità di apprendimento. Questo approccio non nega la difficoltà dell'esperienza ma aiuta a mantenere una prospettiva che favorisce la resilienza.

- **Pratica la Gratitudine**: Concentrati su ciò per cui sei grato nella tua vita. Tenere un diario della gratitudine o semplicemente riflettere su alcuni aspetti positivi ogni giorno può migliorare l'umore e aumentare la resilienza.

Sviluppare l'Autocompassione

- **Sii Gentile con Te Stesso**: Tratta te stesso con la stessa gentilezza e comprensione che offriresti a un amico in difficoltà. Riconosci che l'essere umano significa affrontare sfide e che commettere errori è parte del processo di apprendimento e crescita.

- **Accetta le Emozioni Difficili**: Riconosci e accetta le tue emozioni senza giudicarle. L'elaborazione consapevole delle emozioni, anche quelle dolorose, è essenziale per costruire la resilienza.

Stabilire Connessioni Significative

- **Cerca il Supporto di Altri**: Mantenere relazioni di supporto può fornire un importante ammortizzatore contro lo stress. Non esitare a cercare il sostegno di amici, familiari o professionisti quando ne hai bisogno.

- **Sii di Supporto agli Altri**: Offrire sostegno ad altri non solo aiuta chi è in difficoltà ma può anche rafforzare la tua sensazione di efficacia e resilienza.

Impostare Obiettivi Realistici

- **Stabilisci Obiettivi Raggiungibili**: Imposta obiettivi chiari e realistici che ti motivano a muoverti in avanti. Celebrare i piccoli successi lungo il percorso può aumentare la fiducia in se stessi e la resilienza.

- **Adatta e Ricalibra**: Sii flessibile nei tuoi piani e obiettivi. La capacità di adattarsi a nuove informazioni o circostanze è fondamentale per superare le avversità.

Mantenere uno Stile di Vita Sano

- **Cura il Tuo Corpo**: Un corpo sano supporta una mente resiliente. Assicurati di dormire abbastanza, mangiare bene, esercitarti regolarmente e praticare tecniche di rilassamento o meditazione.

- **Limita l'Esposizione a Stress Negativi**: Mentre alcuni stress sono inevitabili, limitare l'esposizione a situazioni o informazioni eccessivamente stressanti può aiutare a mantenere il tuo benessere mentale.

Adottare una Mentalità di Crescita

- **Vedi le Sfide come Opportunità**: Cerca di vedere le avversità come opportunità per imparare, crescere e migliorare te stesso. Questa mentalità di crescita ti permette di affrontare le sfide con curiosità e apertura, piuttosto che con paura o resistenza.

- **Rifletti e Impara dalle Esperienze**: Dopo aver affrontato una sfida, prenditi il tempo per riflettere su ciò che hai imparato dall'esperienza e su come puoi utilizzare queste conoscenze in futuro.

Costruire la resilienza mentale è un processo continuo che richiede impegno e pratica. Attraverso l'adozione di questi approcci, puoi sviluppare la capacità di affrontare le avversità con maggiore forza, flessibilità e ottimismo, trasformando le sfide in trampolini di lancio per la crescita personale e il benessere a lungo termine.

Nel proseguire il percorso verso la costruzione della resilienza mentale, diventa essenziale esplorare ulteriormente strategie che incoraggino l'adattabilità, il recupero e la trasformazione personale. L'approfondimento di tali strategie non solo amplia la nostra capacità di affrontare le avversità ma arricchisce anche la nostra vita con un senso di scopo e realizzazione.

Praticare la Mindfulness e la Consapevolezza

- **Esercizi di Mindfulness Quotidiani**: Integrare la pratica della mindfulness nella vita quotidiana attraverso la meditazione, la consapevolezza del respiro o semplicemente prestando attenzione intenzionale alle attività quotidiane può migliorare significativamente la nostra capacità di rimanere ancorati nel presente, riducendo l'ansia e lo stress.

- **Consapevolezza nelle Attività Quotidiane**: Impegnarsi in attività quotidiane con piena consapevolezza e presenza può trasformare le routine in opportunità di connessione con se stessi e con l'ambiente circostante, promuovendo una sensazione di pace e apprezzamento per i piccoli dettagli della vita.

Sviluppare Competenze di Problem Solving

- **Approccio Proattivo alle Sfide**: Coltivare un approccio proattivo alla risoluzione dei problemi, valutando diverse strategie e considerando varie soluzioni, può aumentare la fiducia nelle proprie capacità di affrontare le avversità e rafforzare la resilienza mentale.

- **Apprendimento dall'Errore**: Vedere ogni errore o fallimento come un'opportunità di apprendimento contribuisce a sviluppare una mentalità resiliente. Questo approccio incoraggia la sperimentazione e il rischio calcolato, elementi fondamentali per il successo e la crescita personale.

Valorizzare il Tempo per il Riposo e il Recupero

- **Importanza del Riposo**: Riconoscere l'importanza del riposo e del recupero è fondamentale per la resilienza. Dedicare tempo alla cura di sé e al relax può prevenire l'esaurimento, ricaricando le energie mentali e fisiche necessarie per affrontare future sfide.

- **Tecniche di Rilassamento e Distacco**:
  Praticare tecniche di rilassamento come la
  respirazione profonda, lo yoga o la meditazione
  può aiutare a distaccarsi dalle preoccupazioni
  quotidiane, offrendo una pausa rigenerante per
  la mente e lo spirito.

Estendere la Gentilezza e la Compassione

- **Gentilezza verso Se Stessi e gli Altri**:
  Estendere la gentilezza e la compassione sia
  verso se stessi sia verso gli altri può rafforzare le
  relazioni interpersonali e promuovere una
  cultura di supporto e comprensione reciproca,
  elementi chiave per una comunità resiliente.

- **Partecipazione a Iniziative di
  Volontariato**: Impegnarsi in attività di
  volontariato o supporto alla comunità può offrire
  una prospettiva più ampia sulle sfide della vita,
  incrementando la sensazione di appartenenza e
  contributo a un bene comune, rinforzando
  ulteriormente la resilienza personale.

Mantenimento di uno Stile di Vita Attivo e Salutare

- **Esercizio Fisico Regolare**: L'attività fisica
  regolare non solo beneficia la salute fisica ma ha
  anche un impatto positivo sulla salute mentale,
  migliorando l'umore e diminuendo i livelli di
  stress e ansia.

- **Nutrizione Equilibrata e Idratazione**: Una dieta equilibrata e una buona idratazione supportano la funzionalità cerebrale ottimale, influenzando positivamente l'umore e la capacità di gestire lo stress.

Attraverso l'integrazione di queste pratiche nella vita quotidiana, possiamo costruire e mantenere una resilienza mentale che non solo ci permette di superare le avversità ma anche di emergere da queste esperienze con una maggiore forza, saggezza e gratitudine per il viaggio della vita. La resilienza, quindi, non si limita alla capacità di resistere alle tempeste ma include anche la capacità di navigare attivamente verso acque più serene, trasformando le sfide in trampolini di lancio per la crescita e l'arricchimento personale.

Approfondendo ancora il concetto di costruire resilienza mentale per affrontare le sfide della vita, è importante sottolineare come l'incorporazione della creatività e dell'espressione personale nel processo di sviluppo della resilienza possa offrire ulteriori strade per il recupero e la crescita. La resilienza non riguarda solamente la capacità di resistere agli stress e alle pressioni, ma anche la possibilità di trovare modi innovativi e personali per esprimere se stessi e trasformare le esperienze vissute.

Incorporare la Creatività nel Percorso di Resilienza

- **Espressione Creativa come Via di Fuga**: Attività come la scrittura, la pittura, la musica o qualsiasi forma di arte possono servire come potenti strumenti di espressione personale e di elaborazione delle emozioni. Queste forme di espressione creativa offrono non solo una via di fuga dalle tensioni quotidiane ma anche opportunità per esplorare e comprendere meglio i propri stati interni, favorendo il recupero emotivo.

- **Sviluppo della Flessibilità Cognitiva**: La creatività incoraggia la flessibilità cognitiva, permettendo di vedere i problemi da diverse prospettive e di trovare soluzioni uniche e personalizzate. Questa apertura mentale è fondamentale per costruire la resilienza, poiché prepara a navigare le avversità con un approccio più adattabile e innovativo.

Potenziare la Connessione Sociale attraverso la Condivisione Creativa

- **Condividere l'Arte e le Storie Personal**: Condividere le proprie creazioni o storie personali con altri può rafforzare le connessioni sociali e promuovere un senso di comprensione e appartenenza reciproca. Queste condivisioni diventano ponti emotivi che uniscono le persone, rendendo le relazioni più profonde e resilienti.

- **Supporto e Ispirazione Mutua**: Partecipare a gruppi o comunità creative fornisce l'opportunità di ricevere supporto, feedback e ispirazione. L'ambiente comunitario può agire come un potente amplificatore di resilienza, incoraggiando i membri a superare le proprie paure, a condividere le proprie vulnerabilità e a trarre forza dall'esperienza collettiva.

Affrontare le Sfide con Curiosità e Apertura Mentale

- **Curiosità come Strumento di Esplorazione**: Coltivare una mentalità guidata dalla curiosità ci permette di affrontare le sfide con un senso di apertura e meraviglia, piuttosto che con paura o resistenza. Questa predisposizione alla scoperta può trasformare la maniera in cui percepiamo e rispondiamo alle avversità, vedendole come opportunità per imparare e crescere.

- **Apertura al Cambiamento e all'Apprendimento Continuo**: Mantenere un atteggiamento di apertura al cambiamento e all'apprendimento continuo rafforza la resilienza consentendoci di adattarci dinamicamente ai contesti in evoluzione e di assimilare nuove conoscenze e competenze che possono essere utilizzate per superare future sfide.

Incorporando queste dimensioni di creatività, espressione personale, condivisione e curiosità nel nostro approccio alla costruzione della resilienza, possiamo arricchire notevolmente il nostro percorso di sviluppo personale. Questi elementi non solo migliorano la nostra capacità di gestire e superare le difficoltà ma anche di vivere una vita più piena, espressiva e connessa. La resilienza, quindi, diventa un viaggio continuo di auto-scoperta, innovazione e connessione, in cui ogni sfida affrontata apre nuove porte alla crescita personale e alla realizzazione di sé.

Proseguendo nella riflessione su come sviluppare una resilienza mentale per affrontare le sfide della vita, emerge l'importanza dell'autoefficacia e dell'ottimismo. Questi concetti, insieme alle pratiche già discusse, formano un quadro complesso che abilita individui a navigare attraverso le avversità con maggiore sicurezza, trasformando gli ostacoli in trampolini di lancio per la crescita personale e il benessere.

Rafforzare l'Autoefficacia

- **Celebrazione dei Propri Successi**: Riconoscere e celebrare i propri successi, anche quelli piccoli, aiuta a costruire la fiducia nelle proprie capacità. Questa autoefficacia rafforzata funge da fondamento su cui appoggiarsi quando ci si trova di fronte a nuove sfide, alimentando la convinzione nella propria capacità di superarle.

- **Impostazione di Obiettivi Incrementali**: Stabilire obiettivi piccoli e gestibili che conducono a un obiettivo più grande può migliorare sensibilmente l'autoefficacia. Ogni obiettivo raggiunto fornisce una prova concreta del proprio potenziale e capacità, incrementando la fiducia personale e la motivazione a procedere.

Coltivare l'Ottimismo

- **Allenamento al Pensiero Positivo**: Sfida attivamente il pensiero negativo cercando attivamente aspetti positivi in ogni situazione. L'allenamento alla positività e l'adozione di un atteggiamento ottimistico possono influenzare significativamente la percezione delle sfide e la resilienza generale.

- **Visualizzazione di Esiti Positivi**: Praticare la visualizzazione di esiti positivi e successi futuri può essere un potente strumento per mantenere l'ottimismo. Questa tecnica non solo migliora l'umore ma può anche preparare mentalmente a perseguire con determinazione i propri obiettivi.

Creare una Routine di Auto-Cura

- **Riconoscimento dell'Importanza del Benessere Personale**: La costruzione della resilienza non è completa senza una solida routine di auto-cura che tenga conto sia del benessere fisico che emotivo. Dedicare tempo a se stessi, ai propri hobby, interessi e al relax è fondamentale per ricaricare le proprie energie e mantenere una prospettiva equilibrata sulla vita.

- **Equilibrio tra Impegno e Relax**: Trovare un equilibrio sano tra lavoro, responsabilità e tempo per se stessi è cruciale. L'equilibrio previene l'esaurimento e assicura che ci sia sempre spazio per ricaricare, riflettere e godere della vita, componenti chiave nella costruzione di una resilienza duratura.

Estensione dell'Impatto Sociale

- **Contribuire alla Comunità**: Partecipare e contribuire attivamente alla propria comunità può non solo migliorare la resilienza personale ma anche rafforzare quella della comunità stessa. Aiutare gli altri e impegnarsi in cause più grandi di sé stessi fornisce senso, scopo e una connessione più profonda con gli altri, tutti fattori che alimentano la resilienza.

Riflessione e Crescita Continua

- **Adozione di un Approccio Riflessivo**: Mantenere un approccio riflessivo alla vita, prendendosi il tempo per meditare sui propri vissuti, lezioni apprese e come questi influenzano il proprio percorso, è fondamentale. Questa pratica non solo aiuta a internalizzare gli insegnamenti di ogni esperienza ma promuove anche un costante stato di crescita e apprendimento.

Incorporando queste strategie e atteggiamenti nella propria vita, la costruzione della resilienza mentale diventa un viaggio continuo di auto-miglioramento, ricco di apprendimento, scoperta e soddisfazione personale. La resilienza, quindi, non è solo la capacità di "rimbalzare indietro" dopo le avversità, ma un insieme di competenze e mentalità che ci permettono di affrontare la vita con fiducia, ottimismo e un senso di scopo ben radicato.

Nel proseguire l'esplorazione di come costruire una resilienza mentale capace di affrontare efficacemente le sfide della vita, è cruciale considerare l'importanza di un costante impegno personale nell'apprendimento e nell'adattamento, nonché il valore dell'empatia e della connessione umana nel nutrire e sostenere la nostra resilienza interiore.

Impegno nell'Apprendimento Continuo

- **Cultura dell'Apprendimento Permanente**: Abbracciare una cultura dell'apprendimento permanente, dove si è sempre aperti a nuove conoscenze, competenze e prospettive, arricchisce la nostra capacità di affrontare le avversità con strumenti sempre più efficaci. Questo approccio non solo rafforza la resilienza ma stimola anche la curiosità e l'innovazione, elementi chiave per una vita soddisfacente e dinamica.

- **Sfruttare le Lezioni del Fallimento**: Vedere i fallimenti come opportunità cruciali di apprendimento permette di trasformare le esperienze negative in step fondamentali del proprio percorso di crescita. L'analisi riflessiva di ciò che non ha funzionato e il motivo per cui ciò è accaduto prepara meglio per future sfide, consolidando la resilienza.

Empatia e Connessione Umana

- **Sviluppo dell'Empatia**: La pratica dell'empatia, cercando attivamente di comprendere le esperienze e le emozioni degli altri da una prospettiva interna, non solo rafforza le relazioni ma arricchisce anche la nostra comprensione del mondo. L'empatia contribuisce a una resilienza profondamente radicata, basata sulla connessione umana e sulla capacità di vedere oltre i propri interessi.

- **Costruzione di Comunità di Supporto**: Essere parte di una comunità che offre sostegno, comprensione e incoraggiamento può avere un impatto immenso sulla resilienza individuale. Queste comunità fungono da rete di sicurezza emotiva, promuovendo un senso di appartenenza e contribuendo a dissipare la solitudine e l'isolamento che spesso accompagnano i periodi di difficoltà.

Gestione dello Stress e Autoregolazione

- **Tecniche di Riduzione dello Stress**: Imparare e praticare regolarmente tecniche di riduzione dello stress come la respirazione profonda, la meditazione, lo yoga o l'esercizio fisico può aiutare a gestire efficacemente le risposte allo stress. Queste pratiche favoriscono la calma, la concentrazione e una maggiore consapevolezza di sé, elementi cruciali per la costruzione della resilienza.

- **Autoregolazione Emotiva**: Sviluppare strategie per l'autoregolazione emotiva, come il riconoscimento e l'accettazione delle proprie emozioni, la riflessione su di esse e la ricerca di modi costruttivi per esprimerle, è fondamentale per mantenere l'equilibrio interiore e per affrontare le sfide in modo più efficace.

Valorizzazione della Salute Fisica

- **Importanza del Benessere Fisico**: Mantenere un livello ottimale di benessere fisico attraverso una nutrizione adeguata, esercizio regolare e sonno sufficiente supporta direttamente la resilienza mentale. Un corpo sano ospita più facilmente una mente resiliente, fornendo l'energia e la vitalità necessarie per superare gli ostacoli.

Riflessione e Crescita Personale

- **Momenti di Riflessione**: Dedicare tempo regolarmente alla riflessione personale può aiutare a mantenere la prospettiva, a valutare il progresso verso i propri obiettivi e a riconoscere i propri bisogni e desideri evoluti. Questi momenti di introspezione consentono un aggiustamento continuo del percorso di vita in base ai cambiamenti interni ed esterni, promuovendo una resilienza dinamica e adattabile.

Integrando queste pratiche e approcci nella vita quotidiana, la resilienza mentale si sviluppa non solo come una capacità di resistere e recuperare dalle avversità ma anche come una forza propulsiva che guida verso la crescita, la realizzazione personale e una connessione umana più profonda e significativa. Questo impegno nella costruzione della resilienza mentale, quindi, non solo prepara a navigare le tempeste ma anche a emergere da esse più saggi, più forti e più connessi con se stessi e con il mondo circostante.

Concludendo, la costruzione della resilienza mentale rappresenta un viaggio complesso e multifacettato, intrinsecamente legato al tessuto stesso del nostro essere e alla nostra capacità di interagire con il mondo. Attraverso la pratica costante di autoconsapevolezza, empatia, gestione dello stress e connessione umana, possiamo sviluppare una resilienza che non solo ci consente di affrontare e superare le avversità ma anche di trasformare queste esperienze in pilastri per una crescita e un arricchimento personali.

La resilienza mentale si radica nella capacità di mantenere una mentalità positiva e ottimista, anche di fronte alle sfide, vedendo ogni ostacolo come un'opportunità per imparare e crescere. Questo approccio, abbinato all'adozione di pratiche di autocura che sostengono sia la salute fisica che quella emotiva, forma una base solida per navigare le tempeste della vita con grazia e determinazione.

L'impegno nell'apprendimento continuo e nella flessibilità cognitiva permette di adattarsi alle mutevoli circostanze con creatività e apertura, trasformando i fallimenti in lezioni preziose e i successi in trampolini di lancio verso obiettivi ancora più ambiziosi. La coltivazione di relazioni significative e di comunità di supporto arricchisce ulteriormente questo percorso, fornendo la forza collettiva necessaria per affrontare le avversità e celebrare insieme i successi.

Incorporare tecniche di riduzione dello stress e di autoregolazione emotiva nel quotidiano aiuta a mantenere un equilibrio interiore, essenziale per la resilienza mentale. Queste pratiche, che vanno dalla meditazione alla respirazione profonda, dall'esercizio fisico alla creatività artistica, offrono strumenti preziosi per gestire efficacemente lo stress e le emozioni, promuovendo un senso di calma e controllo anche nelle situazioni più turbolente.

Il percorso verso la costruzione della resilienza mentale è quindi intriso di una profonda consapevolezza di sé, di un impegno nella cura personale e nelle relazioni, e di un atteggiamento di apertura e curiosità nei confronti della vita. Questo impegno non solo rafforza la nostra capacità di superare le sfide ma ci trasforma anche in individui più compassionevoli, consapevoli e connessi, capaci di contribuire positivamente alla società e di trovare un significato più profondo nelle nostre esperienze di vita.

In definitiva, la resilienza mentale ci equipaggia non solo con la capacità di resistere e recuperare dalle avversità ma anche con la forza per abbracciare pienamente la vita, con tutte le sue sfide e bellezze. È un tesoro che arricchisce ogni aspetto del nostro essere, permettendoci di vivere con un senso di scopo, gioia e connessione profonda con il mondo intorno a noi.

15. Mindset di crescita vs. mindset fisso - Comparare i due mindset e come influenzano il nostro approccio alla vita e alla sofferenza.

Il concetto di "mindset di crescita" e "mindset fisso", introdotto dalla psicologa Carol Dweck, offre un'illuminante lente attraverso cui osservare come l'atteggiamento mentale influenzi il nostro approccio alla vita, alle sfide e alla sofferenza. Questi mindset determinano in grande misura come affrontiamo l'apprendimento, lo sviluppo personale e come reagiamo di fronte agli ostacoli.

Mindset Fisso

Chi possiede un mindset fisso crede che le qualità personali, come l'intelligenza e il talento, siano innate e immutabili. Questa visione porta a una serie di comportamenti e atteggiamenti caratteristici:

- **Evitamento delle Sfide**: Tendono ad evitare le sfide per paura di fallire, poiché il fallimento è visto come una riflessione diretta delle loro capacità intrinseche.

- **Risposta Negativa al Fallimento**: Il fallimento è percepito come un'etichetta personale di inadeguatezza, portando a sentimenti di impotenza e rassegnazione.

- **Vista Limitata della Crescita Personale**: C'è poca fiducia nella capacità di sviluppo e miglioramento attraverso l'esercizio e l'apprendimento, poiché le abilità sono viste come statiche.

Mindset di Crescita

Al contrario, chi adotta un mindset di crescita crede che le abilità e l'intelligenza possano essere sviluppate attraverso la dedizione, l'impegno e il duro lavoro. Questo approccio alla vita si manifesta in vari modi:

- **Attrazione per le Sfide**: Le sfide sono viste come opportunità per imparare e crescere, piuttosto che minacce da evitare.

- **Resilienza di Fronte al Fallimento**: Il fallimento è considerato un aspetto naturale del processo di apprendimento e un passo necessario verso il miglioramento. C'è una forte resilienza e persistenza anche di fronte agli ostacoli.

- **Credenza nella Crescita Personale**: C'è una fiducia di fondo nella capacità di svilupparsi attraverso l'esercizio e l'acquisizione di nuove conoscenze. Questo mindset alimenta la motivazione e l'efficacia personale.

Impatto sull'Approccio alla Vita e alla Sofferenza

Il contrasto tra questi due mindset ha profonde implicazioni su come gli individui affrontano la vita e la sofferenza:

- **Approccio agli Ostacoli**: Mentre il mindset fisso può portare all'evitamento delle sfide e a una maggiore suscettibilità alla sofferenza di fronte agli ostacoli, il mindset di crescita promuove un approccio proattivo, dove le difficoltà sono accolte come parte integrante del percorso di crescita.

- **Adattabilità e Crescita Personale**: Il mindset di crescita favorisce l'adattabilità e l'apertura al cambiamento, qualità essenziali per la navigazione efficace attraverso le incertezze della vita e per il superamento della sofferenza.

L'impegno nel proprio sviluppo diventa una fonte di forza e di speranza.

- **Resilienza Emotiva**: Il mindset di crescita contribuisce alla costruzione di una maggiore resilienza emotiva, consentendo agli individui di recuperare più rapidamente dalla sofferenza e di trarre insegnamenti dai momenti di difficoltà.

In conclusione, la scelta tra un mindset fisso e uno di crescita influisce profondamente sul nostro approccio alla vita, alla sofferenza e al nostro percorso di crescita personale. Mentre il mindset fisso può limitare il nostro potenziale e renderci più vulnerabili alla disperazione di fronte alle avversità, adottare un mindset di crescita ci apre a un mondo di possibilità, dove ogni sfida è un'opportunità di apprendimento e ogni fallimento è un gradino verso il successo. Cultivare un mindset di crescita è quindi un passo fondamentale per chiunque aspiri a vivere una vita ricca di apprendimento, resilienza e realizzazione personale.

Approfondendo ulteriormente la distinzione tra il mindset di crescita e quello fisso, diventa essenziale esplorare come questi approcci mentali influenzano non solo il modo in cui affrontiamo le sfide e la sofferenza ma anche come interagiamo con gli altri, perseguendo il successo e la realizzazione personale.

Influenza sulle Relazioni Interpersonali

- **Mindset di Crescita**: Individui con questo mindset tendono ad avere relazioni più aperte e costruttive. Vedono conflitti e disaccordi come opportunità per comprendere meglio le prospettive altrui e per crescere insieme. Questo approccio promuove l'empatia, la comunicazione e la risoluzione dei conflitti in modo collaborativo.

- **Mindset Fisso**: Chi possiede un mindset fisso può avere la tendenza a vedere i giudizi o le critiche come attacchi personali, piuttosto che come feedback costruttivi. Questo può portare a relazioni meno flessibili e a una maggiore difficoltà nel gestire i disaccordi, influenzando negativamente sia la qualità che la durata delle relazioni interpersonali.

Effetto sulla Gestione del Successo e del Fallimento

- **Approccio al Successo**: Nel mindset di crescita, il successo degli altri è visto come fonte di ispirazione e apprendimento. In contrasto, nel mindset fisso, il successo altrui può essere percepito come una minaccia, poiché pone in risalto le proprie insicurezze o presunte limitazioni.

- **Risposta al Fallimento**: La resilienza di fronte al fallimento è marcatamente diversa tra i due mindset. Mentre il mindset di crescita incoraggia l'accettazione del fallimento come parte integrante del processo di apprendimento, il mindset fisso tende ad associare il fallimento a una mancanza intrinseca di abilità o valore, ostacolando il recupero e l'ulteriore tentativo di successo.

Implicazioni sullo Sviluppo Professionale e Accademico

- **Prestazioni Accademiche e Professionali**: Individui con un mindset di crescita sono generalmente più predisposti a intraprendere compiti impegnativi, a perseverare di fronte alle difficoltà e ad adottare strategie efficaci di apprendimento, il che si traduce spesso in migliori prestazioni accademiche e professionali.

- **Apertura al Feedback**: La ricezione di feedback, sia positivo che negativo, è gestita diversamente a seconda del mindset. Nel mindset di crescita, il feedback è accettato come uno strumento prezioso per l'auto-miglioramento. Nel mindset fisso, invece, il feedback, specialmente se critico, può essere evitato o respinto.

Strategie per Sviluppare un Mindset di Crescita

- **Auto-riflessione e Autocoscienza**: Sviluppare la capacità di riflettere sulle proprie convinzioni e atteggiamenti riguardo all'apprendimento e alle sfide è il primo passo verso il cambio di mindset. Identificare e sfidare i propri pensieri limitanti può aprire la strada a un più profondo senso di possibilità e capacità.

- **Cercare Sfide e Opportunità di Apprendimento**: Impegnarsi attivamente in nuove esperienze, sfide e opportunità di apprendimento rafforza la convinzione che le abilità possano essere sviluppate e migliorate. Questo non solo accresce la resilienza ma anche la fiducia nelle proprie capacità di crescere e adattarsi.

Conclusione

La comprensione dei mindset di crescita e fisso rivela come profondamente il nostro approccio mentale influenzi la nostra capacità di affrontare le sfide, superare la sofferenza, costruire relazioni significative e perseguire la realizzazione personale. Sviluppare un mindset di crescita, quindi, non è semplicemente una questione di ottimizzazione delle prestazioni personali, ma una trasformazione profonda che abilita una vita più ricca, resiliente e soddisfacente, aperta all'apprendimento continuo, al miglioramento e alla connessione umana.

Mentre esploriamo ulteriormente il contrasto tra il mindset di crescita e quello fisso, diventa chiaro che la differenza tra questi due approcci mentali si estende ben oltre il singolo individuo, influenzando il tessuto stesso delle organizzazioni, delle comunità e delle società in cui viviamo. Questo approfondimento mira a esplorare come la promozione di un mindset di crescita possa catalizzare il cambiamento positivo a più livelli, dalle dinamiche interpersonali alle strutture collettive.

Impatto sulle Dinamiche di Gruppo e Organizzative

- **Cultura Organizzativa**: Le organizzazioni che incoraggiano un mindset di crescita tendono a essere più resilienti, adattabili e innovative. Queste culture valorizzano il rischio calcolato, vedono il fallimento come un'opportunità di apprendimento e promuovono la curiosità. Di conseguenza, i membri del team si sentono più sicuri nell'esplorare nuove idee e nel proporre soluzioni creative, accelerando il progresso e il successo collettivo.

- **Leadership e Sviluppo del Team**: I leader che adottano un mindset di crescita possono avere un impatto profondo sullo sviluppo e sulla motivazione del loro team. Attraverso l'esempio personale e l'incoraggiamento, possono ispirare i membri del team a perseguire la crescita personale e professionale, a superare le sfide e a collaborare in modi che valorizzino l'apprendimento reciproco e il supporto.

Ruolo nell'Educazione e nello Sviluppo dei Giovani

- **Influenza sull'Approccio Educativo**: L'integrazione del mindset di crescita nell'educazione può trasformare l'esperienza di apprendimento degli studenti, spostando l'enfasi dal giudizio basato sulle prestazioni alla valorizzazione del processo di apprendimento. Questo approccio non solo migliora la motivazione e l'engagement degli studenti ma li prepara anche a diventare apprendisti a vita, capaci di affrontare le sfide future con fiducia e resilienza.

- **Sviluppo della Gioventù**: Incoraggiare un mindset di crescita nei giovani li aiuta a sviluppare una maggiore autostima, resilienza e una visione ottimistica delle loro capacità. Apprendere a valorizzare lo sforzo, la perseveranza e l'apertura agli errori come passaggi chiave verso il successo può influenzare positivamente il loro sviluppo personale e accademico.

Contributo alla Società e Innovazione

- **Promozione dell'Innovazione Sociale**: Una società che abbraccia il mindset di crescita è meglio attrezzata per affrontare le sfide globali, sperimentare con nuove soluzioni e adattarsi rapidamente ai cambiamenti. L'accettazione collettiva del fallimento come parte del processo di innovazione può accelerare la scoperta e l'implementazione di soluzioni sostenibili ai problemi sociali, economici e ambientali.

- **Potenziamento del Benessere Collettivo**: La diffusione del mindset di crescita può contribuire significativamente al benessere collettivo, promuovendo un senso di agenzia personale, l'ottimismo e il supporto reciproco. Questa mentalità collettiva favorisce un ambiente in cui individui e comunità si sentono abilitati a perseguire la crescita, il cambiamento positivo e un futuro condiviso più luminoso.

Continuo Apprendimento e Adattabilità

- **Adattabilità ai Cambiamenti Globali**: In un mondo in rapida evoluzione, la capacità di adattarsi e imparare continuamente è diventata cruciale. Un mindset di crescita alimenta questa adattabilità, permettendo alle persone di navigare con successo attraverso l'incertezza, sfruttare le opportunità emergenti e contribuire attivamente alla trasformazione del proprio ambiente.

La promozione di un mindset di crescita, quindi, non solo migliora l'approccio individuale alla vita e alla sofferenza ma ha anche il potenziale di trasformare positivamente le organizzazioni, l'educazione, lo sviluppo sociale e la cultura a un livello più ampio. Impegnarsi attivamente in questo cambio di paradigma può innescare un circolo virtuoso di apprendimento, innovazione e miglioramento continuo, arricchendo la qualità della vita individuale e collettiva e guidando la società verso un futuro più resiliente, inclusivo e prospero.

Concludendo, la dicotomia tra il mindset di crescita e quello fisso offre una comprensione profonda di come le nostre convinzioni fondamentali riguardo alla capacità di cambiamento, apprendimento e sviluppo personale influenzino in modo significativo il nostro approccio alla vita, alle sfide e alla sofferenza. Questi mindset non solo modellano la nostra risposta alle avversità e il nostro percorso di crescita personale ma si estendono anche a influenzare le dinamiche interpersonali, la cultura organizzativa, l'educazione, lo sviluppo sociale e l'innovazione.

Il mindset di crescita, con la sua enfasi sul potenziale di sviluppo, apprendimento e superamento degli ostacoli attraverso lo sforzo e la perseveranza, promuove un approccio alla vita ricco di resilienza, ottimismo e apertura al cambiamento. Questo approccio non solo facilita una maggiore adattabilità e recupero di fronte alle sfide ma incoraggia anche un percorso di continuo auto-miglioramento e realizzazione personale.

L'adozione di un mindset di crescita all'interno delle organizzazioni e delle comunità trasforma la cultura del lavoro e dell'apprendimento, creando ambienti in cui il rischio, l'errore e il fallimento sono visti come opportunità essenziali per l'innovazione e il progresso. Questo cambia radicalmente il modo in cui le persone interagiscono tra loro, promuovendo la collaborazione, il supporto reciproco e una visione condivisa di crescita e successo.

Nel contesto educativo, incoraggiare un mindset di crescita nei giovani li prepara a diventare apprendisti a vita, equipaggiati con la resilienza, la curiosità e la fiducia necessarie per navigare in un mondo in rapida evoluzione. Questo approccio non solo migliora le prestazioni accademiche ma arricchisce anche lo sviluppo personale, alimentando la capacità di affrontare le sfide future con determinazione e speranza.

A livello sociale, la diffusione del mindset di crescita può catalizzare l'innovazione e affrontare in modo proattivo le sfide globali, promuovendo un futuro in cui il benessere collettivo, la sostenibilità e la giustizia sono perseguiti con un impegno condiviso verso il miglioramento continuo e l'apprendimento reciproco.

In sintesi, il confronto tra il mindset di crescita e quello fisso rivela che il nostro approccio mentale non solo determina la nostra traiettoria personale di crescita e resilienza ma ha anche il potere di influenzare profondamente le relazioni, le organizzazioni, le istituzioni educative e la società nel suo insieme. Sviluppare e nutrire un mindset di crescita è quindi un imperativo per chiunque aspiri a vivere una vita pienamente realizzata, contribuendo attivamente a costruire un mondo più adattabile, resiliente e progressista.

16. L'importanza del sonno e dell'esercizio fisico -
Discutere come la cura del corpo influisce sul
benessere mentale.

La cura del corpo attraverso il sonno adeguato e
l'esercizio fisico regolare gioca un ruolo cruciale nel
sostenere e migliorare il nostro benessere mentale.
Questi aspetti della cura di sé non sono semplicemente
buone pratiche di salute; sono fondamentali per
mantenere e potenziare le funzioni cognitive, gestire lo
stress e le emozioni, e contribuire a una sensazione
generale di benessere. L'interconnessione tra corpo e
mente è profonda, e prendersi cura dell'uno ha effetti
diretti sull'altro.

L'Importanza del Sonno

Il sonno non è solo un periodo di riposo per il corpo ma
è essenziale per la salute mentale. Durante il sonno, il
cervello elabora le esperienze della giornata, consolida
la memoria e ripulisce i detriti neurali, un processo
cruciale per l'apprendimento e la memoria. La qualità e
la quantità del sonno hanno effetti diretti su:

- **Umore e Emozioni**: La privazione del sonno è
  stata collegata a una maggiore irritabilità, stress e
  vulnerabilità a disturbi dell'umore come la
  depressione e l'ansia.

- **Funzioni Cognitive**: Un sonno adeguato sostiene le funzioni cognitive critiche, inclusa l'attenzione, il giudizio, il problem-solving e la creatività.

- **Gestione dello Stress**: Un buon sonno aiuta a regolare gli ormoni dello stress, come il cortisolo, promuovendo una maggiore resilienza alle pressioni quotidiane.

L'Importanza dell'Esercizio Fisico

L'esercizio fisico regolare è un altro pilastro della salute mentale, con benefici che vanno oltre la semplice salute fisica:

- **Rilascio di Neurotrasmettitori**: L'attività fisica stimola la produzione di neurotrasmettitori come endorfine, serotonina e dopamina, che hanno effetti positivi sull'umore e sul benessere generale.

- **Riduzione dello Stress e dell'Ansia**: L'esercizio fisico è un potente strumento per ridurre lo stress e l'ansia, grazie alla sua capacità di abbassare i livelli di cortisolo e aumentare la sensazione di rilassamento dopo l'attività.

- **Miglioramento del Sonno**: L'attività fisica regolare può migliorare sia la qualità che la durata del sonno, contribuendo a un ciclo virtuoso in cui esercizio e riposo si supportano a vicenda.

- **Autostima e Immagine Corporea**:
  L'esercizio contribuisce a migliorare l'immagine
  corporea e l'autostima, fattori importanti per il
  benessere mentale. Inoltre, il superamento dei
  propri limiti fisici e il raggiungimento di obiettivi
  nell'esercizio possono rafforzare il senso di
  autoefficacia.

Interconnessione tra Sonno, Esercizio e Benessere Mentale

La relazione tra sonno, esercizio fisico e benessere
mentale è bidirezionale e sinergica. Un miglioramento
in uno di questi aspetti può portare a miglioramenti
negli altri. Ad esempio, l'esercizio fisico può migliorare
la qualità del sonno, che a sua volta può ridurre lo
stress e migliorare l'umore, creando un ciclo positivo di
benessere.

Inoltre, la routine di sonno e di esercizio fisico può
fornire una struttura quotidiana che aiuta a gestire
meglio lo stress e l'ansia. Stabilire abitudini regolari di
sonno e attività fisica non solo migliora la salute fisica
ma fornisce anche una fondamentale sensazione di
prevedibilità e controllo, aspetti chiave per il benessere
mentale in un mondo spesso imprevedibile.

In conclusione, la cura del corpo attraverso un sonno
adeguato e l'esercizio fisico regolare è essenziale per
sostenere e migliorare la salute mentale. Questi aspetti
della cura di sé lavorano insieme in modo sinergico per
rafforzare la resilienza, migliorare l'umore e le funzioni
cognitive, e promuovere una sensazione generale di

benessere. Adottare pratiche di cura del corpo consapevoli può quindi avere effetti trasformativi sul nostro benessere mentale, evidenziando l'importanza di trattare il corpo e la mente come un sistema interconnesso e integrato.

Mentre approfondiamo l'importanza della cura del corpo per il benessere mentale, diventa chiaro che sonno e esercizio fisico non sono solamente fondamentali per mantenere uno stato di salute ottimale, ma agiscono anche come potenti levatori per la salute psicologica e emotiva. Questa comprensione ci porta a esplorare ulteriori aspetti e strategie che rafforzano il legame tra la cura del corpo e il benessere mentale.

Impatto dell'Alimentazione sulla Salute Mentale

- **Nutrizione e Umore**: Una dieta equilibrata ricca di nutrienti essenziali supporta non solo la salute fisica ma influisce anche direttamente sul benessere mentale. Alimenti che contengono omega-3, antiossidanti, vitamine e minerali hanno dimostrato di migliorare l'umore e di ridurre i sintomi di depressione e ansia.

- **Regolazione degli Zuccheri nel Sangue**: Mantenere livelli stabili di zucchero nel sangue attraverso pasti regolari e bilanciati può prevenire sbalzi d'umore e irritabilità, contribuendo a un senso di equilibrio emotivo e mentale.

La Connessione tra Attività Fisica e Neuroplasticità

- **Esercizio come Stimolo per il Cervello**: L'esercizio fisico non solo migliora la salute fisica ma stimola anche la neuroplasticità, la capacità del cervello di formare nuove connessioni neurali. Questo processo è fondamentale per l'apprendimento, la memoria e la capacità del cervello di adattarsi a nuove situazioni o a recuperare da infortuni.

- **Prevenzione del Declino Cognitivo**: Studi hanno dimostrato che l'attività fisica regolare può ritardare o persino prevenire il declino cognitivo associato all'età, oltre a ridurre il rischio di sviluppare malattie neurodegenerative come l'Alzheimer.

Routine di Sonno e Strategie di Rilassamento

- **Igiene del Sonno**: Pratiche di buona igiene del sonno, come mantenere orari regolari per andare a letto e svegliarsi, limitare l'esposizione alla luce blu di schermi prima di dormire, e creare un ambiente tranquillo e confortevole per il sonno, possono migliorare significativamente la qualità del riposo notturno.

- **Tecniche di Rilassamento**: Pratiche come la meditazione, il training autogeno, la mindfulness e le tecniche di respirazione profonda possono ridurre lo stress e migliorare la qualità del sonno, facilitando un riposo notturno più profondo e ristoratore.

Esercizio Fisico come Mezzo di Connessione Sociale

- **Sport di Squadra e Gruppi di Esercizio**: Partecipare a sport di squadra o gruppi di esercizio offre l'opportunità di costruire relazioni sociali, aumentando il senso di appartenenza e supporto sociale. Questi aspetti sociali dell'attività fisica possono amplificare i suoi benefici sul benessere mentale.

- **Esercizio Fisico all'Aperto**: L'attività fisica all'aperto, in particolare in ambienti naturali, può ulteriormente migliorare il benessere mentale riducendo lo stress, migliorando l'umore e aumentando i sentimenti di vitalità e energia.

Conclusione

Attraverso questa esplorazione approfondita, diventa evidente che la cura del corpo attraverso un sonno adeguato, esercizio fisico regolare, una nutrizione equilibrata e pratiche di rilassamento, non è semplicemente una questione di mantenimento della salute fisica, ma è intrinsecamente legata al benessere mentale ed emotivo. Queste pratiche di cura di sé fungono da pilastri fondamentali per sostenere e migliorare la nostra salute psicologica, influenzando positivamente la nostra capacità di gestire lo stress, affrontare le sfide e vivere una vita piena e significativa. Il riconoscimento dell'interconnessione tra corpo e mente sottolinea l'importanza di adottare un approccio olistico al benessere, dove la cura di entrambi è vista come essenziale per una vita equilibrata e realizzata.

Espandendo ulteriormente l'analisi sull'importanza del sonno e dell'esercizio fisico per il benessere mentale, è fondamentale esaminare come questi elementi influenzino non solo la gestione dello stress e delle emozioni, ma anche il loro ruolo nel potenziamento della creatività, nell'incremento dell'energia vitale e nella promozione di una maggiore consapevolezza di sé. La cura del corpo diventa così un meccanismo chiave per sbloccare il pieno potenziale dell'individuo in tutte le sfere della vita.

Sonno, Creatività e Soluzione dei Problemi

- **Favorire la Creatività tramite il Sonno**: La fase REM del sonno, in particolare, è stata associata alla capacità di risolvere problemi in modo creativo e all'integrazione di nuove informazioni. Il sonno non solo "resettare" il cervello, ma facilita anche processi cognitivi superiori che possono portare a intuizioni e soluzioni creative ai problemi incontrati durante la veglia.

- **Elaborazione Emotiva e Memoria**: Durante il sonno, il cervello lavora anche per elaborare le emozioni e consolidare la memoria. Questo processo di "pulizia" notturna aiuta a vedere le situazioni con occhi nuovi al risveglio, potenzialmente offrendo nuove prospettive su questioni che prima sembravano insormontabili.

Esercizio Fisico, Energia e Consapevolezza di Sé

- **Aumento dell'Energia Vitale**: Contrariamente all'intuizione che l'esercizio possa esaurire le energie, l'attività fisica regolare aumenta effettivamente i livelli di energia nel corso della giornata. Questo incremento di vitalità è cruciale non solo per affrontare le esigenze quotidiane ma anche per mantenere un atteggiamento mentale positivo e proattivo.

- **Promozione della Consapevolezza di Sé**: L'esercizio fisico, specialmente quello che richiede una certa dose di concentrazione e presenza, come lo yoga o le arti marziali, migliora la consapevolezza corporea e la mindfulness. Questa maggiore connessione con il proprio corpo può tradursi in una migliore comprensione dei propri bisogni emotivi e fisici, promuovendo una salute mentale più bilanciata.

Interazione tra Sonno, Esercizio e Alimentazione

- **Un Triangolo Virtuoso per il Benessere**: Il sonno, l'esercizio fisico e una dieta equilibrata interagiscono in un ciclo virtuoso che sostiene il benessere complessivo. Una nutrizione adeguata supporta sia l'attività fisica che la qualità del sonno, mentre l'esercizio contribuisce a migliorare sia la digestione che la regolazione del sonno, creando un sistema interconnesso che ottimizza la salute mentale e fisica.

- **Adattabilità e Personalizzazione**: È importante notare che non esiste un approccio "taglia unica" per il benessere. L'adattabilità e la personalizzazione della routine di sonno, esercizio e alimentazione in base alle esigenze, preferenze e stili di vita individuali sono cruciali per ottenere i massimi benefici per la salute mentale.

Riflessioni Finali

La comprensione approfondita del ruolo vitale che il sonno e l'esercizio fisico svolgono nel promuovere il benessere mentale evidenzia l'importanza di adottare un approccio olistico alla salute. La cura del corpo tramite sonno adeguato, esercizio regolare e nutrizione bilanciata va vista non solo come una fondamenta per mantenere la salute fisica ma come una strategia chiave per potenziare la mente, stimolare la creatività, gestire efficacemente lo stress e le emozioni, e vivere una vita pienamente realizzata e soddisfacente. In questo contesto, la cura di sé diventa un atto di profondo rispetto per la propria mente e il proprio corpo, una pratica quotidiana che nutre la nostra esistenza a tutti i livelli.

Proseguendo nell'esplorazione dell'importanza vitale del sonno e dell'esercizio fisico per il benessere mentale, è fondamentale considerare come questi elementi influenzino non solo l'individuo in termini di capacità di gestire stress e emozioni, ma anche come favoriscano un senso più profondo di connessione con sé stessi e con il mondo circostante. Questa comprensione ci porta a riflettere su come la cura del corpo possa essere intesa non solo come prevenzione o intervento, ma come una filosofia di vita che abbraccia il benessere olistico.

Impatto sulla Connessione Mente-Corpo

- **Rafforzamento della Connessione Mente-Corpo**: Praticare regolarmente l'esercizio fisico e mantenere una routine di sonno salutare non solo migliora il benessere fisico e mentale ma rafforza anche la connessione mente-corpo. Questa sinergia aumentata consente una maggiore consapevolezza delle proprie condizioni fisiche ed emotive, facilitando un approccio più integrato e attento alla cura di sé.

Ruolo nella Riduzione dell'Invecchiamento Cognitivo

- **Prevenzione dell'Invecchiamento Cognitivo**: Le ricerche suggeriscono che un sonno di qualità e l'attività fisica regolare possono rallentare i processi di invecchiamento cerebrale, mantenendo la mente agile e riducendo il rischio di declino cognitivo legato all'età. Questo dimostra come la cura del corpo non sia solo una questione di benessere immediato ma un investimento a lungo termine nella salute cognitiva e nella qualità della vita.

Benefici sulla Socializzazione e il Senso di Appartenenza

- **Socializzazione attraverso l'Esercizio Fisico**: Partecipare a gruppi di esercizio, classi di fitness o attività sportive non solo offre benefici fisici ma anche l'opportunità di socializzare e costruire una rete di sostegno sociale. Queste interazioni possono migliorare il senso di appartenenza e contribuire positivamente al benessere mentale.

- **Sonno e Relazioni Interpersonali**: La qualità del sonno può influenzare significativamente le relazioni interpersonali. Un riposo adeguato migliora l'umore e la capacità di gestire lo stress, fattori che possono influenzare positivamente le interazioni con gli altri, promuovendo relazioni più sane e soddisfacenti.

Effetti sulla Gestione dell'Ansia e della Depressione

- **Riduzione dei Sintomi di Ansia e Depressione**: La regolarità nell'esercizio fisico e un sonno di qualità sono stati associati a una riduzione dei sintomi di ansia e depressione. Queste pratiche possono servire come strumenti efficaci nel toolkit per la gestione della salute mentale, offrendo alternative naturali o complementi ai trattamenti tradizionali.

Promozione di uno Stile di Vita Attivo

- **Incoraggiamento di uno Stile di Vita Attivo**: Adottare un approccio attivo alla cura del proprio corpo può ispirare un cambiamento più ampio nello stile di vita, promuovendo scelte salutari in altri ambiti, come l'alimentazione, l'uso del tempo libero e le abitudini quotidiane. Questo stile di vita attivo non solo migliora il benessere personale ma può anche servire da esempio positivo per gli altri.

Riflessione Finale

La cura del corpo attraverso il sonno adeguato e l'esercizio fisico emerge quindi non solo come un pilastro per il benessere mentale ma come una filosofia olistica di vita che abbraccia il benessere a tutti i livelli. Questa pratica di auto-cura trasforma la nostra esperienza quotidiana, arricchendo la nostra vita con maggiore vitalità, chiarezza mentale, e una connessione più profonda sia con noi stessi che con il mondo esterno. Il sonno e l'esercizio diventano così non solo abitudini salutari ma espressioni di un impegno più ampio verso una vita vissuta con intenzionalità, consapevolezza e gratitudine.

Concludendo, il ruolo del sonno e dell'esercizio fisico nel promuovere il benessere mentale si estende ben oltre le mere funzioni fisiologiche o meccanismi biochimici. Questi aspetti della cura personale rappresentano componenti fondamentali di una strategia comprensiva per il benessere olistico, influenzando profondamente non solo la nostra salute fisica e mentale, ma anche il nostro approccio alla vita, le nostre interazioni sociali, e la nostra capacità di affrontare e superare le sfide.

Il sonno, essenziale per il recupero fisico e mentale, la consolidazione della memoria e l'elaborazione emotiva, funge da fondamento su cui si costruisce la nostra resilienza quotidiana e la nostra capacità di navigare nel mondo con chiarezza e propositività. Una qualità del sonno ottimale è direttamente correlata alla nostra capacità di gestire lo stress, di mantenere un umore equilibrato e di sostenere funzioni cognitive essenziali per il problem solving e la creatività.

Parallelamente, l'esercizio fisico emerge come una potente modalità di cura di sé che va oltre il mantenimento della salute fisica, agendo come catalizzatore per il benessere mentale. Attraverso il rilascio di neurotrasmettitori beneficiosi, l'aumento dell'energia vitale, il rafforzamento della connessione mente-corpo e la promozione della neuroplasticità, l'attività fisica regolare è una chiave per sbloccare una vita più felice e soddisfacente. Inoltre, l'esercizio offre una via per rafforzare le relazioni sociali, aumentare l'autostima e fornire una sensazione di realizzazione personale.

L'integrazione di sonno di qualità e di esercizio fisico regolare in una routine quotidiana non è solo una pratica di auto-cura ma una filosofia di vita che riconosce l'interconnessione tra corpo e mente. Questo approccio olistico al benessere abbraccia la complessità dell'esperienza umana, riconoscendo che la nostra salute mentale è intrinsecamente legata al modo in cui trattiamo e rispettiamo il nostro corpo.

Attraverso l'adozione consapevole di pratiche di cura del corpo, possiamo migliorare significativamente la nostra qualità di vita, aumentando la nostra capacità di gioire, di connetterci con gli altri e di affrontare le avversità con forza e flessibilità. La cura del corpo diventa così un atto di profondo rispetto per se stessi, una celebrazione della vita e un impegno verso un'esistenza più consapevole, equilibrata e arricchita.

In definitiva, il sonno e l'esercizio fisico sono molto più che semplici bisogni fisiologici; sono strumenti potenti per forgiare un benessere duraturo, per nutrire la mente e lo spirito, e per vivere con piena presenza e gratitudine ogni giorno della nostra vita. Incoraggiando questi pilastri di salute, ci impegniamo

in un viaggio di continua scoperta e crescita,
testimoniando come la cura attenta del corpo sia una
chiave essenziale per sbloccare la nostra felicità e il
nostro potenziale umano.

17. Strategie di problem-solving - Presentare tecniche
per affrontare i problemi in modo proattivo, riducendo
l'ansia e lo stress.

Le strategie di problem-solving sono tecniche mirate a
gestire e risolvere i problemi in modo efficace,
riducendo l'ansia e lo stress che spesso li
accompagnano. Queste strategie non solo facilitano la
ricerca di soluzioni pratiche ma promuovono anche un
approccio più resiliente e proattivo di fronte alle sfide.
Ecco alcune tecniche chiave:

1. Definizione Chiara del Problema

Prima di tutto, è fondamentale identificare e definire
chiaramente il problema. Questo passaggio richiede di
analizzare la situazione per capire esattamente di cosa
si tratta, separando i fatti dalle emozioni. Una
comprensione chiara del problema facilita
l'identificazione di soluzioni potenziali.

2. Brainstorming di Soluzioni

Una volta definito il problema, si procede con un brainstorming per elencare tutte le possibili soluzioni, senza giudicarle in questa fase. Questo approccio incoraggia la creatività e può portare a soluzioni innovative che altrimenti non sarebbero state considerate.

3. Valutazione delle Opzioni

Dopo aver generato una lista di potenziali soluzioni, il passo successivo è valutarle in base ai loro pro e contro. Questa analisi aiuta a considerare le conseguenze di ogni opzione e a determinare quale possa essere la più efficace e realizzabile.

4. Scegliere un Piano di Azione

Sulla base della valutazione, scegliere la soluzione o le soluzioni che sembrano più promettenti e stabilire un piano d'azione specifico. Questo include definire i passaggi concreti da intraprendere, chi sarà coinvolto e quali risorse saranno necessarie.

5. Implementazione

Mettere in pratica il piano d'azione, mantenendo un approccio flessibile. È importante essere preparati ad adattare la strategia se le circostanze cambiano o se emergono nuove informazioni.

6. Revisione e Riflessione

Dopo aver implementato la soluzione, è cruciale rivedere il processo e i risultati. Questo non solo permette di valutare l'efficacia della soluzione ma offre anche l'opportunità di riflettere su ciò che è stato appreso e su come migliorare le strategie di problem-solving in futuro.

Tecniche Complementari per Ridurre Ansia e Stress

- **Mindfulness e Tecniche di Respirazione**: Pratiche di mindfulness e tecniche di respirazione possono aiutare a gestire l'ansia e lo stress mentre si affrontano i problemi, permettendo di mantenere una mente chiara e focalizzata.

- **Frammentazione del Problema**: Spezzare il problema in parti più piccole e gestibili può rendere la situazione meno soverchiante e facilitare la ricerca di soluzioni.

- **Ricerca di Supporto Esterno**: A volte, discutere il problema con altre persone può offrire nuove prospettive e soluzioni. Non esitare a cercare il sostegno di amici, familiari o professionisti.

Conclusione

Adottare un approccio strutturato al problem-solving non solo aiuta a trovare soluzioni più efficaci ma può anche ridurre significativamente l'ansia e lo stress associati ai problemi. Queste strategie promuovono un atteggiamento proattivo e resiliente, migliorando la capacità di affrontare le sfide con fiducia e calma. Incoraggiare l'uso di tecniche di problem-solving e pratiche per la gestione dello stress è fondamentale per navigare con successo nelle complessità della vita quotidiana.

Proseguendo nell'esplorazione delle strategie di problem-solving e della loro importanza nel ridurre ansia e stress, è utile considerare l'approccio olistico alla gestione dei problemi. Questo approccio comprende l'integrazione di metodi cognitivi, emotivi e fisici per affrontare le sfide in maniera completa e bilanciata. Approfondiamo ulteriormente alcune tecniche e prospettive che possono arricchire questo processo.

Setacciare le Preoccupazioni Control vs. Uncontrollable

- **Distinguere tra ciò che è Controllabile e ciò che non lo è**: Spesso, l'ansia e lo stress derivano dal preoccuparsi per aspetti della situazione che sono al di fuori del nostro controllo. Identificare ciò che si può effettivamente controllare e concentrarsi su questi aspetti può ridurre significativamente la sensazione di impotenza e sovraccarico.

Gestione del Tempo e Prioritizzazione

- **Utilizzo di Tecniche di Gestione del Tempo**: Imparare a gestire il proprio tempo in modo efficace può essere un potente strumento di problem-solving. Tecniche come la matrice di Eisenhower, che divide i compiti in categorie basate sull'urgenza e sull'importanza, possono aiutare a prioritizzare le azioni e ridurre lo stress.

- **Stabilire Priorità Chiare**: Quando si affronta un problema, stabilire priorità chiare può aiutare a focalizzare l'attenzione e le risorse sulle azioni che avranno l'impatto maggiore, facilitando un approccio più mirato e meno stressante alla risoluzione.

Incrementare la Resilienza Emotiva

- **Sviluppare una Tolleranza all'Incertezza**: Lavorare attivamente per accettare l'incertezza e imparare a stare a proprio agio con essa può migliorare la capacità di gestire lo stress e l'ansia. Questo include il riconoscere che l'incertezza fa parte della vita e che non tutte le variabili di un problema possono essere controllate o previste.

Promuovere l'Auto-Cura

- **Praticare la Cura di Sé**: Integrare attività di auto-cura nella routine quotidiana, come

momenti di relax, hobby e interessi personali,
può fornire una base solida di benessere
generale, aumentando la capacità di affrontare i
problemi con una mente più chiara e meno
stressata.

- **Esercizio Fisico come Strumento di Sfogo**:
  L'esercizio fisico non solo è benefico per la salute
  fisica, ma agisce anche come un efficace sfogo per
  lo stress e l'ansia, migliorando l'umore e
  aumentando la capacità di concentrazione e
  problem-solving.

Creare una Rete di Supporto

- **Cercare Supporto Attivo**: Mantenere e
  cercare attivamente una rete di supporto, che sia
  composta da amici, familiari o professionisti, può
  offrire preziosi punti di vista esterni, supporto
  emotivo e suggerimenti pratici per la gestione dei
  problemi.

- **Collaborazione e Condivisione**: Affrontare i
  problemi in collaborazione con altri può non solo
  alleggerire il carico emotivo ma anche portare a
  soluzioni creative e condivise che un individuo da
  solo potrebbe non considerare.

Mantenere la Prospettiva

- **Visualizzare il Problema in un Contesto
  Più Ampio**: A volte, un problema può sembrare
  insormontabile quando ci si concentra troppo su
  di esso. Cercare di visualizzare il problema in un

contesto più ampio e considerare l'impatto a lungo termine può aiutare a relativizzare la situazione e a ridurre l'ansia.

Incorporando queste strategie nel nostro approccio al problem-solving, possiamo sviluppare un metodo più olistico e meno stressante per affrontare le sfide. Questo approccio non solo migliora la nostra capacità di trovare soluzioni efficaci ma anche il nostro benessere generale, consentendoci di navigare nelle complessità della vita con maggiore agilità, resilienza e pace interiore.

Espandendo ancora la comprensione delle strategie di problem-solving, approfondiamo ulteriormente l'integrazione di pratiche che mirano non solo a risolvere i problemi più efficacemente ma anche a trasformare il nostro approccio alle sfide in un percorso di crescita personale e di riduzione dello stress e dell'ansia.

Approccio Olistico alla Soluzione dei Problemi

- **Integrazione di Pratiche di Mindfulness**: La mindfulness può essere un potente strumento nel contesto del problem-solving. Praticare la mindfulness aiuta a mantenere la calma e la chiarezza mentale di fronte ai problemi, permettendo di affrontare le sfide con una prospettiva rinnovata e meno reattiva. Questo stato di presenza aumentata favorisce soluzioni più creative e meno stressanti.

- **Utilizzo della Visualizzazione Positiva**:
Prima di intraprendere azioni concrete per
risolvere un problema, dedicare del tempo alla
visualizzazione positiva può essere utile.
Immaginare se stessi mentre si superano le sfide
con successo può aumentare la fiducia nelle
proprie capacità di problem-solving, riducendo
l'ansia associata all'incertezza del risultato.

Sviluppo di Flessibilità Cognitiva

- **Promozione della Flessibilità nel
Pensiero**: Sviluppare la capacità di adattare il
proprio pensiero e considerare diverse
prospettive e soluzioni può notevolmente
migliorare l'efficacia nel risolvere i problemi.
L'esercizio di considerare intenzionalmente
diverse angolazioni di un problema promuove un
approccio più aperto e flessibile, essenziale per
navigare in situazioni complesse.

- **Applicazione di Metodi di De-stress al
Processo di Decisione**: Integrare brevi pause
di de-stress, come tecniche di respirazione o
brevi meditazioni, nel processo decisionale può
aiutare a ridurre l'impulso emotivo e promuovere
decisioni più ponderate e meno stressanti.

Creazione di un Ambiente Favorevole alla Soluzione di Problemi

- **Organizzazione dello Spazio di Lavoro**: Un ambiente di lavoro organizzato e privo di distrazioni può migliorare la concentrazione e l'efficienza nel problem-solving. Creare uno spazio dedicato alla riflessione e alla pianificazione può facilitare un approccio più focalizzato e meno stressante alla risoluzione dei problemi.

- **Stabilire Routine Produttive**: Incorporare routine quotidiane che promuovano il benessere fisico e mentale può rafforzare la resilienza di fronte alle sfide. Queste routine possono includere momenti di esercizio fisico, pratiche di rilassamento e periodi di lavoro ininterrotto.

Ampliamento della Rete di Supporto

- **Esplorazione di Comunità e Forum Online**: In un'era sempre più digitale, le comunità e i forum online offrono preziose risorse e supporto per la risoluzione di problemi. Condividere esperienze e soluzioni con altri che hanno affrontato sfide simili può offrire nuove idee e rafforzare il senso di non essere soli nell'affrontare le difficoltà.

Valutazione e Adattamento Continuo

- **Implementazione di un Ciclo di Feedback**: Stabilire un processo per ricevere e integrare feedback sulle soluzioni adottate può illuminare aree di miglioramento e opportunità non sfruttate. Questo ciclo di feedback, sia interno che esterno, promuove un approccio di miglioramento continuo al problem-solving.

Adottando queste strategie, il processo di problem-solving si trasforma da una fonte di stress e ansia a un'opportunità per il miglioramento personale e professionale. Questo approccio non solo aumenta la nostra efficacia nella gestione dei problemi ma contribuisce anche a costruire una vita più equilibrata e soddisfacente, caratterizzata da minor stress e maggiore capacità di affrontare le sfide con resilienza e creatività.

Approfondendo ulteriormente le strategie di problem-solving e la loro capacità di ridurre stress e ansia, è importante esplorare come l'autoeducazione e l'autoefficacia, integrate in un approccio olistico, potenzino la nostra abilità di navigare attraverso le sfide della vita. Questi concetti ci guidano verso un percorso di crescita personale continuo, dove il miglioramento delle nostre competenze di problem-solving diventa non solo uno strumento per affrontare problemi specifici ma anche un modo per elevare la qualità della nostra vita in generale.

Autoeducazione Continua

- **Apprendimento da Varie Fonti**: Espandere le proprie conoscenze attraverso libri, corsi online, workshop e altre risorse educative può fornire nuovi strumenti e metodi per affrontare i problemi. L'autoeducazione incoraggia una mentalità di crescita, cruciale per affrontare le sfide con apertura e flessibilità.

- **Applicazione della Conoscenza in Scenario Reali**: Mettere in pratica ciò che si apprende attraverso simulazioni o progetti reali può migliorare significativamente la capacità di problem-solving. Questo approccio pratico aiuta a consolidare le competenze e a valutare l'efficacia delle strategie apprese in contesti concreti.

Sviluppo dell'Autoefficacia

- **Celebrazione dei Piccoli Successi**: Riconoscere e celebrare i successi, anche quelli minori, nel corso del processo di problem-solving rafforza la convinzione nelle proprie capacità. Questa sensazione di autoefficacia motiva a intraprendere azioni proattive di fronte ai problemi, riducendo l'ansia associata alla paura del fallimento.

- **Creazione di Sfide Graduali**: Impostare sfide personali che aumentano progressivamente in difficoltà può aiutare a costruire la fiducia in se stessi. Affrontare e superare questi ostacoli prepara a gestire problemi più complessi, rafforzando l'autoefficacia.

Integrazione di Tecniche di Rilassamento

- **Pratiche di Rilassamento Nella Routine Quotidiana**: Integrare tecniche di rilassamento come la meditazione, lo yoga, o semplici esercizi di respirazione profonda nella routine quotidiana può migliorare significativamente la gestione dello stress. Queste pratiche aiutano a mantenere la calma e la concentrazione anche in situazioni di alta pressione.

- **Utilizzo di Tecniche di Rilassamento Prima del Problem-Solving**: Applicare tecniche di rilassamento immediatamente prima di affrontare un problema può ridurre l'ansia e migliorare la chiarezza mentale, facilitando la ricerca di soluzioni efficaci.

Rafforzamento delle Relazioni e della Rete di Supporto

- **Costruzione di Relazioni Positive**: Mantenere relazioni solide e positive, sia personali che professionali, fornisce una rete di supporto su cui fare affidamento durante i periodi di difficoltà. Questo sostegno emotivo e pratico può ridurre significativamente lo stress associato alla risoluzione dei problemi.

- **Ricerca Attiva di Feedback e Consigli**: Chiedere feedback e consigli a persone di fiducia o esperti nel campo relativo al problema in questione può offrire nuove prospettive e soluzioni precedentemente non considerate, oltre a rafforzare il senso di supporto e comunità.

Riflessione e Apprendimento dai Fallimenti

- **Analisi Riflessiva dei Fallimenti**: Vedere i fallimenti come opportunità di apprendimento piuttosto che come segni di debolezza personale permette di estrarre lezioni preziose da ogni esperienza. Questa riflessione costruttiva può trasformare i fallimenti in trampolini di lancio per il successo futuro.

Adottare un approccio olistico al problem-solving, che integra lo sviluppo personale, la cura di sé, il supporto sociale e l'apprendimento continuo, non solo migliora la nostra capacità di affrontare le sfide ma arricchisce anche la nostra vita, promuovendo il benessere, la crescita personale e una maggiore resilienza di fronte alle avversità. Queste strategie, coltivate nel tempo, trasformano il nostro approccio ai problemi da uno stato di ansia e stress a un'opportunità per l'apprendimento, la crescita personale e l'empowerment.

Nell'ulteriore esplorazione delle strategie di problem-solving per la riduzione dello stress e dell'ansia, diventa cruciale approfondire l'importanza dell'adattabilità mentale, della curiosità intellettuale e dell'impegno nella crescita personale continua. Questi elementi, insieme alle pratiche già discusse, arricchiscono la nostra capacità di affrontare efficacemente le sfide, trasformando ogni problema in un'opportunità per lo sviluppo personale e professionale.

Promuovere l'Adattabilità Mentale

- **Flessibilità nel Pensiero**: L'adattabilità mentale, ovvero la capacità di passare fluidamente tra diverse strategie di pensiero e approcci al problem-solving, è fondamentale in un ambiente che cambia rapidamente. Sviluppare questa flessibilità permette di affrontare una gamma più ampia di problemi con maggiore efficacia.

- **Esercizi di Scenari "E se...?"**: Un metodo per promuovere l'adattabilità mentale è praticare esercizi di scenario, dove si immaginano diverse situazioni "e se...?" e si riflette su possibili soluzioni. Questo non solo migliora la capacità di adattamento ma anche stimola la creatività nel trovare soluzioni.

Stimolare la Curiosità Intellettuale

- **Apprendimento Trasversale**: Incoraggiare l'apprendimento in campi diversi da quelli in cui si è esperti può stimolare la curiosità intellettuale e aprire a nuove metodologie di problem-solving. Questo approccio trasversale può portare a soluzioni innovative attraverso l'applicazione di conoscenze e competenze da un'area all'altra.

- **Questionare e Esplorare**: Mantenere un approccio interrogativo nei confronti dei problemi, con un atteggiamento di curiosità piuttosto che di frustrazione, può trasformare la risoluzione dei problemi in un percorso di scoperta e apprendimento.

Impegno nella Crescita Personale Continua

- **Riflessione Personale**: Dedicare tempo regolarmente alla riflessione personale sulle proprie esperienze di problem-solving, valutando cosa ha funzionato, cosa no, e come si potrebbe migliorare in futuro, è essenziale per la crescita personale e professionale.

- **Sviluppo di una Mentalità di Crescita**: Adottare una mentalità di crescita, credendo che le proprie capacità possano essere sviluppate attraverso dedizione e lavoro duro, rafforza la resilienza di fronte ai problemi e incoraggia una costante ricerca di miglioramento.

Tecniche Avanzate di Problem-Solving

- **Analisi delle Radici**: Utilizzare tecniche come l'analisi delle radici per identificare le cause fondamentali di un problema, piuttosto che concentrarsi solo sui sintomi, può portare a soluzioni più efficaci e a lungo termine.

- **Pensiero Laterale**: Esercitarsi nel pensiero laterale, che si concentra sull'approccio ai problemi in modo non convenzionale, può aiutare a superare i blocchi mentali e a trovare soluzioni creative che un approccio lineare potrebbe non rivelare.

Mantenimento dell'Equilibrio Emotivo

- **Gestione delle Emozioni**: Riconoscere e gestire le proprie emozioni durante il processo di problem-solving è fondamentale. Tecniche di gestione dello stress e dell'ansia possono aiutare a mantenere un equilibrio emotivo, favorendo un approccio più razionale e meno emotivo ai problemi.

Sintesi

Attraverso l'integrazione di queste strategie avanzate nel nostro approccio al problem-solving, possiamo non solo affrontare le sfide con maggiore efficacia ma anche trasformare il nostro modo di vedere e vivere i problemi. Questo approccio trasformativo non solo riduce lo stress e l'ansia associati alla risoluzione dei problemi ma arricchisce anche la nostra vita con nuove competenze, maggiore flessibilità mentale, e un impegno costante verso la crescita personale e professionale.

Mentre continuiamo a scavare più a fondo nelle strategie di problem-solving, diventa chiaro che la chiave per una gestione efficace dei problemi risiede non solo nella capacità di affrontare le sfide direttamente, ma anche nello sviluppo di una resilienza interiore che consente di navigare attraverso le avversità con equilibrio e prospettiva. Questo processo olistico di gestione dei problemi abbraccia una serie di abilità che vanno oltre le tecniche tradizionali, toccando gli aspetti emotivi, relazionali e spirituali dell'individuo.

Coltivare una Visione a Lungo Termine

- **Focalizzazione sugli Obiettivi a Lungo Termine**: Invece di concentrarsi esclusivamente sulla risoluzione immediata del problema, sviluppare una visione a lungo termine può aiutare a valutare le soluzioni in termini della loro capacità di contribuire agli obiettivi di vita più ampi. Questo approccio consente di prendere decisioni più ponderate che sono allineate con i valori e le aspirazioni personali.

Integrazione della Resilienza Emotiva

- **Sviluppo della Resilienza Emotiva**: La capacità di recuperare rapidamente da situazioni stressanti e avversità è fondamentale nella gestione dei problemi. Incorporare pratiche come la scrittura riflessiva, la meditazione o la terapia può rafforzare la resilienza emotiva, fornendo le risorse interne necessarie per affrontare le sfide con compostezza e determinazione.

Valorizzazione delle Connessioni Umane

- **Costruire e Mantenere Relazioni di Supporto**: Le relazioni significative offrono supporto, conforto e una diversità di prospettive che possono essere preziose nella risoluzione dei problemi. Investire tempo e energia nel costruire e mantenere queste connessioni può creare una rete di supporto solida per tempi difficili.

Applicazione della Flessibilità Strategica

- **Adattabilità e Flessibilità Strategica**: Essere aperti a modificare il proprio approccio in base alle circostanze e alle nuove informazioni è cruciale. La flessibilità strategica permette di adattarsi e reagire efficacemente anche in situazioni imprevedibili, evitando rigidità che potrebbe ostacolare la risoluzione dei problemi.

Pratiche Spirituali e di Riflessione

- **Integrazione di Pratiche Spirituali**: Per molti, le pratiche spirituali o di riflessione profonda offrono una fonte di forza interiore e di prospettiva più ampia sui problemi della vita. Che si tratti di preghiera, meditazione trascendentale o semplicemente di passare del tempo nella natura, queste pratiche possono aiutare a centrare la mente e il cuore, offrendo chiarezza e tranquillità.

Approccio Olistico alla Vita

- **Vita Equilibrata**: Mantenere un equilibrio tra lavoro, riposo, gioco e relazioni è essenziale per il benessere generale e la capacità di affrontare efficacemente i problemi. Uno stile di vita equilibrato aiuta a ridurre lo stress complessivo, rendendo più semplice affrontare i problemi con una mente chiara.

Riconoscimento e Accettazione

- **Accettazione della Natura Inevitabile dei Problemi**: Riconoscere che i problemi e le sfide sono parte integrante della vita può aiutare a ridurre l'ansia che spesso li accompagna. L'accettazione non significa rassegnazione, ma piuttosto riconoscere la realtà del momento presente e lavorare attivamente verso soluzioni senza giudizio eccessivo o auto-critica.

Incorporando queste pratiche e abilità nel nostro approccio al problem-solving, adottiamo una strategia più ricca e profonda che non solo mira a superare le sfide immediate ma anche a costruire una vita più resiliente, equilibrata e soddisfacente. Questo approccio olistico alla gestione dei problemi enfatizza che la vera efficacia nel risolvere i problemi deriva dalla nostra capacità di mantenere la calma interiore, di vedere oltre l'ostacolo immediato e di imparare da ogni esperienza, trasformando così ogni sfida in un'opportunità di crescita personale e di arricchimento della vita.

In sintesi, l'approccio alle strategie di problem-solving richiede ben più che semplici tattiche razionali; richiede l'adozione di un approccio olistico che consideri l'interazione dinamica tra mente, corpo e spirito. Integrare pratiche che sviluppano la resilienza emotiva, promuovono la flessibilità cognitiva, mantengono relazioni di supporto, e incoraggiano l'equilibrio nella vita quotidiana, costituisce il fondamento per un metodo di problem-solving che non solo affronta le sfide immediate ma nutre anche il benessere generale e la crescita personale.

La definizione chiara dei problemi, il brainstorming creativo di soluzioni, la valutazione attenta delle opzioni, la scelta e l'implementazione di piani d'azione, e infine, la revisione e la riflessione sui risultati, sono passaggi critici in questo processo. Tuttavia, la vera trasformazione si verifica quando questi passaggi vengono integrati con una visione a lungo termine, un impegno nella crescita continua, pratiche di rilassamento e una profonda connessione con le proprie reti di supporto e le proprie pratiche spirituali o di riflessione.

Promuovere l'adattabilità mentale, stimolare la curiosità intellettuale e impegnarsi in un percorso di autoeducazione continua espande ulteriormente le nostre capacità di affrontare problemi complessi, permettendoci di navigare nell'incertezza con maggiore agilità e fiducia. Questo impegno nella crescita personale e nell'apprendimento trasversale apre la porta a soluzioni innovative che trascendono i confini tradizionali del problem-solving.

Incorporare tecniche avanzate di problem-solving, come l'analisi delle radici e il pensiero laterale, insieme a pratiche di gestione delle emozioni, amplifica la nostra efficacia nel trovare soluzioni durature. Queste strategie, quando combinate con un ambiente di lavoro organizzato, routine produttive, e una visione olistica della vita, creano un approccio al problem-solving che è sia profondamente personale che universalmente applicabile.

Inoltre, la costruzione e il mantenimento di relazioni di supporto non solo forniscono una rete di sicurezza emotiva ma arricchiscono anche il processo di problem-solving con nuove prospettive e idee. L'apprendimento dai fallimenti, accettando che sono parti integranti del processo di crescita, rafforza la nostra resilienza e prepara il terreno per il successo futuro.

Concludendo, la maestria nel problem-solving emerge dall'integrazione armoniosa di competenze tecniche con una profonda consapevolezza personale, empatia interpersonale, e un impegno nella crescita e nel benessere olistico. Questo approccio trasformativo non solo riduce lo stress e l'ansia associati alla risoluzione dei problemi ma arricchisce la nostra esperienza di vita, permettendoci di affrontare ogni sfida con equilibrio, creatività e un senso profondo di scopo. Attraverso questa lente, ogni problema diventa un'opportunità per imparare, crescere e contribuire al mondo in modi significativi, trasformando gli ostacoli in trampolini di lancio per una realizzazione personale più profonda e soddisfacente.

18. Esplorare la spiritualità e il significato - Indagare come la ricerca di significato e scopo può influenzare la nostra esperienza di sofferenza.

L'esplorazione della spiritualità e la ricerca di significato e scopo nella vita sono dimensioni fondamentali dell'esistenza umana che possono avere un impatto profondo su come percepiamo e affrontiamo la sofferenza. Queste ricerche trascendentali offrono prospettive che possono trasformare radicalmente la nostra esperienza del dolore, della perdita e delle avversità, fornendo un contesto più ampio in cui inserire le nostre esperienze di sofferenza e scoprendo vie per una resilienza e una crescita personali più profonde.

Spiritualità e Senso di Connessione

La spiritualità, indipendentemente dal contesto religioso o filosofico specifico, spesso enfatizza il senso di connessione con qualcosa di più grande di sé stessi, che può essere percepito come il divino, l'universo, la natura, o l'umanità nel suo complesso. Questo senso di appartenenza a un ordine cosmico più ampio può offrire conforto e prospettiva nelle fasi di sofferenza, suggerendo che i nostri dolori e le nostre lotte hanno un posto all'interno di una trama più vasta e significativa.

Ricerca di Significato e Scopo

La ricerca attiva di significato e scopo nella vita invita a considerare le proprie esperienze, inclusa la sofferenza, come opportunità per l'apprendimento, la crescita personale e l'approfondimento spirituale. Questo processo può aiutare a:

- **Ritrovare la Speranza**: Identificare scopi e significati nei momenti di difficoltà può trasformare la disperazione in speranza, incoraggiando una visione del futuro in cui il dolore attuale contribuisce a una comprensione più profonda della vita e della propria missione personale.

- **Rafforzare la Resilienza**: La consapevolezza di contribuire a qualcosa di più grande di sé stessi può rafforzare la resilienza di fronte alle sfide, poiché le avversità sono viste non solo come ostacoli personali ma come passaggi essenziali nel percorso di vita individuale e collettivo.

Crescita Post-Traumatica

L'esplorazione della spiritualità e del significato è strettamente legata al concetto di crescita post-traumatica, ovvero la capacità di sperimentare un cambiamento positivo come risultato della lotta contro eventi di vita traumatici. Questa crescita può includere:

- **Approfondimento delle Relazioni Personali**: Riconsiderare ciò che è veramente

importante, spesso portando a relazioni più
autentiche e significative.

- **Maggiore Forza Personale**: Riconoscere le
  proprie capacità di superare le difficoltà e di
  emergere più forti dalle prove della vita.

- **Nuova Apprezzamento per la Vita**:
  Sviluppare una rinnovata gratitudine per gli
  aspetti della vita precedentemente dati per
  scontati.

- **Cambiamenti Espirituali**: Esperienze di
  sofferenza possono portare a un rinnovato
  interesse o approfondimento della propria vita
  spirituale o a cambiamenti significativi nelle
  convinzioni personali.

Mindfulness e Presenza

La pratica della mindfulness, che può essere parte della
ricerca spirituale di un individuo, aiuta a vivere il
presente con accettazione e senza giudizio. Questo
stato di presenza consapevole può attenuare il peso
della sofferenza, permettendo alle persone di esperire il
dolore senza essere sopraffatte da esso, aprendo la
strada alla trasformazione personale e alla scoperta di
nuovi significati nella propria vita.

Conclusione

In definitiva, l'esplorazione della spiritualità e la
ricerca di significato e scopo nella vita arricchiscono
profondamente la nostra esperienza umana, offrendo

prospettive e strumenti per trasformare la sofferenza da un'esperienza di isolamento e disperazione a un'opportunità per la crescita personale, la connessione profonda e la scoperta di una resilienza che trascende le circostanze immediate. Questo processo di scoperta e rinnovamento spirituale ci permette di navigare nelle avversità con una forza interiore rinnovata, trovando pace e soddisfazione in un senso di scopo che dà forma e significato alla nostra esistenza.

Proseguendo nell'esame di come la ricerca di spiritualità e significato possa influenzare la nostra esperienza della sofferenza, è fondamentale esplorare le dimensioni più sottili di questa ricerca, che ci porta ad approfondire la nostra comprensione di noi stessi, delle nostre vite e dell'universo. Questo viaggio interiore non solo aiuta ad alleviare la sofferenza ma può anche trasformarla in un catalizzatore per il cambiamento personale e spirituale.

Introspezione e Autoconoscenza

- **L'Importanza dell'Introspezione**: La riflessione personale profonda è un aspetto chiave della spiritualità che può rivelare nuovi livelli di significato nella propria esperienza di sofferenza. Attraverso l'autoesame, si possono scoprire forze interiori nascoste e risorse spirituali che offrono conforto e guida nei momenti difficili.

- **Autoconoscenza come Strumento di Trasformazione**: Capire le proprie reazioni emotive, pensieri e convinzioni di fronte alla sofferenza permette di affrontare queste esperienze con maggiore consapevolezza e controllo. Questa profonda autoconoscenza può trasformare il modo in cui interpretiamo e viviamo la sofferenza, guidandoci verso una risposta più costruttiva e meno reattiva.

Spiritualità e la Natura Ciclica della Vita

- **Accettazione della Natura Ciclica dell'Esistenza**: La spiritualità spesso insegna che la vita è caratterizzata da cicli di nascita, morte e rinascita, sia in senso letterale che metaforico. Riconoscere e accettare questa natura ciclica può aiutare a dare un senso alla sofferenza, vedendola come parte integrante del processo di crescita e rinnovamento.

- **Ritrovare Equilibrio e Armonia**: La comprensione della vita come un equilibrio dinamico di opposti — gioia e dolore, successo e fallimento — può offrire una prospettiva più equilibrata sulla sofferenza, riconoscendola come un aspetto necessario dell'esperienza umana che contribuisce alla nostra evoluzione personale e spirituale.

Contributo alla Comunità e Senso di Scopo

- **Servizio come Via verso il Significato**: Impegnarsi in attività di volontariato o in iniziative che beneficiano gli altri può fornire un senso di scopo che trascende il dolore personale. Questo orientamento verso il servizio riflette un principio spirituale profondo: nel dare agli altri, troviamo significato e guarigione per noi stessi.

- **Collegamento con una Comunità di Sostegno**: La partecipazione a gruppi o comunità spirituali può offrire un senso di appartenenza e un ambiente di sostegno dove condividere esperienze di sofferenza e ricerca di significato. Queste connessioni possono rafforzare la resilienza personale e fornire risorse collettive per la navigazione attraverso le sfide della vita.

Riflessione e Meditazione

- **Meditazione e Pratiche Contemplative**: Le pratiche meditative e contemplative possono intensificare la connessione con il proprio io interiore e con il divino, offrendo pace e chiarezza di fronte alla sofferenza. Queste pratiche aiutano a distaccarsi dalle preoccupazioni mondane e a sintonizzarsi con una realtà più ampia e significativa.

- **La Potenza della Gratitudine**: Coltivare la gratitudine, anche nelle circostanze più difficili, può cambiare radicalmente la nostra esperienza della sofferenza. Concentrandosi sugli aspetti positivi della vita e apprezzando i doni, anche piccoli, si può trovare gioia e significato in mezzo al dolore.

Incorporare la ricerca di spiritualità e significato come parte integrante della gestione della sofferenza ci permette di affrontare le avversità con una prospettiva rinnovata, trovando forza, pace e scopo nei momenti di difficoltà. Questo approccio non solo facilita la navigazione attraverso i periodi di dolore ma arricchisce anche il nostro viaggio di vita con profondità, crescita e un senso di connessione universale. La spiritualità e la ricerca di significato trasformano la sofferenza da un ostacolo a un'opportunità per il risveglio personale e la realizzazione spirituale.

Proseguendo nell'esplorazione di come la spiritualità e la ricerca di significato influenzino la nostra esperienza di sofferenza, ci addentriamo in come la narrazione personale e la reinterpretazione delle nostre storie di vita giocano un ruolo cruciale nel modellare la nostra risposta alla sofferenza. Questi processi ci permettono di costruire un senso di coerenza e scopo, anche nei momenti più bui, e di vedere la sofferenza come un capitolo importante, ma non definitivo, del nostro viaggio di vita.

Narrazione Personale e Riscrittura della Propria Storia

- **Potere della Narrazione**: La narrazione personale, il modo in cui raccontiamo e interpretiamo le storie delle nostre vite, ha un impatto profondo su come percepiamo e viviamo la sofferenza. Riscrivere attivamente queste narrazioni per enfatizzare la crescita, l'apprendimento e la resilienza può trasformare la percezione della sofferenza da un'esperienza negativa a una fonte di forza e saggezza.

- **Riflessione e Riscrittura**: La riflessione consapevole sulle proprie esperienze, soprattutto quelle dolorose, con l'intento di riscriverle in un contesto di crescita e scoperta, aiuta a ridimensionare il dolore e a riconoscere i progressi personali e le conquiste. Questo processo di riscrittura può essere facilitato attraverso la scrittura riflessiva, la terapia narrativa o le discussioni di gruppo.

Spiritualità, Sofferenza e la Ricerca di Armonia Interiore

- **Armonia Interiore attraverso la Spiritualità**: La spiritualità può offrire strumenti per raggiungere una pace e un'armonia interiore che rendono la sofferenza più gestibile. Pratiche spirituali come la preghiera, la meditazione profonda o le cerimonie rituali possono aiutare a riconnettersi con il proprio nucleo interiore di pace, fornendo un rifugio dal tumulto esterno.

- **Equilibrio tra Accettazione e Cambiamento**: La spiritualità insegna spesso l'importanza dell'accettazione — accettare ciò che non può essere cambiato — ma anche il valore dell'azione intenzionale verso il cambiamento possibile. Trovare questo equilibrio può ridurre la lotta interiore e promuovere una risposta più pacifica e proattiva alla sofferenza.

Connessione con il Cosmico e il Transcendente

- **Esperienze di Picco e Momenti di Trascendenza**: Momenti di profonda connessione spirituale, dove si percepisce un'unità con il tutto, possono offrire prospettive trasformative sulla sofferenza. Queste esperienze di picco, che possono verificarsi nella natura, nella meditazione o in contesti religiosi, spesso portano a una maggiore pace interiore e a una rinnovata comprensione della propria sofferenza nel contesto di un ordine universale più ampio.

- **La Sofferenza Come Portale verso il Transcendente**: In molte tradizioni spirituali, la sofferenza è vista come un portale verso esperienze di crescita e realizzazione spirituale. Affrontare e accettare il dolore può aprire la strada a profondi stati di consapevolezza e connessione con dimensioni della realtà che trascendono la vita quotidiana.

Contributo alla Crescita della Comunità

- **Condivisione della Saggezza**: Coloro che hanno esplorato profondamente la propria sofferenza e hanno trovato modi per attribuirle significato spesso si scoprono in grado di offrire sostegno, conforto e saggezza agli altri. Questo scambio di esperienze e di comprensione può rafforzare il tessuto di sostegno delle comunità, creando una rete di empatia e di aiuto reciproco.

Conclusione

Attraverso quest'ulteriore esplorazione, emerge chiaramente che la spiritualità e la ricerca di significato e scopo offrono non solo strumenti per navigare la sofferenza personale ma anche vie per contribuire al benessere collettivo. La capacità di reinterpretare la sofferenza come un'opportunità per la crescita personale, la connessione con il transcendentale e il contributo alla comunità trasforma il dolore in un catalizzatore per il cambiamento positivo. In questo processo, scopriamo che la sofferenza, benché difficile e spesso devastante, può essere integrata in un cammino di vita che è sia profondamente umano che spirituale, portando a una maggiore comprensione di sé, del mondo e dell'ordine cosmico.

Mentre continuiamo ad approfondire come la ricerca di significato e spiritualità possa modellare la nostra esperienza della sofferenza, diventa essenziale esaminare l'impatto di queste ricerche sull'autotrascendenza e sulla capacità di vedere oltre il sé individuale. Questo spostamento di prospettiva non solo aiuta ad affrontare il dolore e le difficoltà in modo più resiliente ma apre anche la strada alla realizzazione di un senso di unità con gli altri e con l'universo, influenzando profondamente la nostra percezione della vita e delle sue sfide.

Autotrascendenza e Superamento del Sé

- **Superamento del Sé**: La spiritualità spesso porta all'autotrascendenza, un superamento del sé strettamente individuale per identificarsi con qualcosa di più grande. Questo può significare sentirsi parte di una comunità, di un ecosistema naturale, dell'universo intero, o di una realtà spirituale che trascende l'individuo. Tale esperienza riduce il senso di isolamento che spesso accompagna la sofferenza, offrendo conforto e una prospettiva più ampia.

- **Impatto sull'Altruismo**: Quando la ricerca di significato porta all'autotrascendenza, spesso si verifica un aumento dell'altruismo e del desiderio di contribuire al benessere altrui. Questo orientamento verso gli altri non solo aiuta chi riceve ma arricchisce anche chi dà, fornendo un profondo senso di soddisfazione e scopo.

Connessione Profonda con il Tutto

- **Sensazione di Unità**: La pratica spirituale e la contemplazione possono portare a esperienze di unità con il tutto, dove le barriere tra sé e l'altro si dissolvono. Questi momenti di connessione profonda possono offrire una nuova comprensione della sofferenza, vista non come un'esperienza isolata, ma come parte dell'esperienza umana condivisa.

- **Riconoscimento dell'Interdipendenza**: Riconoscere l'interdipendenza di tutte le forme di vita e la connessione intrinseca tra l'individuo e l'universo può trasformare il modo in cui affrontiamo i problemi personali e collettivi, promuovendo approcci più compassionevoli e sostenibili al dolore e alle sfide della vita.

Crescita Spirituale Attraverso la Sofferenza

- **Sofferenza come Catalizzatore**: Le esperienze di sofferenza possono agire come catalizzatori per una profonda crescita spirituale e personale. Attraverso il dolore, possiamo essere spinti a interrogarci sul significato più profondo della vita, sui nostri valori fondamentali e sulle nostre convinzioni, portando a una rinnovata comprensione di noi stessi e del nostro posto nel mondo.

- **Trasformazione del Dolore**: La capacità di trasformare il dolore in qualcosa di significativo è al cuore di molte tradizioni spirituali. Questo processo di trasformazione non nega la realtà del dolore ma lo incanala verso la crescita personale, la compassione per gli altri e una maggiore consapevolezza della sacralità della vita.

Integrazione della Sofferenza nella Narrazione di Vita

- **Costruzione di una Narrazione Coerente**: La ricerca di significato e spiritualità aiuta le persone a integrare le esperienze di sofferenza nelle loro narrazioni di vita in modo costruttivo. Questo processo di integrazione consente di vedere la sofferenza come un capitolo di un viaggio più ampio, contribuendo alla costruzione di una storia personale ricca e multistrato.

- **Rinforzo del Senso di Scopo**: Attraverso la riflessione spirituale e la ricerca di significato, individui possono rafforzare o scoprire un rinnovato senso di scopo che guida le loro azioni e scelte di vita, anche o soprattutto in tempi di crisi.

In definitiva, la ricerca di spiritualità e significato offre una lente attraverso cui la sofferenza può essere interpretata e vissuta in modi che promuovono la crescita, l'autotrascendenza e una connessione più profonda con gli altri e con l'universo. Questo viaggio non solo mitiga l'impatto del dolore ma arricchisce l'esistenza con una comprensione più profonda del proprio scopo e del valore intrinseco della vita, trasformando la sofferenza da un ostacolo a un'opportunità per l'evoluzione personale e spirituale.

Proseguendo nell'esplorazione della spiritualità e della ricerca di significato come modi per influenzare la nostra esperienza di sofferenza, diventa evidente l'importanza della resilienza spirituale, ovvero la capacità di attingere a risorse spirituali interne per affrontare e superare le avversità. Questa resilienza non solo modifica la nostra relazione con la sofferenza ma arricchisce anche la nostra comprensione del dolore come parte integrante del percorso umano verso una maggiore consapevolezza e realizzazione.

La Resilienza Spirituale come Forza Trasformativa

- **Coltivazione della Resilienza Spirituale**: La pratica regolare di attività spirituali, come la meditazione, la preghiera, la partecipazione a cerimonie comunitarie o la contemplazione nella natura, può rafforzare la resilienza spirituale, offrendo una base solida su cui appoggiarsi nei momenti di crisi. Queste pratiche non solo forniscono conforto e pace interiore ma amplificano anche la nostra capacità di affrontare le sfide con speranza e forza interiore.

- **Apprendimento Attraverso la Sofferenza**: La resilienza spirituale incoraggia una prospettiva in cui la sofferenza viene vista come un'opportunità per l'apprendimento profondo e la crescita personale. Questo approccio trasforma le esperienze dolorose in lezioni di vita che possono aumentare la nostra compassione, la nostra empatia verso gli altri e la nostra comprensione degli aspetti più profondi dell'esistenza.

Spiritualità e il Contributo alla Comunità

- **Sviluppo del Senso di Appartenenza**: L'impegno in pratiche spirituali condivise o la partecipazione a gruppi spirituali o religiosi può rafforzare il senso di appartenenza a una comunità. Questa connessione con gli altri non solo fornisce supporto e comprensione reciproca ma arricchisce anche l'esperienza individuale di ricerca di significato, creando un tessuto sociale in cui la sofferenza può essere condivisa e alleggerita.

- **Servizio come Espressione Spirituale**: Molte tradizioni spirituali enfatizzano l'importanza del servizio agli altri come espressione della propria spiritualità. Attraverso l'azione altruistica, gli individui possono trovare un profondo senso di scopo e realizzazione, vedendo il loro contributo al benessere altrui come parte integrante del proprio percorso spirituale. Questo orientamento al servizio può offrire una prospettiva rinnovata sulla propria sofferenza, inserendola in un contesto di interconnessione e mutuo aiuto.

Spiritualità, Arte e Creatività

- **Espressione Creativa e Spirituale**: L'arte, la musica, la scrittura e altre forme di espressione creativa possono essere potenti veicoli per esplorare e manifestare la propria spiritualità e per elaborare esperienze di sofferenza. Queste pratiche creative offrono un linguaggio alternativo per esprimere sentimenti profondi e per esplorare questioni esistenziali, contribuendo alla guarigione emotiva e spirituale.

- **Rituali e Simbolismo**: Creare o partecipare a rituali che hanno un significato spirituale personale o collettivo può aiutare a dare un senso alla sofferenza e a marcare i momenti di transizione o trasformazione nella vita. Questi rituali, arricchiti di simbolismo, possono agire come ponti tra il mondo interiore e quello esteriore, offrendo strumenti per integrare la sofferenza in una narrazione di vita più ampia e coesa.

Conclusione

La profonda immersione nella spiritualità e nella ricerca di significato rivela come questi percorsi non solo offrano rifugio e conforto di fronte alla sofferenza ma anche modellino attivamente la nostra esperienza del dolore, trasformandola in un mezzo per la crescita personale, la connessione più profonda con gli altri e l'espansione della consapevolezza. La spiritualità e il significato non eliminano la sofferenza dalla vita umana, ma ne alterano profondamente la nostra interpretazione e reazione, permettendoci di trovare scopo, speranza e bellezza anche nelle prove più difficili. Questa trasformazione non solo arricchisce la nostra esperienza personale ma contribuisce anche al tessuto della comunità e del mondo intero, diffondendo una risonanza di resilienza, compassione e comprensione condivisa.

In conclusione, la ricerca di spiritualità e di significato si rivela un viaggio profondamente trasformativo che influisce sull'esperienza umana della sofferenza in modi multifaccettati e profondi. Questo percorso, intriso di introspezione, connessione e espressione, non solo fornisce le risorse per affrontare il dolore e le avversità ma arricchisce anche l'esistenza con una profonda comprensione del proprio posto nel tessuto dell'umanità e dell'universo.

La spiritualità, con il suo invito all'autotrascendenza e alla connessione con qualcosa di più grande di sé, offre una prospettiva che può trasformare radicalmente la percezione della sofferenza. Non più vista come un'esperienza isolata o un'ingiustizia personale, la sofferenza diventa parte di un percorso condiviso di crescita, apprendimento e apertura del cuore. Questa visione non minimizza il dolore ma lo incornicia in un contesto più ampio di significato e scopo, dove ogni lotta e ogni dolore possono contribuire alla nostra evoluzione personale e spirituale.

L'importanza della resilienza spirituale emerge chiaramente come una forza che permette non solo di sopravvivere ma di fiorire nel mezzo delle tempeste della vita. La capacità di attingere a risorse interne profonde, coltivate attraverso la pratica spirituale, la riflessione e la connessione con gli altri, fornisce una base solida su cui appoggiarsi nei momenti di crisi. Questa resilienza è alimentata dalla consapevolezza che siamo parte di qualcosa di più grande, che le nostre sofferenze sono intrecciate con le storie di crescita e trasformazione dell'umanità intera.

L'esplorazione della spiritualità e del significato si estende anche al modo in cui ci relazioniamo con gli altri e con il mondo. Il servizio agli altri, la partecipazione a comunità di sostegno, e l'impegno in pratiche creative e rituali diventano espressioni della nostra ricerca di scopo e di connessione. Questi atti di espressione e di condivisione non solo aiutano a elaborare e integrare la nostra sofferenza ma arricchiscono anche la vita di chi ci circonda, tessendo una trama di compassione e comprensione che avvolge e sostiene tutti noi.

Infine, il percorso attraverso la spiritualità e la ricerca di significato e scopo ci insegna che la sofferenza, pur essendo una componente inevitabile dell'esperienza umana, porta in sé il potenziale per una profonda trasformazione personale e collettiva. Attraverso la sofferenza, possiamo imparare a vedere con occhi nuovi, ad aprire i nostri cuori più completamente all'amore e alla compassione, e a riconoscere la bellezza e il valore intrinseci della vita in tutte le sue manifestazioni. Questa trasformazione non è un viaggio che si compie da soli ma un cammino condiviso, illuminato dalla ricerca collettiva di significato, dall'empatia e dalla solidarietà umana, che ci unisce nella nostra vulnerabilità comune e nella nostra aspirazione a una comprensione più profonda della vita e del nostro posto in essa.

19. Il ruolo dell'arte e della creatività nella gestione del dolore - Esplorare come le attività creative possono offrire vie di espressione e guarigione.

L'arte e la creatività giocano un ruolo cruciale nella gestione del dolore, offrendo vie uniche di espressione, comprensione e, in ultima analisi, guarigione. Questi processi creativi permettono agli individui di esplorare e dare voce ai loro sentimenti più profondi, trasformando l'esperienza del dolore in qualcosa che può essere condiviso, compreso e, in certa misura, alleviato. L'arte diventa non solo un mezzo di espressione ma anche una forma di terapia, una pratica meditativa e un ponte verso la connessione interpersonale.

Arte come Linguaggio dell'Ineffabile

- **Espressione di Emozioni Complesse**: L'arte offre un linguaggio al di là delle parole, capace di catturare la complessità e la sfumatura delle esperienze emotive legate al dolore. Attraverso la pittura, la scultura, la musica, la scrittura e altre forme d'arte, le persone possono esprimere sentimenti che altrimenti resterebbero inespressi o incompresi.

Processo Creativo come Terapia

- **Catarsi e Riflessione**: Il processo creativo stesso può servire come forma di catarsi, permettendo agli individui di elaborare e rilasciare emozioni dolorose. L'immersione nell'atto creativo favorisce uno stato di flusso, in cui il tempo e i problemi sembrano allontanarsi, offrendo un senso di pace e momentanea liberazione dal dolore.

- **Arteterapia**: L'arteterapia sfrutta il potenziale terapeutico dell'arte, guidando gli individui attraverso processi creativi strutturati per esplorare il proprio dolore, affrontare traumi e favorire la guarigione psicologica. Questa pratica può essere particolarmente efficace in contesti clinici o di supporto, fornendo uno spazio sicuro per l'esplorazione e l'espressione personale.

Creatività come Via per la Guarigione Spirituale

- **Connettività e Trascendenza**: L'arte può fungere da veicolo per esperienze di trascendenza e connessione spirituale, offrendo una prospettiva che va oltre il dolore individuale. Creare o sperimentare l'arte può evocare un senso di appartenenza a qualcosa di più grande di sé stessi, contribuendo a dare un senso al dolore e alla sofferenza.

- **Riscoperta del Sé e Nuova Identità**: La creatività permette agli individui di esplorare e riscoprire parti di sé che il dolore potrebbe aver oscurato. Attraverso la creazione artistica, le persone possono sperimentare forme di autoespressione che rinnovano il senso di identità e la fiducia in se stessi, contribuendo a costruire una nuova narrazione di vita post-trauma.

Comunità e Condivisione Attraverso l'Arte

- **Condivisione di Esperienze Comuni**: L'arte crea ponti tra le persone, offrendo piattaforme per la condivisione di esperienze di dolore e guarigione. Esposizioni d'arte, performance musicali, letture di poesie e altre manifestazioni artistiche possono diventare occasioni per la condivisione collettiva del dolore, promuovendo empatia, sostegno e comprensione reciproca.

- **Reti di Supporto Creativo**: Gruppi e workshop artistici possono fornire ambienti di supporto dove gli individui condividono tecniche creative, esperienze personali e percorsi di guarigione. Queste comunità offrono non solo uno spazio per l'espressione artistica ma anche per la costruzione di reti di supporto emotivo e sociale.

In sintesi, l'arte e la creatività rappresentano potenti strumenti per la gestione del dolore, offrendo modi per esprimere, elaborare e trasformare il dolore in qualcosa di significativo e, in alcuni casi, di bello. Queste pratiche non solo facilitano la guarigione individuale ma rafforzano anche i legami comunitari, evidenziando il potere dell'arte come forza universale di connessione, esplorazione e rinnovamento umano.

Mentre approfondiamo ulteriormente l'intersezione tra arte, creatività e gestione del dolore, emerge la ricchezza di modalità attraverso cui queste pratiche creative possono servire non solo come mezzi di espressione personale ma anche come strumenti per la riconnessione con la propria essenza e il mondo esterno, stimolando processi di guarigione profondamente radicati nell'essere.

Integrazione del Corpo e della Mente Attraverso l'Arte

- **Movimento e Danzaterapia**: La danza e il movimento espressivo incarnano forme di arte che integrano corpo e mente, offrendo percorsi per esplorare e esprimere il dolore attraverso il linguaggio del corpo. Queste pratiche possono sbloccare emozioni represse, facilitare l'elaborazione del trauma e promuovere il benessere fisico ed emotivo, evidenziando la connessione intrinseca tra le condizioni fisiche e la salute mentale.

- **Arti Performative**: Il teatro, la performance art e altre forme di espressione scenica permettono agli individui di sperimentare e rappresentare vari aspetti del dolore, offrendo l'opportunità di narrare storie di sofferenza e resilienza attraverso personaggi e scenari, facilitando così una distanza emotiva che può rendere più gestibile l'esplorazione del dolore.

Creatività come Pratica Meditativa e di Mindfulness

- **Arte come Meditazione in Azione**: Impegnarsi in attività artistiche può diventare una forma di meditazione attiva, dove il focus sull'atto creativo aiuta a centrare la mente, ridurre lo stress e promuovere uno stato di flusso. Questa presenza attenta nel momento può aiutare a distogliere l'attenzione dal dolore e aprire spazi interni di pace e silenzio.

- **Mindfulness e Processo Creativo**: L'approccio mindful all'arte incoraggia una piena consapevolezza del processo creativo, osservando senza giudizio ogni pennellata, nota o parola. Questa attenzione consapevole arricchisce l'esperienza creativa, permettendo una connessione più profonda con il sé e una maggiore capacità di esprimere autenticamente il proprio vissuto di dolore.

L'Arte Come Strumento di Connessione Comunitaria e Sociale

- **Progetti Artistici Collettivi**: Partecipare o iniziare progetti artistici che coinvolgono la comunità può non solo fornire supporto individuale ma anche rafforzare il tessuto sociale, creando un senso di appartenenza e solidarietà. Queste iniziative possono variare da murales comunitari a progetti di narrazione collettiva, unendo le persone nel condividere e trasformare collettivamente le loro esperienze di dolore.

- **Arte come Dialogo Sociale**: L'arte possiede il potere unico di innescare conversazioni su temi difficili, inclusi il dolore e il trauma. Le esposizioni, le performance e le pubblicazioni che esplorano queste tematiche possono servire come catalizzatori per il dialogo pubblico, aumentando la consapevolezza collettiva e promuovendo una maggiore empatia e comprensione all'interno della società.

Guarigione Olistica e Recupero dell'Intero Essere

- **Olisticità nel Processo Creativo**: L'approccio olistico all'arte e alla creatività riconosce che ogni individuo è una sintesi di mente, corpo e spirito. Le pratiche creative che abbracciano questa visione integrata possono aiutare nel recupero dell'intero essere, facilitando un percorso di guarigione che considera tutti gli aspetti della persona.

- **Ricostruzione dell'Identità Attraverso l'Arte**: Dopo esperienze traumatiche o periodi prolungati di dolore, l'arte può svolgere un ruolo cruciale nella ricostruzione dell'identità personale. Attraverso la creazione, gli individui possono ri-scoprire chi sono, esplorare nuove dimensioni di sé e ricostruire un senso di sé positivo e arricchito.

In definitiva, l'arte e la creatività si rivelano essenziali nella gestione del dolore, non solo come veicoli per l'espressione personale ma anche come strumenti per il benessere complessivo, la connessione comunitaria e la guarigione olistica. Attraverso queste pratiche, il dolore può essere trasformato in qualcosa di significativo, offrendo percorsi per la riscoperta di sé, il rafforzamento delle relazioni umane e la costruzione di una società più empatica e connessa.

Approfondendo ulteriormente il ruolo dell'arte e della creatività nella gestione del dolore, esploriamo come questi mezzi di espressione possano agire come ponti verso l'introspezione più profonda, la condivisione empatica e la riscoperta della gioia e del piacere nella vita, nonostante la presenza del dolore. Queste dimensioni sottolineano la capacità intrinseca dell'arte di toccare, guarire e trasformare l'interiorità umana e le relazioni esterne in modi profondi e duraturi.

L'Arte Come Specchio dell'Anima

- **Riflessione Interiore**: L'atto creativo offre un momento unico per la riflessione, agendo come uno specchio che riflette le complessità interne dell'individuo. Attraverso forme d'arte diverse, si possono esplorare angoli nascosti dell'animo, comprendere meglio le proprie emozioni e scoprire nuovi aspetti del proprio essere, promuovendo un percorso di autoconoscenza e crescita personale.

- **Riconnessione con il Sé Autentico**: Nel processo creativo, molte persone scoprono una via per riconnettersi con il loro sé più autentico, spesso sopraffatto o oscurato dal dolore. La creatività permette di riaffermare la propria individualità e unicità, contribuendo a ricostituire l'identità personale danneggiata dal trauma o dalla sofferenza prolungata.

Creatività Come Mezzo di Condivisione Empatica

- **Empatia attraverso l'Espressione Artistica**: L'arte ha il potere unico di trasmettere esperienze e emozioni in modo che altri possano sentirle quasi come proprie. Questa condivisione può ispirare empatia profonda, sia nei creatori che nei fruitori dell'arte, facilitando una comprensione condivisa del dolore umano e fornendo conforto nel sapere di non essere soli nelle proprie esperienze.

- **Storie Condivise e Guarigione Collettiva**: Progetti artistici che raccolgono e presentano storie personali di dolore e superamento possono avere un impatto terapeutico non solo sugli individui coinvolti ma anche sulla comunità più ampia. Queste narrazioni condivise promuovono una guarigione collettiva, rafforzando il tessuto sociale attraverso la consapevolezza comune e il sostegno reciproco.

Riaccendere la Gioia e il Piacere Attraverso l'Arte

- **Riscoperta del Piacere**: Impegnarsi in attività creative può riaccendere il senso di piacere e gioia spesso sopraffatto dal dolore. L'arte può offrire momenti di evasione, bellezza e stupore, ricordandoci la capacità della vita di offrire esperienze ricche e gratificanti al di là del dolore.

- **Celebrazione della Vita**: Progetti artistici che enfatizzano temi di speranza, resilienza e celebrazione della vita possono servire come promemoria potenti della capacità di trovare bellezza e significato anche nelle circostanze più difficili. Queste espressioni creative incoraggiano una visione della vita che accoglie tutte le sue sfaccettature, compreso il dolore, come parti di un'esistenza umana pienamente vissuta.

Arte, Natura e Guarigione Ambientale

- **Connessione con la Natura attraverso l'Arte**: L'arte che incorpora o si ispira agli elementi naturali può facilitare una profonda connessione con l'ambiente, riconosciuta per i suoi effetti curativi. Questa connessione può aiutare a ricordare l'interdipendenza di tutte le forme di vita e la capacità della natura di offrire conforto, pace e prospettive rinnovate.

- **Creazione di Spazi Curativi**: L'integrazione dell'arte negli spazi pubblici e privati può trasformare l'ambiente circostante in un luogo di rifugio e ispirazione. Gli spazi curati con attenzione, arricchiti dall'arte e dal design consapevole, possono promuovere il benessere, stimolare la riflessione interiore e offrire pause ristoratrici dal dolore quotidiano.

In conclusione, l'arte e la creatività emergono come forze potenti nella gestione del dolore, offrendo non solo una via per l'espressione e la comprensione del dolore ma anche per la connessione empatica, la guarigione personale e collettiva, e la riscoperta della gioia e del piacere nella vita. Attraverso la pratica creativa, possiamo navigare il paesaggio del dolore con una maggiore consapevolezza, resilienza e speranza, trasformando le nostre esperienze di sofferenza in percorsi verso una maggiore comprensione di noi stessi e del mondo che ci circonda.

Nel continuare a esplorare la profondità e la vastità del ruolo dell'arte e della creatività nella gestione del dolore, diventa evidente che queste pratiche si estendono ben oltre i confini tradizionali di espressione e terapia, infiltrandosi in quasi ogni aspetto dell'esistenza umana e offrendo nuove prospettive sul significato e sul potere di trasformazione del dolore.

Intersezioni tra Arte, Scienza e Tecnologia

- **Arte e Scienza della Guarigione**: La convergenza tra arte, scienza e tecnologia apre nuovi orizzonti nella comprensione e trattamento del dolore. Progetti che combinano l'intuizione artistica con ricerche neuroscientifiche sul dolore e le sue manifestazioni offrono approcci innovativi alla guarigione, sottolineando come l'arte possa influenzare positivamente sia la mente che il corpo.

- **Tecnologie Creative per l'Espressione**: L'avvento di nuove tecnologie digitali e di realtà virtuale offre strumenti inediti per l'espressione creativa e la gestione del dolore. Questi mezzi permettono di creare esperienze immersive che possono distogliere l'attenzione dal dolore, facilitare l'elaborazione emotiva o semplicemente offrire un rifugio virtuale dove trovare pace e conforto.

Personalizzazione dell'Esperienza Artistica

- **Adattamento dell'Arte alle Esigenze Individuali**: L'arte e la creatività offrono un vasto spettro di possibilità che possono essere adattate alle esigenze, preferenze e situazioni personali di chi affronta il dolore. Che si tratti di pittura, scrittura, musica, artigianato o fotografia, l'importante è trovare quella forma di espressione che risuona di più con l'individuo, fornendo uno spazio sicuro per l'esplorazione e la guarigione.

- **Costruzione di Percorsi Personalizzati di Guarigione**: Incorporando elementi di arteterapia, meditazione attraverso l'arte e tecniche di mindfulness, gli individui possono costruire percorsi personalizzati che sfruttano la creatività per affrontare il proprio dolore. Questi percorsi possono essere continuamente adattati e sviluppati in base all'evoluzione delle esigenze personali e dei progressi nel processo di guarigione.

Arte, Cultura e Tradizione

- **Esplorazione delle Tradizioni Artistiche e Culturali**: L'esplorazione delle pratiche artistiche e delle tradizioni culturali può offrire nuove prospettive e metodi per affrontare il dolore. Dalla pittura mandala nell'induismo e nel buddismo alla calligrafia zen, dalla musica sacra alle danze tradizionali, queste forme d'arte radicate in contesti culturali specifici possono offrire profondi spunti di riflessione e vie di guarigione uniche.

- **Arte come Mezzo di Connessione Culturale**: Creare arte che esplora il dolore attraverso il prisma di specifiche esperienze culturali e storiche può non solo aiutare gli individui a elaborare il proprio dolore ma anche a condividere queste esperienze con altri, promuovendo la comprensione e l'empatia interculturale.

Riflessione Finale

L'arte e la creatività, nella loro essenza più pura, rappresentano un viaggio senza fine attraverso il paesaggio complesso del dolore umano, offrendo non solo sollievo e conforto ma anche trasformazione e crescita. Questo viaggio creativo, arricchito dall'intersezione con la scienza, la tecnologia e la cultura, apre infinite possibilità di esplorazione personale e collettiva, dove il dolore può essere riconosciuto, espresso e, in ultima analisi, trasceso.

Attraverso questo processo, l'arte non solo mitiga l'esperienza del dolore ma eleva l'individuo e la comunità verso nuovi orizzonti di comprensione, connessione e scoperta interiore, testimoniando la resilienza, la forza e la bellezza intrinseche alla condizione umana.

Proseguendo nell'esplorazione dell'interconnessione tra arte, creatività e gestione del dolore, è essenziale considerare come queste pratiche creative fungano da catalizzatori per il rinnovamento personale e la scoperta di nuovi orizzonti di esperienza e percezione. L'arte, in tutte le sue forme, si rivela non solo come un mezzo per affrontare e esprimere il dolore ma anche come un ponte verso l'innovazione nella cura personale e la ristrutturazione delle nostre vite post-trauma.

Innovazione nella Cura Personale e nel Benessere

- **Design e Arte nell'Ambiente di Cura**: L'integrazione dell'arte e del design negli ambienti di cura, come ospedali, cliniche e spazi terapeutici, può avere un impatto significativo sul benessere dei pazienti. Ambienti curativi, progettati con un'attenzione all'estetica e all'arte, possono ridurre lo stress, promuovere la guarigione e migliorare l'esperienza generale della cura.

- **Tecniche Creative di Mindfulness e Autocura**: L'adozione di tecniche creative di mindfulness e di autocura, che includono pratiche artistiche come la pittura intuitiva, la scrittura espressiva o la composizione musicale, offre strumenti innovativi per la gestione dello stress e del dolore. Queste pratiche supportano una maggiore consapevolezza del presente e una connessione più profonda con il sé, facilitando processi di guarigione interna.

Ristrutturazione Post-Trauma Attraverso l'Arte

- **Ricostruzione della Narrazione Personale**: La creatività offre l'opportunità di rielaborare e ricostruire la narrazione personale dopo esperienze traumatiche. Attraverso l'espressione artistica, gli individui possono riformulare le proprie storie, integrando il dolore e il trauma in un contesto di crescita e resilienza, e dando forma a una nuova identità che abbraccia la forza e la speranza.

- **L'Arte Come Strumento di Connessione e Guarigione Sociale**: Progetti artistici che affrontano tematiche di dolore e trauma collettivo possono svolgere un ruolo chiave nella guarigione sociale, offrendo piattaforme per la condivisione di esperienze, la solidarietà e il sostegno reciproco. Queste iniziative artistiche possono aiutare a riconoscere e elaborare il dolore collettivo, promuovendo processi di riconciliazione e costruzione di comunità più coese e resilienti.

Espansione dei Confini dell'Esperienza Umana

- **Esplorazione di Nuovi Linguaggi Espressivi**: L'arte, nella sua continua evoluzione, spinge i confini dei linguaggi espressivi, offrendo nuove modalità per esplorare e comunicare il vissuto del dolore. Questa continua innovazione artistica non solo arricchisce il panorama culturale ma fornisce anche strumenti espressivi più adeguati e risonanti per individui e comunità.

- **Arti Digitali e Realtà Virtuale**: L'impiego delle arti digitali e della realtà virtuale nella gestione del dolore apre scenari inesplorati di immersione, interazione e espressione. Queste tecnologie possono creare esperienze altamente personalizzate e terapeutiche, offrendo escape virtuali, simulazioni di rilassamento o spazi espressivi innovativi per l'esplorazione del sé e la gestione del dolore.

In conclusione, l'arte e la creatività rappresentano ponti vitali tra l'esperienza interna del dolore e il mondo esterno, offrendo percorsi non solo per l'espressione e la gestione del dolore ma anche per la ristrutturazione della vita post-trauma e l'innovazione nel benessere personale. Questi processi creativi, arricchiti dall'integrazione di nuove tecnologie e dall'esplorazione di pratiche culturali diverse, sottolineano il potenziale illimitato dell'arte di trasformare il dolore, promuovere la guarigione e espandere i confini dell'esperienza umana verso nuove dimensioni di comprensione, connessione e espressione.

Proseguendo nell'esplorazione dell'impatto trasformativo dell'arte e della creatività nella gestione del dolore, approfondiamo come questi processi creativi fungano da veicoli per il riconoscimento e l'accettazione del dolore, facilitando al contempo il viaggio verso la guarigione interiore e il rinnovamento personale. Questo percorso, intriso di esplorazione personale e collettiva, svela la capacità dell'arte di fungere da catalizzatore per la comprensione profonda, l'espressione autentica e il sostegno emotivo.

Arte Come Processo di Riconoscimento e Accettazione

- **Validazione del Vissuto Personale**: Attraverso l'espressione artistica, gli individui trovano un mezzo per validare e accettare il proprio vissuto di dolore. L'atto di creare diventa un riconoscimento del dolore, offrendo allo stesso tempo una testimonianza tangibile delle proprie esperienze, sentimenti e sfide. Questo processo di validazione attraverso l'arte aiuta a rompere l'isolamento e a costruire ponti di comprensione verso sé stessi e gli altri.

- **Accettazione Attraverso l'Espressione Creativa**: L'arte invita a un dialogo interiore sull'accettazione del dolore, promuovendo una riflessione sulle proprie esperienze con un atteggiamento di apertura e non giudizio. La pratica creativa consente di affrontare il dolore in modi che parole o altri mezzi di comunicazione potrebbero non riuscire a catturare pienamente, facilitando un processo di accettazione più profondo e significativo.

L'Arte Come Mediatore di Guarigione Interiore e Rinnovamento

- **Guarigione Attraverso la Narrazione Visiva**: Creare opere d'arte che narrano storie di dolore, resilienza e guarigione offre agli artisti e al pubblico percorsi visivi verso la comprensione e l'accettazione. Queste narrazioni visive possono agire come mediatrici tra il mondo interno dell'artista e l'osservatore, stimolando empatia, identificazione e un senso di solidarietà umana.

- **Rinnovamento Personale Attraverso l'Esplorazione Artistica**: L'impegno in pratiche artistiche può stimolare un processo di rinnovamento personale, incoraggiando gli individui a riscoprire passioni, talenti e aspetti del proprio sé che il dolore potrebbe aver oscurato. Questo rinnovamento, alimentato dalla curiosità e dall'esplorazione creativa, può portare a una maggiore autostima, a nuove prospettive di vita e a un rafforzamento dell'identità personale.

Supporto Emotivo e Costruzione di Comunità Attraverso l'Arte

- **Condivisione Emotiva e Sostegno Attraverso l'Arte**: La condivisione delle proprie creazioni con una comunità, che sia un piccolo gruppo o un pubblico più ampio, può offrire preziosi livelli di supporto emotivo e comprensione. Queste condivisioni favoriscono la creazione di spazi sicuri dove le storie di dolore e guarigione possono essere ascoltate, validate e onorate, promuovendo un senso di appartenenza e sostegno collettivo.

- **Iniziative Creative Comunitarie per la Guarigione Collettiva**: Progetti artistici comunitari che affrontano tematiche di dolore e guarigione possono contribuire significativamente alla coesione sociale e al benessere collettivo. Queste iniziative, che vanno da installazioni pubbliche a progetti di arte partecipativa, non solo forniscono una piattaforma per l'espressione individuale ma anche rafforzano i legami comunitari, enfatizzando l'importanza della condivisione, della cura reciproca e della resilienza collettiva.

In sintesi, l'arte e la creatività emergono come potenti alleati nella navigazione del paesaggio complesso del dolore, offrendo strumenti per il riconoscimento, l'accettazione e la trasformazione delle esperienze di sofferenza. Questi processi creativi, che abbracciano tanto l'esplorazione personale quanto la connessione comunitaria, svelano il potenziale illimitato dell'arte di agire come fonte di guarigione, rinnovamento e supporto emotivo, sottolineando l'importanza cruciale dell'espressione artistica nel viaggio umano verso la comprensione, la resilienza e la speranza.

In conclusione, il ruolo dell'arte e della creatività nella gestione del dolore si rivela come una forza profondamente trasformativa che abbraccia e supera l'esperienza individuale e collettiva del dolore. Attraverso la vastità e la profondità delle sue applicazioni, dall'espressione personale alla condivisione comunitaria, l'arte agisce non solo come una forma di terapia personale ma anche come un mezzo per il rafforzamento della resilienza collettiva, la costruzione di comprensione condivisa e la promozione di guarigione emotiva.

Arte come Lingua Universale del Cuore Umano

L'arte, nella sua essenza più pura, funge da linguaggio universale che parla direttamente al cuore umano, trascendendo barriere linguistiche, culturali e personali. Questa capacità di comunicare l'indicibile rende l'arte un mezzo potente per esplorare, esprimere e elaborare il dolore, offrendo vie uniche verso l'accettazione e la comprensione profonda delle proprie esperienze di sofferenza.

Creatività come Ponte Verso la Guarigione Interiore

L'impegno nel processo creativo invita all'introspezione, alla meditazione e alla riflessione, guidando l'individuo in un viaggio interiore che può rivelare nuove prospettive sul dolore e sulla guarigione. Attraverso l'atto di creare, si possono scoprire forze, vulnerabilità, speranze e paure, tessendo insieme una narrazione personale che integra il dolore in un contesto di crescita e rinnovamento.

Comunità e Condivisione: L'Arte come Esperienza Collettiva

Le iniziative artistiche che coinvolgono la comunità trasformano l'esperienza del dolore da una lotta isolata a un viaggio condiviso di resilienza e sostegno. Questi progetti collettivi non solo forniscono spazi sicuri per l'espressione del dolore ma rafforzano anche i legami sociali, promuovendo una guarigione che è sia personale che collettiva, e dimostrando il potere dell'arte di unire le persone in tempi di difficoltà.

Innovazione e Rinnovamento Attraverso l'Espressione Creativa

L'integrazione delle nuove tecnologie e l'esplorazione di forme d'arte emergenti offrono orizzonti inesplorati per la gestione del dolore, dalla realtà virtuale alla bioarte. Questi mezzi innovativi espandono il campo dell'espressione creativa, permettendo esperienze immersive e personalizzate che possono offrire nuove vie di guarigione e di comprensione del sé e dell'altro.

Riflessione Finale: L'Arte Come Catalizzatore di Cambiamento

L'arte e la creatività, nel loro ruolo di mediatori nella gestione del dolore, incarnano la possibilità di trasformazione e di speranza. Fungono da catalizzatori per il cambiamento personale, stimolando l'autoconoscenza, la crescita e il rinnovamento. Allo stesso tempo, agiscono come ponti verso la comprensione e l'empatia collettiva, costruendo comunità più resilienti, consapevoli e connesse.

In definitiva, l'impegno nell'arte e nella creatività di fronte al dolore non è solo una fuga o un sollievo temporaneo ma un profondo atto di affermazione della vita. Attraverso l'espressione artistica, si può navigare il dolore con dignità e scoprire percorsi verso una guarigione che abbraccia tutta la complessità dell'esperienza umana, arricchendo l'individuo e la comunità con una maggiore comprensione, compassione e, soprattutto, speranza per il futuro.

20. Conclusione e passi successivi - Riepilogare i punti chiave e fornire una guida per applicare questi principi nella vita quotidiana.

Dopo aver esplorato in profondità i temi del dolore, della sofferenza, della resilienza, della creatività e della guarigione, emergono chiari alcuni principi fondamentali che possono servire come guide per navigare le sfide della vita e per promuovere il benessere personale e collettivo. Ecco un riepilogo dei punti chiave e dei passi successivi per applicare questi principi nella vita quotidiana:

Punti Chiave

1. **Accettazione e Trasformazione del Dolore**: Riconoscere e accettare il dolore come parte integrante dell'esperienza umana può aprire la via alla sua trasformazione. Attraverso l'accettazione, possiamo iniziare a lavorare con il nostro dolore, anziché contro di esso, trovando significato e possibilità di crescita personale.

2. **Ricerca di Significato e Scopo**: La ricerca di significato e scopo nel mezzo del dolore può offrire una bussola interiore per guidarci attraverso i momenti difficili. Questo processo richiede introspezione e può essere facilitato dall'espressione creativa, dalla riflessione personale e dall'impegno in attività che risuonano con i nostri valori più profondi.

3. **Potere dell'Arte e della Creatività**: L'arte e la creatività sono strumenti potenti per l'espressione, la comprensione e la gestione del dolore. Forniscono un linguaggio alternativo per esplorare le nostre emozioni e possono servire come ponte verso la guarigione interiore e il rinnovamento personale.

4. **Importanza del Supporto Emotivo e della Comunità**: La costruzione di reti di supporto emotivo e la partecipazione a comunità possono notevolmente alleviare il peso del dolore. Condividere esperienze e sentirsi compresi può rafforzare la nostra resilienza e offrire conforto e speranza nei momenti di bisogno.

Passi Successivi

1. **Praticare l'Accettazione Quotidiana**: Integrare pratiche di mindfulness e di accettazione nella routine quotidiana può aiutare a coltivare un approccio più aperto e accogliente nei confronti del dolore. Questo può includere la meditazione, la scrittura riflessiva o semplicemente momenti di consapevolezza durante la giornata.

2. **Esplorare Vie Creative per l'Espressione**: Dedicare tempo a forme di espressione creativa che risuonano personalmente, come la pittura, la musica, la scrittura o la danza. Queste attività non solo offrono una via di fuga dallo stress

quotidiano ma possono anche diventare strumenti per elaborare e trasformare il dolore.

3. **Cercare e Offrire Supporto**: Partecipare a gruppi di supporto, workshop creativi o iniziative comunitarie che affrontano temi di dolore e resilienza. Offrire il proprio ascolto e supporto agli altri può rafforzare il senso di appartenenza e rafforzare la rete di sostegno reciproco.

4. **Documentare il Percorso Personale**: Tenere un diario o creare un portfolio artistico per documentare il proprio viaggio attraverso il dolore e la guarigione. Questo non solo serve come un ricordo delle sfide superate ma può anche offrire ispirazione e speranza a se stessi e agli altri.

5. **Impegnarsi in Pratiche di Autocura**: Riconoscere l'importanza dell'autocura e integrare pratiche salutari nella propria vita, come l'esercizio fisico, un'alimentazione equilibrata, un sonno adeguato e momenti di relax e piacere.

In sintesi, attraverso l'accettazione del dolore, la ricerca di significato, l'impegno nell'espressione creativa e la costruzione di comunità di supporto, possiamo trovare vie per navigare le sfide della vita con maggiore resilienza e speranza. Questi principi non solo ci guidano verso la guarigione personale ma ci connettono anche agli altri, ricordandoci dell'interdipendenza e della bellezza condivisa dell'esperienza umana.

Nell'approfondire ulteriormente come integrare questi principi nella nostra vita quotidiana, emerge l'importanza di adottare un approccio olistico che consideri tutte le dimensioni dell'essere umano: fisica, emotiva, mentale e spirituale. La continua esplorazione e applicazione di queste strategie possono non solo aiutarci a gestire il dolore ma anche arricchire la nostra esperienza di vita, promuovendo un senso di equilibrio, benessere e piena realizzazione.

Coltivare la Consapevolezza e la Presenza

- **Pratiche Quotidiane di Consapevolezza**: Integrare momenti di consapevolezza nella routine quotidiana, come fare brevi pause per concentrarsi sul respiro, praticare la gratitudine o svolgere attività quotidiane con piena attenzione. Questo aiuta a radicarsi nel presente, riducendo l'ansia per il futuro o il rimpianto per il passato, spesso associati al dolore.

- **Meditazione e Esercizi di Respirazione**: Dedicare tempo alla meditazione o agli esercizi di respirazione può migliorare significativamente la gestione dello stress e del dolore. Queste pratiche aiutano a calmare la mente, a rilassare il corpo e a promuovere uno stato di pace interiore che può facilitare la guarigione.

Integrare l'Arte nella Vita Quotidiana

- **Spazi Creativi Personalizzati**: Creare uno spazio dedicato in casa per l'espressione artistica, dove sia possibile esplorare liberamente la creatività senza giudizio. Questo spazio può funzionare come un rifugio personale per l'esplorazione, l'espressione e la riflessione.

- **Diario Artistico o Visivo**: Mantenere un diario artistico o visivo, dove si possono esprimere pensieri, emozioni e riflessioni attraverso disegni, collage o qualsiasi altra forma artistica che risuoni personalmente. Questa pratica può offrire un potente strumento di introspezione e catarsi.

Sviluppare e Mantenere Connessioni Umane

- **Incontri Regolari con Amici o Gruppi di Supporto**: Organizzare incontri regolari con amici, familiari o gruppi di supporto che condividono interessi simili o stanno affrontando sfide simili. Questi incontri possono offrire opportunità per la condivisione di esperienze, il supporto reciproco e la creazione di legami significativi.

- **Volontariato e Servizio alla Comunità**: Impegnarsi in attività di volontariato o servizio alla comunità. Contribuire al benessere degli altri può aumentare i sentimenti di autostima e appartenenza, riducendo il senso di isolamento che spesso accompagna il dolore.

Implementare Pratiche di Autocura

- **Routine di Autocura Personalizzate**: Sviluppare una routine di autocura che includa attività fisiche, nutrizione equilibrata, sonno adeguato e tempo per hobby e interessi personali. Queste pratiche non solo migliorano il benessere fisico ma anche emotivo e mentale.

- **Esplorazione della Natura**: Trascorrere tempo nella natura, che sia una passeggiata nel parco, escursioni o semplicemente momenti di quiete all'aperto. Il contatto con la natura può avere effetti terapeutici, riducendo lo stress e promuovendo un senso di pace e connessione.

Attraverso l'adozione e l'integrazione di queste pratiche nella vita quotidiana, possiamo costruire un approccio più resiliente e ricco al dolore e alla sofferenza, trasformando queste esperienze in opportunità per la crescita personale, l'arricchimento spirituale e il rafforzamento delle relazioni umane. Questo percorso non solo ci guida attraverso i momenti difficili ma arricchisce l'intero tessuto della nostra vita, promuovendo una comprensione più profonda di noi stessi, delle nostre connessioni con gli altri e del mondo che ci circonda.

In conclusione, attraverso l'approfondita esplorazione di temi come il dolore, la resilienza, la creatività, la ricerca di significato e la connessione umana, abbiamo scoperto un mosaico di strategie che possono guidarci verso una gestione più olistica e trasformativa del dolore. Questi principi non solo offrono soluzioni pratiche per affrontare le sfide della vita ma ci invitano anche a reimmaginare il nostro rapporto con il dolore, vedendolo come un'opportunità per crescita, scoperta e connessione più profonde.

1. **L'Accettazione Come Fondamento**: Accettare il dolore non significa rassegnazione ma riconoscimento della sua presenza come parte del tessuto della vita. Attraverso l'accettazione, possiamo aprirci a nuove possibilità di trasformazione e guarigione, imparando da ciò che il dolore ha da insegnarci.

2. **La Ricerca di Significato e Scopo**: Il dolore spesso ci spinge a cercare un senso più profondo nella nostra esistenza. Questa ricerca può illuminare scopi nascosti, rivelare nuove direzioni e infondere le nostre vite di un senso di missione e dedizione che va oltre la sofferenza individuale.

3. **Il Potere Creativo dell'Arte**: L'arte e la creatività sono alleati preziosi nella gestione del dolore, offrendo modi per esprimere ciò che altrimenti resterebbe inespresso, elaborare esperienze traumatiche e trovare bellezza e significato anche nei momenti più bui.

4. **La Forza delle Connessioni Umane**: Creare e mantenere legami significativi con gli altri è vitale. Le relazioni di supporto possono offrire conforto, comprensione e un senso di appartenenza che rafforza la nostra resilienza di fronte alle avversità.

5. **Pratiche di Autocura Quotidiana**: Integrare nella routine quotidiana pratiche di autocura che nutrono corpo, mente e spirito è fondamentale per mantenere l'equilibrio e promuovere la guarigione. Ciò include attività fisica, nutrizione, riposo, pratiche di mindfulness e tempo trascorso nella natura.

Passi Successivi per l'Integrazione nella Vita Quotidiana:

- **Implementa Momenti di Riflessione e Consapevolezza**: Dedica tempo ogni giorno alla riflessione personale, alla meditazione o alla scrittura riflessiva per coltivare la presenza mentale e l'accettazione.

- **Esplora e Sviluppa la Tua Creatività**: Impegnati in attività artistiche che risuonano con te, sperimentando senza paura del giudizio. Usa l'arte come uno strumento di esplorazione interiore e di espressione emotiva.

- **Cerca e Offri Supporto**: Partecipa a gruppi di supporto, iniziative comunitarie o attività di volontariato. La condivisione delle tue esperienze e l'ascolto di quelle altrui possono arricchire la tua comprensione e offrire nuove prospettive sul dolore.

- **Adotta Pratiche di Autocura Regolari**: Crea una routine di autocura che includa attività che nutrano il tuo benessere fisico, emotivo e spirituale, come l'esercizio fisico, una dieta equilibrata, momenti di relax e connessione con la natura.

- **Valuta e Adatta Continuamente**: Considera questo percorso come un processo di scoperta in continua evoluzione. Sii aperto a valutare e adattare le tue pratiche di gestione del dolore in base alle tue esperienze e al cambiamento delle tue esigenze.

Attraverso l'adozione consapevole di questi principi e passi, possiamo navigare il paesaggio del dolore con maggiore agilità e speranza, trovando cammini verso la guarigione che arricchiscono non solo la nostra vita ma anche quelle intorno a noi. Questo viaggio, intrapreso con intenzione e apertura, può trasformare il nostro rapporto con il dolore, portandoci verso una comprensione più profonda di noi stessi, delle nostre connessioni con gli altri e del mondo che condividiamo.

Nel concludere questo libro, abbiamo viaggiato attraverso un ampio panorama di strategie, riflessioni e pratiche per affrontare, comprendere e trasformare il dolore e la sofferenza. Dall'accettazione alla ricerca di significato, dall'esplorazione dell'arte e della creatività alla costruzione di connessioni umane e all'implementazione di pratiche di autocura, abbiamo scoperto come ciascuno di questi elementi possa giocare un ruolo cruciale nel nostro percorso di guarigione e crescita personale.

Riassunto dei Punti Chiave:

1. **Accettazione e Comprensione del Dolore**: Imparare ad accettare il dolore come parte della vita e cercare le lezioni che può insegnarci.

2. **Ricerca di Significato e Scopo**: Trovare o riscoprire il significato e lo scopo nella vita che trascendono il dolore.

3. **Arte e Creatività come Vie di Espressione e Guarigione**: Usare l'arte e la creatività per esplorare e esprimere il dolore, offrendo una via per la trasformazione e il rinnovamento.

4. **Il Potere delle Connessioni Umane**: Rafforzare le relazioni di supporto per condividere, comprendere e alleviare il dolore.

5. **Pratiche di Autocura**: Incorporare routine di autocura che sostengano il benessere fisico, emotivo e spirituale.

Risorse Utili:

- **Centri di Arteterapia e Creatività**: Cerca centri di arteterapia o workshop di creatività nella tua area che possono offrire supporto e orientamento nell'esplorazione dell'arte come strumento di guarigione.

- **Siti Web sulla Mindfulness**: Siti come *Mindful.org* offrono articoli, corsi e risorse per praticare la mindfulness e la meditazione, strumenti utili per la gestione del dolore e lo sviluppo della presenza mentale.

- **Gruppi di Supporto e Comunità Online**: Piattaforme come *Psychology Today* possono aiutare a trovare gruppi di supporto locali o online per condividere esperienze e trovare sostegno.

- **Risorse per l'Autocura**: Siti come *The Mighty* offrono storie di resilienza e suggerimenti pratici per l'autocura da una comunità di persone che affrontano sfide di salute fisica e mentale.

- **Libri e Guide**: Esplora libri che trattano temi di resilienza, crescita personale e guarigione emotiva, come "The Body Keeps the Score" di Bessel van der Kolk per una comprensione del trauma e del processo di guarigione.

Incorporando questi principi e risorse nella nostra vita quotidiana, possiamo navigare il cammino del dolore con maggiore consapevolezza, comprensione e speranza. Mentre ciascun individuo può trovare il proprio percorso unico di guarigione, le strategie condivise in questo libro offrono un punto di partenza per esplorare le molteplici dimensioni della gestione del dolore e della sofferenza. Ricorda che non sei solo in questo viaggio e che ci sono infinite risorse disponibili per sostenerti lungo la strada. La chiave è rimanere aperti, curiosi e compassionevoli verso se stessi e gli altri, permettendo a queste pratiche di illuminare e arricchire il percorso della vita.